TRABALHO E IDENTIDADE EM TEMPOS SOMBRIOS

PEDRO FERNANDO BENDASSOLLI

TRABALHO E IDENTIDADE EM TEMPOS SOMBRIOS

*Insegurança Ontológica
na Experiência Atual com o Trabalho*

Prefácio de Thomaz Wood Jr.

DIRETORES EDITORIAIS:
Carlos da Silva
Marcelo C. Araújo

EDITORES:
Avelino Grassi
Roberto Girola

COORDENAÇÃO EDITORIAL:
Denílson Luís dos Santos Moreira

REVISÃO:
Ana Lúcia de Castro Leite

DIAGRAMAÇÃO:
Simone A. Ramos de Godoy

CAPA:
Marco Antônio Santos Reis

© Todos os direitos reservados à Editora Idéias & Letras, 2007

Editora Idéias & Letras
Rua Pe. Claro Monteiro, 342 – Centro
12570-000 Aparecida-SP
Tel. (12) 3104-2000 – Fax (12) 3104-2036
Televendas: 0800 16 00 04
vendas@ideiaseletras.com.br
http//www.ideiaseletras.com.br

**Dados Internacionais de Catalogação na Publicação (CIP)
(Câmara Brasileira do Livro, SP, Brasil)**

Bendassolli, Pedro Fernando
    Trabalho e identidade em tempos sombrios: insegurança ontológica na experiência atual com o trabalho / Pedro Fernando Bendassolli; prefácio de Thomaz Wood Jr. – Aparecida, SP: Idéias & Letras, 2007. (Coleção Management, 3)

    Bibliografia.
    ISBN 978-85-98239-81-1

    1. Economia do trabalho 2. Identidade 3. Relações industriais 4. Trabalho e classes trabalhadoras I. Wood Junior, Thomaz. II. Título. III. Série.

07-2122   CDD-331

Índices para catálogo sistemático:

        1. Relação homem-trabalho:
        Economia do trabalho 331

*A
Sigmar Malvezzi
Thomaz Wood Jr.*

Os apologistas do trabalho – Na glorificação do "trabalho", nas incansáveis referências à "bênção do trabalho", vejo a mesma idéia oculta que há no louvor às ações impessoais e de utilidade geral: a do temor ante o que seja individual. No fundo sente-se agora, à visão do trabalho – entendendo por isso a dura laboriosidade desde a manhã até a noite –, que semelhante trabalho é a melhor polícia, que ele detém as rédeas de cada um e sabe impedir o desenvolvimento da razão, dos anseios, do gosto pela independência. Pois ele despende muita energia nervosa, subtraindo-a à reflexão, à ruminação, aos sonhos, às preocupações, ao amor e ao ódio; ele coloca diante da vista um pequeno objetivo e garante satisfações regulares e fáceis. Assim, terá mais segurança uma sociedade em que se trabalha duramente: e hoje se adora a segurança como a divindade suprema. – E então! Que horror! Precisamente o "trabalhador" tornou-se *um perigo*! Pululam os "indivíduos perigosos"! E por trás deles o perigo maior – o *indivíduo*!

Friedrich Nietzsche

Agradecimentos

Este livro é uma versão modificada de minha tese de doutorado em Psicologia Social no Instituto de Psicologia da Universidade de São Paulo. Gostaria de expressar aqui meus agradecimentos ao Sigmar Malvezzi, meu orientador, e a todas as pessoas que contribuíram com críticas e sugestões a este trabalho ao longo das várias fases de seu desenvolvimento. Em particular, aos professores Peter Keven Spink, Marie Jane Spink, Luiz Cláudio Figueiredo, Thomaz Wood Jr., Sylvia Leser de Mello, Antônio José Romera Valverde, Leny Sato e Geraldo José de Paiva. Menciono também o apoio da Fundação de Amparo à Pesquisa do Estado de São Paulo, FAPESP, nas fases iniciais deste projeto.

Sumário

PREFÁCIO - 11
INTRODUÇÃO
DA FORÇA À FRAQUEZA DO TRABALHO - 15

PARTE I
A HERANÇA DO TRABALHO - 31

1. Os filósofos gregos e o trabalho na Antigüidade - 33
2. Trabalho e religião na Idade Média - 43
3. O trabalho no humanismo renascentista - 53
4. O protestantismo e o novo valor do trabalho - 63

PARTE II
RUMO À CENTRALIDADE DO TRABALHO - 71

5. Do homem religioso ao homem econômico - 75
6. A ética protestante e o espírito do capitalismo - 87
7. O trabalho nas doutrinas patronais - 95
8. O sujeito do trabalho em Karl Marx - 111
9. A moral do trabalho em Émile Durkheim - 129

PARTE III
A DESMONTAGEM DO TRABALHO - 139

10. A crise do trabalho como fonte do valor - 143
11. Individualismo, consumo e ética do trabalho - 161

12. Revendo a alienação e o sentido do trabalho - 185
13. A desinstitucionalização do trabalho - 201

PARTE IV
DECLÍNIO DO TRABALHO
E NOVOS DILEMAS IDENTITÁRIOS - 213

14. Narrativas identitárias e trabalho - 219
15. Novos *ethos* do trabalho, ambigüidade e insegurança - 233
16. Respostas à insegurança do trabalho - 267

CONCLUSÃO
UM MUNDO FELIZMENTE PERDIDO? - 291

REFERÊNCIAS BIBLIOGRÁFICAS - 299

Prefácio

Thomaz Wood Jr.

Pedro Fernando Bendassolli é professor de Administração. Durante alguns anos, porém, realizou uma atividade quase secreta: com total atenção e muita discrição, entrou em uma máquina do tempo e fez longas incursões pelo passado. Seu foco: o homem e o trabalho. O relato da viagem ganhou forma de tese de doutoramento, foi defendida no Instituto de Psicologia, da USP, e agora nos chega neste oportuníssimo volume. Afinal, vivemos em crise com o trabalho, quando o temos.

O viajante privou com Aristóteles, Platão, Tomás de Aquino, Lutero, Adam Smith, Weber e Marx. Deles, e de pensadores contemporâneos, recebeu explicações e orientações. Do autor de *A República*, ouviu atento: "um estado com uma constituição ideal [...] não pode permitir que seus cidadãos vivam a vida como trabalhadores mecânicos ou comerciantes, o que por si é ignóbil e inimigo da virtude. Nem tampouco pode permiti-los de se engajar na agricultura: o ócio é uma necessidade, tanto para o crescimento da virtude como para a perseguição das atividades políticas". O bom Aristóteles ecoava seus compatriotas gregos, para quem o trabalho brutalizava a mente e inutilizava o homem para o que realmente importava: a política e a filosofia. Em suma, trabalho era coisa para escravos.

Da Grécia Antiga para a Idade Média, o sentido do trabalho transmutou-se de maldição em bálsamo. Em Agostinho, encontrou o viajante um interlocutor ideal, o qual pacientemente lhe mostrou ser o trabalho a co-criação do mundo, uma verdadeira parceria com Deus. Afinal, ao transformar a natureza, o homem tem a oportunidade de refletir sobre a ação divina. Dois mundos, duas medidas, deduziu o viajante.

Depois das trevas medievais veio o Renascimento. O trabalho ganhou status e passou a ser uma forma de auto-expressão. Foi o momento de glória do artesão, cujo trabalho é sustento e arte. O artesão é o artífice de sua própria sobrevivência e agente de transformação do mundo ao redor. Para ele, importa o produto e importa a criação.

Correram as águas e irrompeu o protestantismo. Com Lutero e Calvino, o viajante das idéias aprendeu que trabalhar é a principal forma de servir a Deus. Para eles, a vocação e a profissão são decretos divinos e é preciso trabalhar duro para aplacar as incertezas. O objetivo da vida é inserir-se no seleto grupo de eleitos para a salvação. É o ascetismo dos puritanos que ajuda a formar os exércitos necessários à industrialização.

Paradoxalmente, a industrialização, ao disciplinar corpos e mentes, é o momento máximo de glória do trabalho e do trabalhador; são, afinal, duas entidades construídas a golpe de foice e martelo, discurso e panfleto. Como se sabe, porém, toda a glória é passageira.

Ao final da viagem, a máquina do tempo flutua pela Europa e pela América, a captar os herméticos filósofos do final do segundo milênio. Detém-se com vagar na França e na América. De seus pensadores colhe vasto desencanto e co-medida esperança. A segurança no emprego acabou, o caráter foi corroído, a ética do trabalho foi enfraquecida e até Max Weber não está se sentindo muito bem. A força motriz não é mais o trabalho, mas o consumo. Então, o viajante pensou, meditou e concluiu: o trabalho está em crise! Pobre de nós? Talvez, se não quisermos crer que do novo caos pode nascer um novo verbo.

E o trabalho no Brasil? Sabiamente, a poderosa máquina do Pedro não se aventurou pelos turbulentos céus locais. No entanto, depois de acompanhar a viagem por três mil anos de idéias, bem podemos arriscar umas tantas especulações.

Entre nós, o trabalho parece viver às turras com o emprego. Muitos querem trabalhar e não conseguem. Muitos querem emprego, mas não o trabalho que eventualmente o acompanha. Muitos, já no emprego, esmeram-se para evitar o trabalho. Poucos, no emprego, trabalham muito. Entre esses, muito valiosos são os que sabem trabalhar, e eles são poucos. Raros, raríssimos são os que trabalham muito e bem. Esses talvez sejam os imprescindíveis.

Em suma, a distribuição de trabalho no Brasil é tão desigual quanto a distribuição de renda. Parece que seguimos a conhecida "regra 80:20", inspirada no trabalho de Vilfredo Pareto (1848-1923). Ao estudar a distribuição de riqueza, o economista italiano constatou que 80% dela era controlada por uma consistente minoria da população: cerca de 20%.

No Brasil, em pleno século XXI, a regra parece referir-se ao trabalho: aqui, 20% (ou talvez 10%) da população trabalham muito, e 80% (ou quem sabe 90%) pouco fazem, quando têm o que fazer. As diferenças são variadas – entre Estados, entre cidades, entre categorias profissionais e entre empresas – e os desequilíbrios são múltiplos – de distribuição, de intensidade e de eficiência.

Mas o que acontece com esses 20% que trabalham muito? Serão eles realmente produtivos? Eventualmente, pergunto a gerentes e alunos de programas executivos como anda seu dia-a-dia profissional: a resposta vem em forma de desabafo, seguido por histórias de terror sobre jornadas diárias de 14 ou 16 horas, pressões imensas e prazos impraticáveis. Então, lanço uma segunda pergunta: e o que vocês têm realizado de importante e interessante ultimamente? Segue notável e significativo silêncio.

Como n'outras plagas, o ritmo do trabalho no Brasil parece ter sido acelerado: na década de 1990, os passos ficaram mais rápidos e os dias ficaram mais curtos. As privatizações, as reestruturações, as fusões e aquisições, as terceirizações e os enxugamentos concentraram tarefas e responsabilidades nos "sobreviventes". Esses responderam com mais intensidade de trabalho e mais horas de trabalho: entram mais cedo, almoçam (quando almoçam) mais rápido e saem mais tarde. Faltou-lhes, porém, em grande medida, re-inventar a forma de trabalhar.

O trabalho no Brasil é mal feito e feito mal. É mal feito porque o resultado não atende a expectativa. A qualidade é comparativamente baixa, falta tecnologia, design e sofisticação. É feito mal porque desperdiça recurso material, utiliza mão-de-obra desnecessária, é mal planejado e é mal controlado.

O comportamento "para inglês ver", tradicional traço cultural local, expressa-se com notável freqüência no trabalho. Muitos profissionais são mestres no faz de conta: adotam um estilo apressado e ocupado, preenchem o dia com reuniões e viagens, circulam com celulares no ouvido, *palm tops* nos bolsos e computadores na pasta. Vivem de efeitos pirotécnicos. O fruto do trabalho é esquálido, mas a impressão é forte.

O trabalho nos tristes trópicos não tem a espinha dorsal da ética protestante. D'outras matrizes, herdamos a desconfiança pelo trabalho. Da colonização e da escravidão, chegaram-nos desdém e aversão. A modernidade capenga dos anos 1990 não ajudou a construir um laborioso e indispensável cidadão tropical. Restou-nos um trabalho que soma perversão e neurose; quando ele não é abraçado com obsessão, é executado com desprezo. Enquanto o país suplica por mil anos de intenso trabalho, imprescindível para reparar desigualdades e injustiças, seus indolentes habitantes não vêem o futuro além da mudança de lua e celebram com fervor e humor uma preguiça que já se conta em séculos.

Por tudo isso, e muitos outros motivos, a presente obra torna-se leitura obrigatória para os tempos atuais.

THOMAZ WOOD JR. é professor titular da FGV-EAESP e consultor de empresas.

Introdução

DA FORÇA À FRAQUEZA DO TRABALHO

Em 1983, o filósofo italiano Gianni Vattimo lançou um livro cujo título levava a marca de sua então nova proposta filosófica: o pensamento fraco. Mediante essa expressão o filósofo procurava dar uma resposta, ao mesmo tempo ética e epistemológica, à crise dos fundamentos "fortes" da metafísica ocidental. Vattimo estava convencido de que, graças à intuição de filósofos como Nietzsche e Heidegger, haviam se tornado insustentáveis os principais conceitos da metafísica, como o de um curso linear e unitário para a história; de verdade absoluta e correspondente aos fatos; e de certeza subjetiva, sustentada por um sujeito auto-centrado e racionalmente orientado.

Apoiando-se principalmente em Heidegger, Vattimo defende que a tradição metafísica ocidental corresponde a uma série sucessiva de esquecimentos da questão do ser. Nessa tradição, o ser é confundido com os "entes", ou seja, é transformado em uma estrutura rígida, imutável, a-histórica e *a priori*. Transformado em ente, a tradição metafísica atribui-lhe estabilidade na presença, isto é, eternidade, um caráter de "entidade" (aquilo que *é*). Como tal, adverte Vattimo (agora apoiando-se em Nietzsche), a metafísica pode ser reapresentada como a tentativa de controle, opressão e domínio por parte dos sistemas simbólicos, conceituais ou teóricos das várias ciências que sobre ele se debruçaram.

Com sua proposta do pensamento fraco, Vattimo chama a atenção para a necessidade de retemporalizar o sentido do ser, de libertá-lo do jugo metafísico. Especificamente, de mostrar que *ser* é diferente de *ente*: enquanto este *é*, aquele *acontece*. Assim, o pensamento fraco remete a um processo de enfraquecimento do ser no sentido de desprendê-lo da tração metafísica. Não há uma essência, um fundamento, um *a priori* estável ao sentido do ser; enquanto acontecimento, ele é crivado pela historicidade, pela efemeridade, pela precariedade, pelo nascimento e pela morte, em suma, pelo tempo.

Desse modo, onde a tradição metafísica encontrava um "ser-ente", um ser dado à presença, estável e objetivamente apreensível, Heidegger, na leitura de Vattimo, identificou a caducidade e a angústia. O pensamento fraco corresponde então à necessidade de remodelar o pensamento para que este reflita o abandono do princípio de fundamento metafísico da tradição ocidental por uma atitude hermenêutica, a qual se oriente em um contexto de ausência de garantias, certezas e verdades absolutas. Como diria Nietzsche, em um contexto no qual "Deus está morto" – entendendo por isso a morte concomitante das certezas transcendentais e absolutas.

PÓS-MODERNIDADE E TRABALHO FRACO

A proposta de Vattimo do pensamento fraco parece-nos uma excelente ilustração do impasse em que a filosofia e toda a tradição ocidental envolveram-se a partir do final da aventura metafísica em que estiveram engajadas desde seus primórdios filosóficos, na Grécia antiga. Para muitos pensadores, incluindo Vattimo, o fim da metafísica pode ser localizado na transição da modernidade para a pós-modernidade.

De fato, nas últimas décadas – pelo menos desde o final dos anos de 1960 – o pensamento pós-moderno só se fez proliferar, não poupando praticamente nenhum campo do saber e da cultura, da filosofia propriamente dita à literatura; da arquitetura às artes; da psicologia à administração. Em vista disso, podemos dizer que a cultura ocidental vem cada vez mais se definindo e se identificando como uma cultura pós-moderna.

Em um sentido amplo, a pós-modernidade é a era da perda dos fundamentos. Essa perda se expressa, ao nível dos discursos e das práticas culturais, por meio de afirmativas que buscam destacar a fragilidade de nossas crenças, a instabilidade dos vínculos e das relações e a precariedade de nossos antigos sistema de valores. Um *frenesi* de mudanças e transformações parece ter se introduzido em nossos vocabulários cotidianos.

Adicionalmente, a perda dos fundamentos vem acompanhada de uma outra forma de descrever nossa época, à guisa do que propõe Vattimo: o *enfraquecimento* das estruturas fortes da modernidade. A referência primária, filosófica, é o enfraquecimento da estrutura forte do "ser" – na pós-modernidade, ao contrário do que acontecia no período anterior, moderno, o *ser* é definido de maneira provisória; enfatiza-se o acontecimento, as eventualidades, o reino do acaso e a diferença – não a continuidade, a permanência, a estabilidade e a mesmice. Isso implica que o "sujeito" correspondente a esse "ser" não é mais, na pós-modernidade, definido de forma resoluta e duradoura, mas mediante termos freqüentemente contraditórios, emblemáticos, que realçam novas características tais como fluidez, indeterminação, risco, liquidez e outras características de *enfraquecimento* semelhantes.

Mas é sobretudo no registro prático que a pós-modernidade parece fazer-se mais evidente. Realmente, parece que as pessoas convivem, a todo momento em seu dia-a-dia, com apelos à mudança e ao abandono das certezas. No campo dos relacionamentos, por exemplo, a demanda cultural é para que os vínculos não sejam excessivamente "fortes" ou duradouros, quando então se acredita que as pessoas estão "querendo muito" uma das outras; a recomendação, ao contrário, é que haja leveza, vontade de "curtir o momento" e um misto de descompromisso emocional e transação afetivo-sexual baseada no prazer e na satisfação imediatas.

A narratividade cognitiva e afetiva do amor romântico, uma invenção moderna que solicitava dos amantes uma disposição mútua em cultivar sentimentos, adiar as gratificações e a submeter-se aos papéis sociais da instituição família, é progressivamente substituída pelo desejo de colecionar sensações, aventuras e desafios que patrocinem o auto-desenvolvimento e o gozo individuais. Para usar a metáfora de Vattimo, poderíamos dizer que hoje o amor é de tipo "fraco" – não no sentido de frágil ou débil pura e simplesmente, mas no sentido de algo despretensioso, aberto, diverso e sensível às múltiplas forças desestruturantes da pós-modernidade.

Um outro exemplo, sobre o qual gostaríamos de nos deter mais extensamente, já que se trata do objetivo deste livro, é o do trabalho. O que significa pós-modernidade no campo do trabalho? Novamente, em um sentido prático, significa que não deveríamos mais esperar por sua estabilidade, segurança e permanência – características pelas quais ele era retratado há pelo menos um século. De agora em diante, é-nos dito, devemos trocar de emprego como trocamos de roupa, sem fixação ou estagnação. Ser pós-moderno em matéria de trabalho é saber combinar um apego e compromisso tênues com a facilidade de realizar o luto pela ruptura do vínculo com a empresa. O vínculo depende de uma "cola" tão incerta quanto desempenho, resultados e facilidade de relacionamento.

É interessante constatar que o pensamento pós-moderno foi fortemente apropriado pelas organizações e por sua *inteligentzia* administrativa a ponto de tornar-se sua mais poderosa teoria de legitimação. Essa teoria defende a "morte" do trabalho tal como o conhecíamos em sua forma "forte" (na modernidade): pleno-emprego, carteira assinada, garantia de ascensão social mediante progressão automática na empresa, estabilidade de direitos e deveres, estruturas sindicais e coletivas fortes e uma narrativa temporal na qual o indivíduo acumulava *experiência* e defendia um *lugar seu*.

Ainda de acordo com tal teoria, o trabalho depende neste instante de forças cujo comportamento está fora de nosso próprio controle: oscilações do mercado, saúde financeira e competitividade global e local das empresas, crescimento econômico de determinados setores, humor de grandes investidores ou acionistas e a dinâmica dos fluxos de capitais globais. Tais forças agem também no sentido de *enfraquecer* o trabalho, tornando-o suscetível às eventualidades, às possibilidades e, naturalmente, à incerteza.

Dada sua ampla disseminação pelas instituições pós-modernas, essa teoria do enfraquecimento do trabalho tornou-se um lugar-comum no ambiente corporativo tanto quanto na cultura de massa em geral. Entretanto, gostaríamos de realçar dois aspectos que parecem estar na base de tal enfraquecimento do trabalho. Em primeiro lugar, ele ocorre no âmbito de um enfraquecimento institucional movido pela necessidade de aumento de produtividade dos agentes econômicos. Em segundo, no âmbito de um enfraquecimento da relação moderna entre a identidade de uma pessoa e o trabalho que ela realizava – quer dizer, o enfraquecimento do papel do trabalho na construção da subjetividade.

ENFRAQUECIMENTO INSTITUCIONAL

No que diz respeito ao enfraquecimento institucional do trabalho, as teses são relativamente bem conhecidas, cabendo aqui apenas um esforço de síntese: primeiro, com o advento do que se convencionou chamar de sociedade pós-industrial, a produção em massa, baseada no uso de capital-trabalho e na fábrica regida pelos princípios do fordismo-taylorismo, cede espaço em benefício de estruturas organizacionais descentralizadas e fragmentadas que operam em escala planetária, sensíveis às ofertas mais vantajosas de cada país em termos de instrumental tecnológico, recursos primários, mão-de-obra qualificada (e barata) e apoios governamentais de várias ordens (fiscais e tributários).

Segundo, a dita sociedade pós-industrial exibe características peculiares no que diz respeito à geração de riqueza: o modelo da produção de bens tangíveis é progressivamente substituído pelo o de bens intangíveis, notadamente pelo setor de serviços, onde a manipulação de símbolos, valores e visão de mundo torna-se muito mais crítica do que a manipulação convencional de matérias-primas "sólidas". Quer dizer, a atividade industrial vem demonstrando sinais de regressão quando comparada à capacidade econômica do setor de serviços. Atualmente, o setor das chamadas *creative industries*, por exemplo, um termo que sucede às clássicas indústrias culturais, vem despertando fortemente a atenção de especialistas e empreendedores devido à combinação que ali se observa entre criatividade e iniciativa individual, valores econômicos, novas ofertas de serviços e peculiares arranjos organizacionais.

Em terceiro lugar, e paralelamente às transformações nas matrizes de geração de riqueza, observamos a emergência de novos arranjos de trabalho, dentre os quais chamam a atenção, principalmente no Brasil, o trabalho de tipo autônomo-informal; o crescimento do trabalho doméstico ou de cuidados à pessoa; os empregos temporários; o crescimento do empreendedorismo, principalmente no formato de pequenas empresas (a despeito de sua elevada taxa de fracasso no país); os trabalhos de consultoria, que incluem desde grandes firmas com vínculos autônomos de trabalho até indivíduos agindo sozinhos e inteiramente dependentes de rede de relacionamento pessoal e conhecimento adquirido; os empregos no chamado mercado virtual, onde a flexibilidade é intensa; e, por fim, o crescimento das formas de subemprego, como terceirizações e quarteirizações.

O aspecto convergente nessas transformações é a desinstitucionalização das estruturas tipicamente modernas do trabalho. Sobretudo a partir do início da década de 1970, os movimentos de desburocratização insistem na desmontagem e no desarranjo das antigas burocracias produtivas. Em seu lugar, deveriam emergir modelos mais leves e ágeis de organização e produção, em parte como resposta à aceleração da competitividade entre mercados nacionais, os quais começavam a se tornar globais. O alvo é a busca de maior agilidade para as empresas e encurtamento do arco temporal de retorno financeiro aos acionistas, cuja mobilidade de investimento – e pressão por rentabilidade –intensifica-se a partir da derrocada do acordo de Bretton Woods, no início da década de 1970.

Naturalmente, o trabalho, como uma instituição social, não ficou imune aos ataques. Primeiro, vieram os ataques promovidos pelo que os teóricos neo-shumpeterianos chamam de novas ondas tecnológicas: a substituição do trabalho humano pelo trabalho realizado por máquinas cada vez mais sofisticadas e por estruturas de comunicação altamente eficazes. Segundo, vieram os ataques políticos de cunho sabidamente neoliberais: a falência progressiva do Estado previdenciário e seus modelos de regulação, deslocando aos indivíduos a tarefa de cuidar de sua própria "empregabilidade" e inserção social. Terceiro, as pressões para uma especialização flexível da força de trabalho, pressões essas patrocinadas pelas mudanças nos padrões produtivos e de consumo que passaram a exigir novas competências e desempenho profissional. Em parte, a situação atual do trabalho, na qual se enfatiza sua natureza institucional "fraca", é conseqüência desses e de outros ataques desinstitucionalizantes pelos quais ele passou ao longo da última metade do século passado.

ENFRAQUECIMENTO SUBJETIVO

Contudo, é especialmente o segundo aspecto da teoria do enfraquecimento do trabalho em sua versão moderna (industrial) que gostaríamos de enfatizar. Trata-se aqui da extensão do discurso da pós-modernidade à crítica ou desconstrução do vínculo entre trabalho e identidade. O conhecido discurso sobre a "morte" do trabalho, além de abraçar a necessidade de um enfraquecimento institucional generalizado, abraça igualmente um outro tipo de enfraquecimento: o do elo moderno que ligava o trabalho exercido por uma pessoa ao sentido que ela dava de sua própria existência.

O enfraquecimento institucional do trabalho refere-se ao que alguns, inspirados em referenciais marxistas sobretudo, chamam de sua dimensão "objetiva"; quanto ao segundo enfraquecimento, esse refere-se particularmente à dimensão "subjetiva" do trabalho. Nesse último caso, e sob influência do discurso pós-moderno, o sentido do trabalho teria mudado nas últimas décadas. E uma das mudanças mais relevantes é a diminuição progressiva da importância do trabalho na definição da identidade dos indivíduos, especialmente considerando que a própria noção de identidade é colocada na berlinda na pós-modernidade. Usando novamente a caracterização de Vattimo, é como se o trabalho deixasse de ser a única objetivação possível para o ser, sua única – ou mais privilegiada – forma de revelação.

Entretanto, afirmar que a dimensão subjetiva do trabalho mudou na direção de um enfraquecimento de sua participação na construção da identidade implica em que aceitemos que alguma vez ele tenha desfrutado de uma tal importância, afinal, só se enfraquece algo que uma vez foi forte.

ASCENSÃO E QUEDA DO TRABALHO

De fato, ao considerar o trabalho à luz de uma perspectiva histórica é possível observar que seu sentido, valor e importância subjetivos nem sempre foram os mesmos ao longo da tradição ocidental. Em específico, identificamos três momentos decisivos dessa tradição e que ajudam a explicar sua situação na atualidade: em primeiro lugar, há um período em que o trabalho não possuía uma importância elevada na construção da subjetividade. Isso ocorreu pelo menos ao longo de toda a Antiguidade, passando pela Idade Média até o Renascimento. Nesse período, o trabalho não desfrutava de um *status* prestigiado em si mesmo, estando sempre à margem em relação a valores sociais considerados centrais, como, por exemplo, o cultivo da razão (entre os gregos), o cuidado com a alma e a busca da salvação (entre os medievos) ou a construção estético-artística da própria vida (entre os renascentistas).

Contudo, em um segundo momento – que coincide com a emergência da sociedade industrial –, o sentido e o valor do trabalho são redefinidos ao menos em cinco dimensões importantes. Primeira, o trabalho é reapresentado como fonte do valor econômico; segunda, como princípio moral, matéria-prima para a modelagem do caráter; terceira, como alvo de investidas ideológicas visando à domesticação e controle dos trabalhadores, em um misto de pregação religiosa e paternalismo industrial; quarta, como atividade construtora do ser e da subjetividade, meio pelo qual o ser humano acessa sua verdadeira essência; e quinta, como contrato social no qual a sociedade pode ancorar seus distintos papéis sociais e coordenar a cooperação e a solidariedade entre seus membros. Essas cinco dimensões, juntas, convergiram para trazer o trabalho ao posto de um dos principais valores políticos, culturais, sociais e psicológicos durante a vigência da sociedade industrial, nos séculos dezenove e metade do vinte.

Já no terceiro momento da história do sentido do trabalho encontramos alguns aspectos paradoxais. De um lado, o trabalho é enfraquecido, "desmontado", nas cinco dimensões responsáveis por sua centralidade na sociedade industrial. Quer dizer, ele é criticado como única fonte do valor econômico; como princípio moral-religioso e base do caráter; como ideologia, na medida em que os trabalhadores, eles próprios, são agora controlados de outras formas e em outros campos que não apenas pela empresa; como atividade privilegiada na oferta de significados ao ser, na medida em que, como nos adverte Vattimo, na pós-modernidade é radicalizada a "desconstrução" do ser como uma estrutura objetiva que se dá a conhecer em apenas um sentido ou direção (pelo trabalho, por exemplo); e, finalmente, a dimensão contratual do trabalho é questionada com base em novas formas de subjetivação que prescindem da referência central ao trabalho.

De outro lado, e devido a essa série de críticas, a situação do trabalho na atualidade gera perplexidade, pois, ao mesmo tempo em que ele *ainda* é uma das principais vias de acesso à renda e de organização de rotinas sociais e individuais, ele já não apresenta suas antigas características "fortes". Assim, a perplexidade ocorre porque fomos levados a esperar mais do trabalho do que ele pode nos dar hoje em dia devido à crise "objetiva" de seu modelo de institucionalização (o emprego) e ao próprio questionamento pós-moderno sobre o que significam termos como ser, sujeito e identidade.

Colocando ainda de uma outra forma: a elevação do trabalho como categoria objetiva *e* subjetiva chave fez com que os indivíduos, em certo momento da história, precisamente na sociedade industrial que vigorou até pelo menos a metade do século passado, o considerassem como um referente importante – senão o principal – para a definição de suas identidades. Isso ocorria porque um arranjo institucional, econômico, social e até epistemológico (do qual a teoria marxista é o exemplo mais notável) dava ao trabalho um *status* dominante. Com o enfraquecimento ou desmontagem dessa posição central do trabalho, e com a crítica pós-moderna à própria noção de identidade – da qual a crítica heideggeriana de Vattimo ao conceito de "ser" é apenas um exemplo – o sentido do trabalho na definição da identidade se enfraquece ao mesmo tempo.

O paradoxo que temos diante de nós é então o seguinte: como conviver com a insegurança no campo do trabalho e com sua conseqüente incapacidade de nos oferecer um porto seguro na definição de nossas identidades? Como dissemos a pouco, na tradição ocidental fomos levados a nos perceber mediante o trabalho que realizamos; mas, paradoxalmente, agora parece ser a insegurança e a ambigüidade que caracterizam nossa experiência com ele. Atuando em conjunto, o discurso pós-moderno do fim das certezas, dos fundamentos e das verdades últimas e as investidas anti-burocráticas e desinstitucionalizantes das empresas pós-industriais e seu modelo de trabalho-emprego, geram problemas complexos no campo da construção das subjetividades pós-modernas. Mal-estar, insegurança e medo são apenas alguns dos exemplos de sintomas mais comuns da relação homem-trabalho em nossos dias.

AMBIGÜIDADE E INSEGURANÇA DO TRABALHO

A reflexão anterior sobre o enfraquecimento objetivo-institucional e subjetivo-identitário do trabalho nos posiciona, ao mesmo tempo, a favor e contra os adeptos da teoria da "morte" do trabalho. De um lado, adeptos porque de fato as mudanças no campo das instituições modernas envolvidas com o trabalho são inegáveis; de outro, contra, pois o trabalho simplesmente não desapareceu: ele não deixou de ter sua importância na determinação de nossas vidas, quer do ponto de vista de obtenção de renda e de acesso ao consumo, quer do ponto de vista da construção de nossa subjetividade, de nossa identidade – mesmo que uma identidade "parcial", quer dizer, uma identidade profissional, já que se tornou comum, na pós-modernidade, falar de várias identidades ou de repertório de identidades (ou seja, de identidade no plural).

Em nosso ponto de vista, aprenderemos melhor a perplexidade envolvida com a situação presente do trabalho se conseguirmos tratar, ao mesmo tempo, o duplo enfraquecimento, objetivo e subjetivo, do trabalho em condições pós-industriais e pós-modernas. Nesse sentido, estamos de acordo com Vattimo quando ele afirma que a declaração nietzschiana de que "Deus está morto", ou então a advertência de que a aventura metafísica chegou ao fim, não é suficiente para apagar os vestígios deixados por milênios de pensamento metafísico. Vattimo sugere "revisitar" essa tradição com novos olhos e novos propósitos, até o momento em que talvez possamos finalmente descartá-la por completo.

Transportando isso para a problemática do trabalho, diremos que, ainda contra os adeptos da morte do trabalho, não podemos negligenciar, irresponsavelmente, a longa tradição ocidental, notadamente a erigida durante os dois últimos séculos, que tornou o trabalho uma das principais vigas de sustentação das sociedades burguesas e também, e mais importante ainda para nossos propósitos, da imagem que fazemos de nós mesmos como sujeitos humanos. Hanah Arendt já havia intuído esse ponto quando, há quase cinco décadas, se indagava: é possível imaginar algo mais nefasto do que uma sociedade de trabalhadores sem trabalho?

Nosso propósito neste livro é explorar a situação do trabalho na atualidade de tal forma a reconhecer seu enfraquecimento na definição de nossas identidades, ao mesmo tempo em que insistindo que não é a seu desaparecimento completo que assistimos, mas sim à sua ambigüidade. Tal ambigüidade apresenta-se na pluralidade de sentidos do trabalho na atualidade, na dificuldade em estabelecermos uma relação direta entre ele e a constituição de nossas identidades e na amplitude de teorias e explicações sobre seu valor e sua importância. A ambigüidade é um aspecto característico do enfraquecimento *e* da permanência do trabalho em nossas vidas e na de nossas sociedades.

Especificamente, nosso objetivo é efetuar um estudo histórico do sentido e do valor do trabalho, examinando a variação desse sentido ao longo do tempo, desde um contexto em que o trabalho possuía um valor marginal até sua centralidade na modernidade industrial e declínio, ou desmontagem, na pós-modernidade. Em seguida, pretendemos indagar as conseqüências dessa desmontagem do ponto de vista da construção das subjetividades e identidades pós-modernas.

Por fim, nossa intenção é ajudar o leitor a refletir sobre o argumento de que talvez *ainda* não sejamos tão pós-modernos quanto às vezes nos declaramos, pois a ausência de fundamentos e certezas, particularmente em relação ao trabalho, em vez de nos trazer liberdade e autonomia, pode gerar o que vamos aqui denominar de insegurança ontológica, ou seja, a incapacidade de encontrar e desenvolver uma narrativa identitária compatível com um ambiente social altamente inseguro e ilegível.

A insegurança ontológica, como veremos, é um fenômeno correlato ao fim das certezas metafísicas e à crise da individualidade moderna (da noção de "eu" moderna, com sua correspondente forma identitária), bem como ao enfraquecimento do trabalho como uma dimensão objetiva e "segura" da existência humana. Tendo de viver às voltas com o risco, o abandono ou não-reconhecimento do "outro" (da empresa, do gestor, dos pares etc.), as possibilidades que se abrem aos indivíduos são a construção ativa de si mesmo, a paralisia niilista da ação ou o recurso a estratégias individuais de sobrevivência psíquica com custos nem sempre desprezíveis. No limite, a questão com a qual estamos *indiretamente* envolvidos neste livro é sobre em que medida podemos nos declarar "pós-modernos" em relação ao trabalho, como também possivelmente em um sentido mais geral.

A ESTRUTURA DO LIVRO

Este livro está dividido em quatro partes. Na primeira analisamos a herança ocidental do trabalho, notadamente aquela formada no período antigo, entre os filósofos da Grécia antiga, depois na Idade Média, sobretudo com o cristianismo e, finalmente, no humanismo renascentista. A finalidade desta primeira parte do livro é mostrar que não encontramos, no período analisado, referências no sentido de fazer o trabalho um tema de importância capital, fato que só ocorreria mais tarde, com a emergência da sociedade industrial e com as teorizações de grandes cientistas sociais sobre o tema. Encerramos esta parte com um capítulo de transição, no qual analisamos o papel da reforma protestante como primeiro grande estímulo à elevação do valor do trabalho.

Na segunda parte investigamos o modo como o trabalho foi elevado a uma categoria-chave na sociedade industrial. Identificamos, nos capítulos que compõem essa parte, os novos sentidos que foram associados ao trabalho na modernidade e que contribuíram para sua centralidade: em primeiro lugar, um sentido econômico; em segundo, um sentido ético-religioso ou moral; um sentido ideológico; um sentido filosófico-ontológico; e, por último, um sentido contratual. Esses cinco sentidos do trabalho convergiram para reapresentar seu valor, importância e finalidade na história do ocidente. Mostraremos, nesta parte, que a contribuição de autores como Adam Smith, Max Weber, Karl Marx e Émile Durkheim foi decisiva para a construção moderna do sentido do trabalho.

Já na terceira parte, nossa meta é analisar como as cinco bases da centralidade moderna do trabalho começaram a ser desmontadas ou enfraquecidas ao longo da segunda metade do século vinte. A conseqüência dessa desmontagem é uma nova redefinição do sentido e do valor do trabalho, tanto em sua dimensão objetiva-institucional quanto, e principalmente, em seu papel na construção da subjetividade e das identidades. Em cada capítulo que integra essa parte analisamos uma linha de ataque à centralidade do trabalho: a crítica da teoria do valor-trabalho; a crítica à ética protestante que influenciou por longo período da história o valor do trabalho na cultura ocidental; a crítica ao conceito marxista de alienação e a redefinição e pluralização do sentido (subjetivo) do trabalho; e o declínio do modelo contratual do trabalho provocado pelo crescimento de processos culturais de individualização e de busca de excelência e performance individuais.

Por último, na parte quatro discutimos mais detidamente o que acontece quando os modelos objetivos de institucionalização do trabalho e sua participação na construção da subjetividade já não são mais "fortes" como no período industrial moderno. Os três capítulos dessa parte buscam retratar a situação contemporânea do trabalho, especialmente sua ambigüidade, fragmentação e privatização. Mostramos que existem vários *ethos* do trabalho na atualidade e que nenhum deles esgota a questão de seu sentido. Pelo contrário, a coexistência desses vários *ethos*, associada a um enfraquecimento institucional, leva à emergência de um fenômeno que estamos aqui denominando de insegurança ontológica.

Esse tipo de insegurança é fruto de uma dificuldade de os indivíduos construírem uma narrativa identitária compatível com um ambiente social caótico e inseguro no qual há intensas apelações à ação individual sem assistência (quer dizer, o indivíduo é obrigado a agir praticamente sozinho). Esta parte e de resto o livro são encerrados com uma apreciação crítica de formas de resposta a essa insegurança ontológica e com um questionamento sobre o quanto podemos arrogar-nos "pós-modernos" em matéria de trabalho, ou sobre se esse mesmo "pós-modernismo" do fim da certezas não poderia, talvez, consistir de uma nova ideologia legitimadora dos movimentos desinstitucionalizantes presentes nas organizações modernas em seu culto dos resultados.

PARTE I

A HERANÇA DO TRABALHO

Nesta primeira parte pretendemos identificar o sentido, valor e a importância do trabalho entre alguns filósofos gregos, teólogos cristãos medievais e no Renascimento, chegando até a reforma protestante – a qual, como veremos na próxima parte deste livro, representou a primeira grande inversão no valor do trabalho e o primeiro passo decisivo rumo à sua centralidade moral-religiosa nos séculos dezenove e vinte, mediante a ética protestante do trabalho.

Buscaremos demonstrar nesta parte que o primeiro impulso à elevação do valor do trabalho no ocidente é de ordem religiosa. O primeiro movimento nesse sentido foi realizado pelo cristianismo medieval, o qual redescreveu a relação do ser humano com o mundo a partir do legado grego, colocando-se contra ele em alguns aspectos, no que diz respeito ao trabalho, e prolongando-o no que diz respeito a outros. Em seguida, o movimento protestante realizou novas redescrições nessa relação, ampliando o valor do trabalho a tal ponto de, como veremos na próxima parte, ele tornar-se algo essencial na relação do ser humano com o mundo e consigo mesmo.

O impulso religioso à elevação do trabalho corresponde a uma explicação *extrínseca* sobre o valor do trabalho. Ou seja, o trabalho é algo que se faz *tendo em vista* um *outro fim que não* ele próprio. Diferentemente, no Renascimento o trabalho recebe um outro impulso, só que de ordem secular e *intrínseca*: trabalha-se como um fim em si mesmo, engendrando a construção do próprio homem. O melhor exemplo dessa motivação intrínseca é observada na figura do artesão renascentista, que trabalha tendo em vista a realização de *sua* obra, dando-se a revelar por meio dela e não necessariamente movido por interesses comerciais.

Nossa trajetória é iniciada com uma contextualização do trabalho na Antigüidade, particularmente na Grécia (Capítulo 1), e na Idade Média (Capítulo 2), com a patrística (Santo Agostinho) e escolástica cristã (Santo Tomás de Aquino). Em seguida, abordamos a corrente desenvolvida no Renascimento que celebrou o trabalho como fonte de desenvolvimento e externalização do mundo interior, origem das ulteriores formas românticas do *homo faber* (Capítulo 3). Depois, abordamos a reforma protestante empreendida por Lutero e Calvino, a qual contribuiu com a elevação religiosa do trabalho por meio do conceito de vocação (Capítulo 4).

Em seu conjunto, os capítulos aqui reunidos mostram que não encontramos, no período analisado, referências no sentido de fazer o trabalho um tema de importância capital, fato que só ocorreria mais tarde com a emergência da sociedade industrial (e seu arranjo institucional correspondente) e com as teorizações de grandes cientistas sociais sobre o trabalho. Contudo, as tradições aqui analisadas constituem a herança ocidental sobre o sentido do trabalho, sendo de um modo ou de outro retomada séculos mais tarde.

CAPÍTULO I

OS FILÓSOFOS GREGOS E O TRABALHO NA ANTIGÜIDADE

Um estado com uma constituição ideal... não pode permitir que seus cidadãos vivam a vida como trabalhadores ou comerciantes, o que por si é ignóbil e inimigo da virtude. Nem tampouco pode permiti-los de se engajar na agricultura: o ócio é uma necessidade, tanto para o crescimento na virtude como para a perseguição das atividades políticas.

Aristóteles, *A política*

Os valores presentes na sociedade antiga, grega em particular, em relação ao trabalho são praticamente o inverso dos que se deram a conhecer nas sociedades modernas industriais. Basicamente, para os antigos gregos, o trabalho era feito por escravos ou homens não-livres. Ao trabalho não era associado nenhum valor ou virtude moral; pelo contrário, ele brutalizava a mente e tornava o homem inadequado para as práticas superiores, como a política ou a filosofia.

Um diálogo entre Sócrates e Critóbulo, no *Econômico* (1994), de Xenofonte, serve de ilustração para entendermos o valor ético do trabalho predominante entre os gregos. O discípulo pergunta ao mestre sobre quais seriam os ramos de conhecimento considerados os mais honráveis e sobre o modo de adquiri-los. A resposta de Sócrates dá o tom sobre a sensibilidade grega em relação ao trabalho.

"As profissões chamadas de artesanais [*banausia* ou *banausikai* são atividades feitas pelo interesse de quem a realiza, e não no da *pólis*] são, de fato, criticadas e, com muita razão, tomadas em baixa conta pela *pólis*. Pois elas, em última instância, arruínam os corpos daqueles que nelas trabalham e o de seus supervisores, forçando-os a levar uma vida ociosa e a permanecer às vezes o dia inteiro diante do fogo. Quando seus corpos tornam-se afeminados, suas almas tornam-se muito mais fracas. Tais atividades não deixam ao homem tempo para estar com seus amigos e na *pólis*. Conseqüentemente, tais homens parecem tratar mal seus amigos e defender muito menos seus países. De fato, em algumas *pólis*, especialmente naquelas com necessidade de guerra, não é permitido a nenhum cidadão exercer trabalhos manuais" (p. 121).

Outros dois filósofos gregos descreveram o trabalho em linhas valorativas semelhantes às de Sócrates: Platão e Aristóteles. Comecemos pelo primeiro. Na *República*, Platão reconhece idéias que poderiam ser facilmente aceitas dentro da visão econômica moderna, como, por exemplo, a divisão do trabalho. Para o filósofo, há dois tipos de divisão: primeira, entre ricos e pobres, na cidade; segunda, entre diferentes tipos de trabalho. Esse tipo de divisão é importante e necessário pelo fato de os homens possuírem diferentes aptidões, além de suas habilidades serem melhor aperfeiçoadas nos trabalhos pelos quais possuíam inclinações naturais. Conforme destaca Anthony (1977), Platão é reconhecido pelo relativo valor que atribui ao trabalho na comunidade. No entanto, esse fato deve ser matizado no interior da concepção que Platão possui do Estado.

Para ele, o Estado tem o encargo de realizar três tipos de atividades: a provisão de serviços necessários, sua proteção e seu governo. O primeiro tipo de atividade é realizado por trabalhadores; o segundo e terceiro por "guardiões" ou por um guardião de tipo filosófico. Mas os pesos mais importantes são atribuídos às duas últimas atividades, haja visto o fato de o sistema educacional idealizado por Platão focar inteiramente na formação de guardiães, e não de trabalhadores. "O trabalho, a produção de bens e serviços, não era considerado como de grande importância e tampouco o era o sistema de educação dos trabalhadores" (Anthony, 1977, p. 16). Platão estava interessado, na *República*, em discutir o ideal, o bem e o belo, e não as características do trabalho. Em seu outro ensaio, *As leis*, defende que os cidadãos deveriam ser preservados de se engajar em atividades comerciais, industriais ou em quaisquer outros ramos de negócio.

No entanto, mais radical foi Aristóteles em sua apreciação do valor do trabalho. Mas só poderemos entender o significado de trabalho para Aristóteles acompanhando sua digressão sobre a relação entre felicidade e atividade, entre ócio e ocupação. Para o filósofo, há uma distinção importante entre atividades necessárias ou desejáveis apenas em benefício de alguma outra coisa, e atividades que são desejáveis em si mesmas. A felicidade pertence a esta segunda sorte de atividade: ela possui um fim em si mesma. Isso permite a Aristóteles, em *Ética a Nicômano* (1973), afirmar que cada indivíduo deve realizar atividades que sejam coerentes com seu próprio caráter. E ele vai além ao propor que a virtude mais nobre, mais elevada e dignificante, é aquela envolvida com o conhecimento teórico e a com a vida contemplativa. As passagens a seguir de *Ética a Nicômano* dão o tom do que estamos dizendo.

> "Ora, nós chamamos aquilo que merece ser buscado por si mesmo mais absoluto do que aquilo que merece ser buscado com vistas em outra coisa, e aquilo que nunca é desejável no interesse de outra coisa mais absoluto do que as coisas desejáveis tanto em si mesmas como no interesse de uma terceira; por isso chamamos de absoluto e incondicional aquilo que é sempre desejável em si mesmo e nunca no interesse de outra coisa. Ora, esse é o conceito que preeminentemente fazemos da felicidade". [...]
>
> Se a felicidade é a atividade conforme à virtude, será razoável que ela esteja também em concordância com a mais alta virtude; e essa será a do que existe de melhor em nós. Quer seja a razão, quer alguma outra coisa esse elemento que

julgamos ser o nosso dirigente e guia natural, tornando a seu cargo as coisas nobres e divinas, e quer seja ele mesmo divino, quer seja o elemento mais divino que existe em nós, sua atividade conforme à virtude que lhe é própria será a perfeita felicidade. Que essa atividade é contemplativa, já o dissemos anteriormente" (p. 252; 255; 428).

O trabalho é considerado um obstáculo ao desenvolvimento da virtude. A razão é que o trabalho não pode ser considerado um valor em si mesmo, mas sempre como um meio para se alcançar determinado fim. Na *Política*, Aristóteles adverte que os cidadãos deveriam ser terminantemente proibidos de exercer qualquer emprego comercial; isso seria um passo certo em direção à corrupção da virtude. Assim como para Platão, o objetivo do homem virtuoso era o de engajar-se em atividades políticas (Sabine, 1951). Para isso, Aristóteles faz uma distinção entre atividades próprias, porquanto úteis, e atividades impróprias, porquanto necessárias.

Aristóteles acreditava que não era próprio para um cidadão envolver-se com trabalhos de tipo manual, mecânico. Ao contrário, o cidadão deveria dedicar-se aos assuntos de interesse da cidade, da "boa vida". Para ele, como para outros gregos, o trabalho deveria ser feito por escravos, fazendeiros ou homens de negócio, pois tal tipo de atividade era inimigo da vida do cidadão livre. Todavia, não era a natureza do trabalho que importava a Aristóteles, mas seu propósito, seu fim. Um soldado que realizasse um trabalho manual seria perfeitamente honrável desde que o fizesse em seu próprio benefício, para seu próprio fim (Mossé, 1969).

A idéia era de que o trabalho manual (*labor*) cria laços de dependência entre os envolvidos, degradando a liberdade. Depender de outro homem, como por meio do recebimento de um salário, era sinônimo de prisão, de perda de liberdade. Conforme diz Arendt (2000), no contexto ético-político da Grécia, seria preferível a um homem pobre um dia incerto sem trabalho do que a garantia – degradante para sua liberdade – de um trabalho estável. A autora acrescenta: "*Labor* significava ser escravizado pela necessidade, escravidão esta inerente às condições da vida humana. Pelo fato de serem sujeitos às necessidades da vida, os homens só podiam conquistar a liberdade subjugando outros que eles, à força, submetiam à necessidade" (p. 94). Para Aristóteles, o estado deveria cuidar para que houvesse o desenvolvimento de pessoas nobres, com amor às artes e à aprendizagem. Daí ele concluir que, para preservar tal casta de notáveis, seria necessário a "corrupção" de uma outra: a de escravos e estrangeiros.

Contudo, ainda que a visão de trabalho entre os gregos fosse de pouco interesse, é necessário entender perfeitamente o motivo. Como destaca Anthony (1977), é preciso corrigir a visão convencional de que o trabalho enquanto tal era simplesmente negado pelos gregos. Ao contrário, era uma atividade natural e necessária, podendo inclusive contribuir com o uso, a beleza e a felicidade – desde que fosse um trabalho de estilo aristocrático, intelectual, o trabalho da vida contemplativa. O ponto central da concepção grega de trabalho é de que ele deveria, sempre, estar subordinado a esses fins, e não o inverso. O trabalho como um fim em si mesmo seria absurdo. Desse modo, não podemos encontrar vestígios de uma "identidade do trabalho" (a descrição privilegiada de si pelo trabalho) entre os gregos – pelo contrário, a descrição do ser não passava pelo trabalho, mas por sua vinculação a ideais ético-políticos da vida do cidadão livre na *pólis*.

TRABALHO E ESCRAVIDÃO

No mundo antigo os valores econômicos eram diretamente subordinados aos valores culturais e políticos. A esfera da economia [*oikonomia*, ou gestão do *oikos*, ou da casa, do privado – Migeotte, 2005] entre os gregos era limitada ao reino da necessidade e assentada no trabalho escravo e feminino. O propósito desta seção não é descrever em detalhes a natureza ou as características da escravidão no mundo antigo, mas extrair desse processo alguns *insights* para compreendermos o desenvolvimento posterior da centralidade do trabalho. Em particular, estamos interessados na tese de que o trabalho começa a ser historicamente considerado uma atividade séria na medida em que a escravidão declina (Anthony, 1977; Mossé, 1969).

Mossé (1969) comenta que a glorificação do trabalho, em poemas como os de Hesíodo e Virgílio ou, então, no combate à vagabundagem, ocorreu em um momento em que a escravidão começa a declinar, ocorrendo escassez e elevação nos preços da mão-de-obra. Com isso, destaca Mossé, inicia-se uma habilitação da idéia de trabalho: na medida em que surgem mercados livres, torna-se premente a invenção de uma ideologia do trabalho ou de uma identidade do trabalho. Em outras palavras, a importância do trabalho parece diretamente proporcional a seu valor econômico e à indisposição das pessoas em trabalhar.

Se o escravo era, no dizer de Aristóteles, na *República*, um "instrumento animado", isso emanava do fato, já mencionado, de a economia ocupar um lugar subalterno na escala de valores grega e devido à forte divisão social que havia na pólis (Migeotte, 2005). A idéia de conceder respeito aos trabalhadores é algo inteiramente moderno, proporcional à importância que a esfera econômica assumiu em detrimento de outros valores até então predominantes – como, por exemplo, o do "bem viver" aristotélico, a melhor vida possível, a vida feliz. Além disso, desenvolvimentos não-econômicos também tiveram importância para o fim da escravidão e para a construção de um ideário segundo o qual o trabalho é algo dignificante, da mesma forma que é digno quem o realiza. Vejamos alguns desses desenvolvimentos.

Em primeiro lugar, o declínio das cidades-estados. Como conseqüência, o indivíduo vê diminuída sua estatura como entidade política e há a abertura para a introdução do pensamento religioso que doravante reconfortaria o homem perante sua solidão existencial. A fonte dos valores, como pontua Sabine (1951), passou a derivar do interior do indivíduo, e o sentido da vida a ser medido pela busca da própria auto-expressão. Em outras palavras, o indivíduo poderia começar a rogar para si o direito de ter sua personalidade respeitada, reconhecida em sua pura individualidade. Desse modo, a igualdade, antes restrita a um seleto grupo de privilegiados, alastra-se aos poucos. Como suporte a essa transformação surge um novo conceito de lei – uma lei acima das leis do Estado, um sistema de referência a partir do qual se poderia julgar as ações (até então) soberanas do Estado.

Em segundo lugar, essa nova concepção de igualdade foi impulsionada pelo desenvolvimento da filosofia estóica, a qual influenciou tanto os políticos romanos como a escolástica cristã séculos mais tarde. Tal filosofia celebrava virtudes como a de obrigação e auto-suficiência, amparadas por uma disciplina da vontade que funcionava como um bloqueio à fruição do prazer. Elementos dessa filosofia, como destacam Sabine (1951) e Anthony (1977), são estreitamente próximos aos valores do calvinismo, séculos mais tarde. Outro elemento dessa filosofia era a crença de que o homem, ao contrário de outros animais, era dotado de razão e de que, por esse motivo, partilhava com Deus o mesmo poder, embora, obviamente, em menor escala. Adicionalmente, por todos serem filhos de Deus, todos são irmãos – e, logo, iguais. Surgia o conceito de lei natural, que se tornou parte inseparável do pensamento medieval e influenciou o pensamento legal pós-Idade Média.

A condição dos escravos era determinada, de um lado, pela dependência de um outro homem e, de outro, pela necessidade de realização de tarefas que, na voga da filosofia grega de então, não eram tidas por virtuosas. Adicionalmente, a escravidão e o trabalho dos estrangeiros eram destinados a pessoas menos cultas dentro da *pólis*, de tal sorte que condições políticas, sociais e econômicas foram então favoráveis a uma rígida divisão de classes – entre latifúndios e a massa de escravos e estrangeiros (Migeotte, 2005). A escravidão serviu de mote para a baixa valorização do trabalho manual no mundo antigo, situação que tendeu a se alterar nos séculos seguintes devido à crise desse sistema, tornando premente a necessidade de uma revalorização do trabalho.

OS LIMITES FILOSÓFICOS DO TRABALHO

Na Antigüidade greco-romana, o trabalho é um conceito para o qual não podemos encontrar equivalentes diretos em nossa época (Migeotte, 2005). Em primeiro lugar, não há uma visão abstrata de trabalho (Vernant, 1956; Vernant & Vidal-Naquet, 1988). Para os gregos, ele representava uma série de atividades dispersas, com finalidades específicas e variações que incluíam o trabalho de camponeses, de artesãos, bem como atividades comerciais e "profissionais" (poetas, médicos e adivinhos).

Em segundo lugar, o *status* que a economia desfrutava entre os gregos não era equivalente ao papel que ela veio ocupar no século vinte e um. Para eles, economia era simplesmente a gestão da casa, e não de um sistema que rege trocas comerciais ou consumo. Reconheciam que a boa vida dependia de condições materiais, mas não que a "gestão" dos bens materiais representasse um conjunto todo à parte. A gestão da casa (tudo o que se possui e é útil à vida de cada um) era uma atividade exclusivamente privada e regida pelo reino das necessidades.

O mais importante, no mundo antigo, era a clara divisão estabelecida pelos filósofos entre virtude e necessidade, entre liberdade e submissão, entre lazer e descanso. O trabalho, apesar de não ser inteiramente desprezado, era totalmente desprovido de sentido ontológico. Isto é, a "verdade do ser" não dependia do trabalho, mas do uso da liberdade para uma vida contemplativa *ativa*, enfim, para o cultivo da mente – da razão – por meio de atividades que são, em si mesmas, significativas (reflexão teórica, ouvir música e poesia, conversar com os amigos). Em uma passagem de *A política* (1966), Aristóteles marca com exatidão este ponto. Diz o filósofo:

> "Admitamos, portanto, que para o homem não existe ventura maior do que a virtude e a razão, e que, igualmente, por isso ele deve regular seu procedimento. De tal coisa temos como fiador ao mesmo Deus, cuja ventura não está na dependência de qualquer bem exterior, mas depende de si mesmo, de sua essência e de sua infinita perfeição" (p. 118-9).

O "problema com o trabalho" entre os antigos, por assim dizer, era que ele não poderia ser um fim em si mesmo. Um homem não poderia resumir sua vida ao trabalho, à atividade de sobrevivência, ao reino da necessidade. Assim, o trabalho não era um tema de interesse especial. Os filósofos gregos não lhe dedicaram atenção em grande parte pelo fato de reconhecerem essa sua não-centralidade. Trabalho era parte de um sistema natural ditado pela necessidade. Nada mais do que isso. Deveria ser evitado o máximo possível, pois seu excesso tolheria a liberdade humana em uma relação de troca pecuniária. Não há aqui referências religiosas ou outras, nem um sistema moral estabelecido, dentro do qual o trabalho assuma algum valor essencial. Esse sistema seria desenvolvido algum tempo depois pelos primeiros teólogos cristãos.

CAPÍTULO 2

TRABALHO E RELIGIÃO NA IDADE MÉDIA

Então Deus disse: "Façamos o homem à nossa imagem e semelhança. Que ele domine os peixes do mar, as aves do céu, os animais domésticos, todas as feras e todos os répteis que rastejam sobre a terra". E Deus criou o homem à sua imagem; à imagem de Deus ele os criou; e os criou homem e mulher. E Deus os abençoou e lhes disse: "Sejam fecundos, multipliquem-se, encham e submetam a terra; dominem os peixes do mar, as aves do céu e todos os seres vivos que rastejam sobre a terra". E Deus disse: "Vejam! Eu entrego a vocês todas as ervas que produzem semente e estão sobre toda a terra, e todas a árvores em que há frutos que dão semente: tudo isso será alimento para vocês. E para todas as feras, para todas as aves do céu e para todos os seres que rastejam sobre a terra e nos quais há respiração de vida, eu dou a relva como alimento". E assim se fez. E Deus viu tudo o que havia feito, e tudo era muito bom. Houve uma tarde e uma manhã: foi o sexto dia.

Gênesis 1,26-31

Na Idade Média, a Igreja desenvolveu uma nova doutrina sobre a importância do trabalho. Mediante ela, o trabalho e o trabalhador são elevados da posição que Platão e, sobretudo, Aristóteles lhe haviam reservado, mas ainda assim submetidos a limites precisos. Se Aristóteles restringia o trabalho sob os auspícios da vida virtuosa, e não como um fim em si mesmo ou mera satisfação de necessidades, da mesma forma a Igreja limita-o a finalidades superiores, que neste caso dizem respeito às necessidades e imperativos do espírito.

Para a Igreja, o trabalho é reconhecido em sua dimensão de utilidade, ligada ao corpo e a suas exigências naturais; tentar depositar nele algum sentido superior seria uma contradição em termos, pois implicaria em elevar o corpo na metafísica do espírito então vigente. Nessa visão do trabalho, há uma perspectiva de "suficiência" na relação com ele: trabalhar só o necessário e não perder de vista os reais valores que levam à graça de Deus.

A leitura que se tornou difundida sobre o sentido do trabalho para os cristãos primitivos e os teólogos precursores do cristianismo é a que realça o caráter de punição do trabalho oriundo da queda. A célebre frase do Gênesis que menciona a maldição divina pelo pecado original de Adão, "Tu comerás o pão do suor de teu rosto", dá o tom de pecado e pena com que a Igreja parece ter revestido o trabalho. No entanto, essa visão é parcial. O trabalho também está a serviço dos fins da caridade, do cuidado com a saúde do corpo e da alma, da defesa do espírito contra os males da ociosidade (Tilgher, 1931; Mills, 1956) e é a forma de o homem participar da criação, antes da queda. Vejamos qual era a concepção de trabalho para dois grandes teólogos da Igreja: Santo Agostinho e Santo Tomás de Aquino.

TRABALHO COMO CO-CRIAÇÃO

Em recente ensaio sobre o conceito de trabalho e trabalhadores na obra de Santo Agostinho, Salamito (2005) comenta que o bispo de Hipona não é o "pessimista" que julgam-no ser. Isso ocorre porque, ao contrário da visão tradicional católica de trabalho como pura e simples maldição, Agostinho acredita que Deus concedeu ao homem, no momento mesmo da criação, os dons para atenuar a falta do primeiro casal. O homem deve suportar sua condição "com um espírito apaziguado" (p. 41), e todos os homens estão em pé de igualdade nesse sentido – o que contraria a tradição greco-romana de hierarquização entre trabalhadores manuais, de *status* inferior, e os filósofos ou aristocratas, elite devotada à contemplação, à política e às artes.

Antes da queda, na visão de Agostinho, Adão não realizava no paraíso um trabalho extenuante, penoso, mas o fazia "com uma expressão feliz de 'sua vontade'; não como submissão às necessidades de seu corpo, mas como livre exercício de sua razão e oportunidade de louvar a Deus" (Salamito, 2005, p. 42). Nessa leitura dos primeiros versos do Gênesis, trabalho era sinônimo de co-criação – o homem dividia com Deus o trabalho sobre o mundo: "Quando, no sexto dia, o 'homem' é criado à imagem de Deus, ele é tornado sacerdote da criação, sobre a qual ele lhe confere 'domínio'. Ser a imagem de Deus é trabalhar com e sob Deus para cuidar do que foi criado" (Meilaender, 2000, p. 2).

O bispo atribui a Adão, e generaliza a partir dele para toda a humanidade, uma vocação agrícola, anterior à queda – como de resto parece ser o pano de fundo dos autores católicos da época: a vida do camponês, a agricultura. No paraíso, a atividade realizada por aquele não tinha o peso do esforço, mas correspondia a uma "vontade racional". É com a queda que o trabalho ganha a conotação de esforço, de atividade penosa, todavia necessária. A partir dela, e aqui Agostinho combina a doutrina do pecado original e a da graça, o homem torna-se frágil, mas ainda assim é capaz de melhorar com a ajuda divina. Como veremos mais à frente, esse "otimismo" católico seria colocado em xeque por Lutero.

A partir de uma analogia com a atividade agrícola, Agostinho desenvolve a idéia de que, trabalhando sobre a natureza, o homem tem a oportunidade de refletir sobre a ação divina. Para ele, pode-se perceber em todas as coisas a "dupla operação da providência" (Salamito, 2005). Esta se divide em uma providência "natural" e outra "voluntária". Enquanto a primeira significa a ação secreta de Deus, a segunda define as obras de exclusiva responsabilidade dos homens. O trabalho pertence a essa segunda forma de providência, voluntária, pela qual o homem é responsável pela busca de alimento, vestuário e segurança, ao passo que seu nascimento, crescimento e envelhecimento, bem como sua alma, dependem da providência natural. Daí haver limites intrínsecos ao exercício do trabalho, pois "escapa" do trabalho a parte natural, "automática" por assim dizer, conduzida pelo próprio Deus, na natureza e no homem.

Pelo trabalho, o homem é individualmente responsável e livre. Diferentemente da tradição greco-romana, para a qual o comércio era uma atividade ignóbil, na teologia de Agostinho o comerciante ganha *status* privilegiado. Para o bispo, o comerciante trabalha com esforço, em vez de confirmar a tradição antiga que defendia o contrário; é individualmente responsável pela mentira e pelo perjúrio que possam acometer a profissão, ao contrário da tradição antiga que via generalizadamente no comércio uma atividade desprezível (onde só há mentiras e perjúrios em busca do lucro).

Agostinho individualiza a experiência com o trabalho – um bom ou um mal profissional depende de cada um, e não da classe a que ele pertence. A profissão não é condenada enquanto tal. Conforme destaca Salamito (2005), esta idéia baseia-se na distinção que o bispo faz entre interior e exterior, levando o indivíduo a um auto-exame de seus próprios atos, sejam ou não profissionais. Daí a fórmula que bem pode resumir a postura de Agostinho em relação às profissões: "Os homens vêem a profissão, Deus conhece o coração" (p. 55).

AS FUNÇÕES DO TRABALHO

Santo Tomás de Aquino criou uma concepção de universo em que a lei humana era uma parte do sistema de leis divinas. Seguidor de Aristóteles, ele concebeu a sociedade como uma troca mútua de serviços em benefício de uma boa vida. Cada "chamado", ou cada "profissão", teria sua parcela única de contribuição para o bem comum: o padre contribuiria com as orações, os camponeses com os alimentos, e todos estavam sujeitos à mesma necessidade de obediência (Anthony, 1977; Sabine, 1951; Tilgher, 1931). A sociedade era governada pelos mesmos princípios que regiam o restante do universo, e a lei humana derivava de um sistema de leis externas.

Para Aquino, a participação na lei eterna das criaturas humanas racionais era chamada de lei natural. O legislador deveria usar do poder apenas na medida exata para cuidar e proteger o bem comum. Há aqui uma noção de suficiência que é igualmente estendida à concepção de propriedade, riqueza e trabalho. Nessa concepção de lei há também recorrência à obediência, que é observada como virtude. A sociedade era um sistema fechado e em equilíbrio, desde que cada um cumprisse com a parte que lhe havia sido dada.

No *Do trabalho manual* (1257), Aquino discute se existe uma injunção natural da lei divina que obrigue os cristãos a se envolver com o trabalho manual. A resposta de Aquino é de que o trabalho em geral é uma atividade conatural ao homem. Deve ser uma atividade honesta, independentemente da forma que assuma: manual ou intelectual. Qual a finalidade do trabalho? Este não pode ser considerado como um fim em si mesmo, mas como um meio, uma atividade instrumental ou útil. Na prática, o trabalho é útil de três maneiras: como uma forma de evitar a ociosidade; como meio de submeter o corpo a suas faculdades mentais; e como meio de obtenção do sustento.

A idéia de que o trabalho combate a ociosidade pressupõe uma importância maior da alma em relação ao corpo e a capacidade daquela de autocontrolar este último. O valor subjetivo do trabalho depende então da importância ética e metafísica da alma em sua descrição do sujeito, e do modo como o trabalho pode contribuir para seu enriquecimento. Em atitude de conciliação, Aquino desfaz a idéia greco-romana de que há um trabalho manual, de um lado, e outro liberal/intelectual, de outro, e que este último é mais dignificante. Para ele, todas as formas de trabalho (manuais e intelectuais) são igualmente abertas à via da virtude. Ainda que não seja um valor em si mesmo, o trabalho é elevado na filosofia de Aquino como forma de acesso à felicidade e possibilidade de salvação.

OS LIMITES TEOLÓGICOS DO TRABALHO

Os teólogos da Idade Média criaram vários limites ao trabalho. Em primeiro lugar, ele não era percebido como um *bem* em si mesmo, como um direito intransferível ou como uma dívida; em vez disso, era meramente um bem instrumental, na medida em que sua prática permitia o alcance de outros bens, sejam eles espirituais (o combate às ameaças de um espírito desocupado, por exemplo) ou materiais. Assim como, na Antigüidade greco-romana, "o trabalho não era um tema especial; era uma parte da estrutura social geral e espiritual" (Anthony, 1977, p. 37). Não havia um conceito abstrato, global e unificador de trabalho com o qual os trabalhadores e empregadores se identificavam. Trabalho era o meio necessário para adquirir comida, roupas e desempenhar afazeres específicos.

Esse valor instrumental atribuído ao trabalho também pode ser considerado à luz do tipo de preocupação que animava a Idade Média: a busca da própria salvação. Esta é uma espécie de tradução religiosa do ideário grego da busca pela felicidade – enquanto a filosofia grega reservava a arte da felicidade a uma elite de privilegiados, a cristandade "democratizou" o acesso à salvação a todos os batizados em Cristo. Nesse período, igualmente, não podemos observar a emergência de qualquer forma de sentido essencial ao trabalho, ou de uma "identidade" do trabalho.

Dadas as características do período, ele não podia ser concebido como um meio pessoal da verdadeira felicidade ou salvação de alguém, muito menos como alguma coisa constitutiva desse alguém (sua identidade, por assim dizer). Não se trata de uma indiferença em relação ao trabalho, mas de um conjunto de crenças que o descreve como *suficientemente* necessário à sobrevivência e como *meio*. Por essa razão, não podemos encontrar uma "filosofia do trabalho" entre os teólogos cristãos dessa fase; tampouco encontraremos alguma explicação sobre como seu desempenho pode afetar, positiva ou negativamente, o universo moral ou intelectual de seus executores.

Conforme destacam Anthony (1977), Applebaum (1992), Tilgher (1931) e Mossé (1969), o trabalho começa a ser levado a sério a partir do momento em que o comércio começa a se desenvolver. O fim da escravidão está para o mundo antigo como a decadência do feudalismo está para a Idade Média no que diz respeito à necessidade de conferir um papel essencial ao trabalho. A transição de uma economia auto-suficiente para uma economia de troca alça vôo no século XIII e causa revolução na estrutura tradicional da sociedade fundiária medieval. Evidentemente, não cabe aqui uma revisão da história da economia e sociedade medievais. Cumpre, para os propósitos deste livro, mencionar que, durante esse período, a economia ainda era um ramo subordinado à ética, e esta, à teologia. Nesse mundo, os valores econômicos não poderiam ser superiores aos valores religiosos, daí, em parte, esse tipo de visão sobre o trabalho. A relação do homem com o mundo era de caráter inteiramente religioso, não econômico.

Apesar de o trabalho e o trabalhador terem sido, na tradição católica dessa época, elevados da posição a ele dada por Aristóteles, sobretudo pela valorização do trabalho manual, das profissões e do comércio e a ruptura com a visão aristocrática do trabalho, ele não deveria ser realizado como um fim em si mesmo. Esse fim último era a boa vida, a vida virtuosa, e esta não poderia ser medida em termos de utilidade econômica, mas do quanto se contribuía com a lei natural.

Adicionalmente, conforme destaca Le Goff (1980), era central ao cristianismo a segunda leitura do Gênesis sobre a natureza do trabalho – quer dizer, sua natureza penitencial. Expiação do pecado, compensação pela Queda do paraíso, o trabalho possuía uma forte conotação moral de obrigação e culpa. Essa mesma tradição influenciou o protestantismo e, por conseqüência, sua visão de trabalho – como também o influenciou a versão filosófica dos Estóicos.

Outra evidência da força da tradição judaico-cristã pode ser observada nas contribuições de São Bento de Núrsia e em seu modelo de vida monástica. Nesta, o trabalho era alvo de forte controle disciplinar por parte do monge, que seguia uma rígida seqüência de atividades com o intuito de evitar o ócio e, com este, todas as sortes de vícios. Le Goff assim comenta o sentido penitencial do trabalho entre os monges beneditinos:

> "O significado deste trabalho monástico era acima de tudo penitencial. Já que o trabalho manual era associado com a Queda, com o curso divino e com a penitência, os monges, na qualidade de profissionais penitentes por vocação, penitentes por excelência, tinham de dar um exemplo de mortificação por seu trabalho. Quaisquer que fossem os motivos, o simples fato de que o mais elevado tipo de perfeição cristã, o monge, engajar-se no trabalho gerou uma parte do prestígio social e espiritual dos praticantes para refletirem sobre a atividade de trabalho" (p. 80-81).

Mas Le Goff (1980) destaca que, com o crescimento das cidades e do comércio surgiu uma pressão para que o trabalho-como-penitência fosse revisto, pois a contradição entre vida espiritual e vida material estava se tornando cada vez mais crítica para o sucesso daqueles. Quer dizer, mercadores, artesãos e outros trabalhadores passaram a se preocupar com uma justificação religiosa para suas atividades e vocação, ansiosos ainda em adquirir dignidade e respeito por meio de seu trabalho. Como conseqüência, afirma Le Goff, os últimos movimentos monásticos inverteram a tradição e o trabalho-como-penitência transformou-se em um meio positivo para se alcançar a salvação. Na prática, isso implicou na "santificação do trabalhador", em vez da ênfase no "trabalho santo" (de penitência, monástico).

O próprio Santo Agostinho, em *A cidade de Deus* (1990 [427]), adverte sobre os limites que o cristão deve estabelecer entre a vida de contemplação e a vida de ação. Pensando na vida como uma sucessão de ritmos durante os quais se intercalam diversas atividades ou tipos de trabalho, ele se interroga sobre o que deve o homem receber em troca por seu amor à verdade e o que deve pagar em resposta às obrigações do amor de Cristo por ele. O excesso de tempo livre seria ruim, pois desviaria o cristão de pensar no interesse do próximo, assim como um excesso de atividade o impediria de contemplar a Deus.

Para o bispo de Hipona, o ócio deveria ser usado de maneira produtiva para a descoberta, dentro de si mesmo, da verdade. Ócio, como para Aristóteles, não representava *inatividade*, mas a oportunidade para um tipo especial de *ação* – para o filósofo, a ação teórica, reflexiva, artística. Já para Agostinho, é apenas a busca da verdade que justifica o ócio, ao passo que é a compulsão de amar – ou seja, estar a serviço do próximo – que o lança ou o obriga ao trabalho. Portanto, este está limitado, em Santo Agostinho, de um lado pela necessidade de retribuir, por assim dizer, ao sacrifício de Cristo (a pena derivada da queda), e, de outro, pela necessidade de amar o vizinho, de estar a seu serviço. Podemos colocar a questão de outra forma dizendo que, para ele, o trabalho era limitado pela necessidade de equilíbrio entre vida ativa e vida contemplativa.

Em suma, o ponto mais importante a destacar em relação a essa retrospectiva da história do trabalho para autores importantes da Idade Média cristã é a ausência de um elemento de cálculo econômico, um conceito de valor material, sua produção e sua medida (Anthony, 1977). Na Idade Média, a riqueza estava a serviço do homem, e não o homem a seu serviço. O caráter instrumental das atividades econômicas e do trabalho era dado por um ideal que determinava a verdadeira essência do homem muito longe da órbita econômica – para os gregos, a felicidade; para os medievos, a salvação, Deus.

CAPÍTULO 3

O TRABALHO NO HUMANISMO RENASCENTISTA

Estabeleceu, portanto, o óptimo artífice que, àquele a quem nada de especificamente próprio podia acontecer, fosse comum tudo o que tinha sido dado parcelarmente aos outros. Assim, tomou o homem como obra de natureza indefinida e, colocando-o no meio do mundo, falou-lhe deste modo: "Ó Adão, não te demos nem um lugar determinado, nem um aspecto que te seja próprio, nem tarefa alguma específica, a fim de que obtenhas e possuas aquele lugar, aquele aspecto, aquela tarefa que tu seguramente desejares, tudo segundo teu parecer e tua decisão. A natureza bem definida dos outros seres é refreada por leis por nós prescritas. Tu, pelo contrário, não constrangido por nenhuma limitação, determiná-la-ás para ti, segundo teu arbítrio, a cujo poder te entreguei. Coloquei-te no meio do mundo para que daí possas olhar melhor tudo o que há no mundo. Não te fizemos celeste nem terreno, nem mortal nem imortal, a fim de que tu, árbitro e soberano artífice de ti mesmo, te plasmasses e te informasses, na forma que tivesses seguramente escolhido. Poderás degenerar até aos seres que são as bestas, poderás regenerar-te até às realidades superiores que são divinas, por decisão de teu ânimo".

Pico della Mirandola, *Oração sobre a dignidade do homem*

Os estudos sobre história do trabalho normalmente avançam, a partir deste ponto, para uma análise das várias formas de protestantismo que contribuíram, à sua importante maneira, para a redescrição do valor do trabalho tal como encontrado nas duas tradições analisadas nos capítulos anteriores. No entanto, apoiando-nos em Mills (1956) e Tilgher

(1931), gostaríamos de destacar antes um importante marco na tradição do pensamento, de estirpe humanista e romântica, que também contribuiu com sua parte para determinar o valor e o sentido centrais que o trabalho teria na modernidade ocidental. Trata-se do período Renascentista e sua visão do trabalho como uma exuberante forma de auto-expressão, uma oportunidade ímpar para o homem revelar sua verdadeira essência por meio de suas obras.

No século dezenove, conforme lembra Mills (1956), autores como Tolstoy, Carlyle e Ruskin opunham-se ao utilitarismo econômico que atribuía um sentido instrumental ao trabalho. Ao fazerem isso, reatualizavam uma tradição renascentista de conceber a vida, a obra e o trabalho. Para Ruskin (1906), por exemplo, a situação ideal do trabalho era aquela encontrada nas sociedades pré-capitalistas de livres artesãos, "cujo trabalho era, ao mesmo tempo, uma necessidade de sobrevivência e um ato de arte que trazia uma paz interna. Ele glorificava o que supunha ser o trabalho do artesão medieval; ele acreditava que o produto total do trabalho deveria ir ao trabalhador. O lucro sobre o capital é uma injustiça e, além disso, lutar pelo lucro em seu próprio benefício destrói a alma e deixa o homem num estado de frenesi" (Mills, p. 217-8). Essa visão dependia da compreensão mesma do que estava em jogo no pensamento renascentista.

O CRIADOR E A CRIATURA

A obra do filósofo renascentista Pico della Mirandola, *Oração sobre a dignidade do homem* (Mirandola, 1989 [1486]; epígrafe), é considerada como o "manifesto do Renascimento". Nela, Pico exalta a criatura humana por sua capacidade e liberdade para determinar a realidade que a cerca, incluindo, em mais elevada instância, sua própria existência, aquilo que deseja ser. Na ausência de imagens prévias pelas quais se basear, o homem é instigado a perseguir sua própria perfeição – que, para ele, depende de sua capacidade racional para tomar consciência de sua liberdade.

O homem distingue-se no plano geral da criação porque é artífice de si mesmo, de tal modo que sua natureza só pode ser definida a posteriori. Seja elevando-se ao nível dos anjos, seja degradando-se ao das criaturas mais decadentes, qualquer uma dessas possibilidades é a ele aberta por sua inteira escolha e responsabilidade. O homem é capaz de se autodeterminar e, portanto, coloca-se, na obra de Pico, o problema da responsabilidade moral. Pico conhecia claramente os riscos (ou o preço) de se ser livre.

Essa obra é precursora de várias idéias modernas (e até "pós-modernas"). A primeira, de que a natureza humana é indeterminada, plural e aberta, apenas adquirindo realidade e consistência no conjunto de culturas que representam costumes diferentes em estrutura e função. A segunda, de que o homem é, essencialmente, um homo faber: aquele que traz à luz obras que levam impressas sua própria alma, e cuja responsabilidade sobre o mundo não depende de ninguém a não ser dele próprio. Para Pico, a função do homem no mundo é de criar e de moldar seu caráter de acordo com a forma que melhor lhe aprouver.

Sennett (1999), em seu famoso ensaio sobre a corrosão do caráter no capitalismo tardio, descreve Pico como a primeira voz do que, mais tarde, viria a se transformar na idéia do homem que se faz por si mesmo, antecipando "os riscos psíquicos [da solidão daquele que tem de se construir por si mesmo], sabendo que o mar interior, como os oceanos navegados pelos exploradores renascentistas, é território não mapeado" (p. 122). A questão que nos interessa aqui é entender como o Renascimento e esse ideal incipiente do self-made-man contribuíram para a construção de uma visão sobre o valor intrínseco do trabalho.

TRABALHO COMO ARTE DE CONSTRUÇÃO DE SI E DO MUNDO

Para isso, consideramos importante seguir a descrição que Mills (1956) e Tilgher (1931) fazem do ideal do ofício artesão [*craftsmanship*] embutido na tradição renascentista de conceber o trabalho. Existem seis características principais neste ideal: não há qualquer motivo exterior ao trabalho que não o produto que está sendo feito e o processo de sua criação; os detalhes da rotina de trabalho são significativos, já que eles não estão dissociados, na mente do trabalhador, do produto do trabalho; o mestre de ofício é então livre para controlar sua própria ação de trabalho; ele é capaz de aprender com seu trabalho; não há cisão entre trabalho [*work*] e lazer [*play*], ou entre trabalho e cultura; e o modo de vida do mestre de ofício determina e infunde seu modelo de vida como um todo.

Acompanhemos, na seqüência, uma descrição sumária dessas seis características, pinçando aqueles aspectos que interferem diretamente nos objetivos deste livro, dentre os quais de identificar os aspectos históricos relevantes na elevação do trabalho no período moderno e industrial. Para isso, seguiremos o texto de Mills (1956, p. 220-224).

Para os antigos, bem como para os medievos, o trabalho possuía um sentido externo a ele próprio. Para aqueles, o objetivo final era o cultivo das virtudes, a liberdade e o lazer; para estes, o louvor a Deus. Para os renascentistas, dinheiro, salvação ou reputação eram conseqüências subordinadas. O que realmente importava eram a expectativa e o prazer de realizar um bom trabalho. "A preocupação suprema", diz Mills, "era com a qualidade do produto e com a habilidade de sua construção" (p. 220). Havia uma relação íntima entre o mestre de ofício e o produto; da imagem interna de um resultava a materialização do outro. Em uma palavra, trabalha-se por trabalhar; nada mais (a imagem popular do artista devotado à sua arte, mas pobre, talvez encontre seu *pedigree* teórico nessa tradição).

A segunda característica diz respeito a uma indistinção entre as condições técnicas e estéticas do trabalho do ofício artesão, e entre a organização do trabalhador e o produto. O laço que liga produtor e produto deve ser psicologicamente forte: "se o produtor não é o proprietário legal do produto, ele deve possuí-lo psicologicamente no sentido de que ele sabe o que vai no produto em termos de habilidade, suor e material, e que sua própria habilidade e suor são visíveis para ele" (Mills, 1956, p. 221).

A idéia aqui é clássica, aparecendo exemplarmente em Karl Marx séculos mais tarde: o produtor tem plena consciência no conjunto da produção; consumo e produção de certa forma caminham juntos, na medida em que o produtor *se satisfaz* com o produto ao qual dá forma. Mesmo que o trabalho seja difícil, mesmo que imponha resistência, a satisfação é intensificada pela sensação de vitória ou superação. Na descrição de Tilgher (2000):

> "O trabalho, em seu sentido mais pleno, é todo processo, toda atividade, pela qual o homem domina a matéria rebelde e a sujeita a seu desejo, à sua personalidade. O espírito essencial do homem é a atividade que exige a oportunidade de gastar a si mesmo, de fortalecer-se, em uma luta. É por isso que a inação é uma das coisas mais tediosas, a mais difícil de suportar. [...] E qualquer um que alguma vez tenha colocado seu coração no trabalho sabe que não há diversão [*play*] na terra como sentir que os obstáculos estão, um a um, sendo golpeados por seu trabalho e que, ao chegar o fim do dia e olhar para trás, para todo o terreno da vitória, recapitular em seu espírito o caminho conquistado passo a passo" (p. 153-4).

A terceira característica relaciona-se com a liberdade que tem o mestre de ofício de iniciar e conduzir seu trabalho de acordo com seu próprio plano, estando livre, durante todo o transcorrer do processo produtivo, para modificá-lo à sua maneira. O planejamento da atividade não é separado de sua execução; um é continuidade necessária do outro, já que é o produtor quem liga todos os fios do processo de produção. Em termos morais, ele é responsável integral pelos frutos de seu trabalho, de modo que é ele próprio, por sua conta e risco, que tem de lidar com todos os problemas e adversidades que surgirem durante sua atividade.

A quarta: o produtor envolve-se, no ato de criação do produto, em um processo de aperfeiçoamento pessoal, de desenvolvimento e de aprendizagem. É durante sua atividade que ele se torna homem. "Na medida em que ele dá a seu trabalho a qualidade de seu próprio espírito e habilidades, ele também está desenvolvendo sua própria natureza; nesse sentido simples, ele vive e pensa seu trabalho, que o confessa e revela para o mundo" (Mills, 1956, p. 222).

Uma quinta característica refere-se à separação entre trabalho e lazer. Na sugestiva advertência de Meilaender (2000), trabalho [*work*] deveria ser contrastado com lazer [*play*] no caso de estarmos interessados em entender seu significado e seus limites. No ideal do ofício de artesão, não há separação entre trabalho e lazer, entre trabalho e cultura. O que justifica essa não separação? Em primeiro lugar, temos de retomar aqui o sentido de ócio. Para os gregos, em particular para Aristóteles, ócio tinha um sentido muito diferente do que veio a ter na época moderna: significava, simplesmente, uma atividade com fim em si mesma, algo realizado sem qualquer outro propósito que não por seu valor intrínseco.

Aristóteles distinguia lazer [*play*] de ócio, vendo no primeiro uma decorrência de uma *ocupação* (descansa-se *para* trabalhar), e no segundo uma atividade inteiramente à parte do trabalho: um exercício da liberdade. Ócio não deve ser então, para Aristóteles, confundido com *descanso*, tampouco com uma atividade passiva (uma contemplação passiva), mas tratado como uma atividade de estilo mental, incrementada por desafios de ordem intelectual, artística. O homem livre pode ser medido pela quantidade e pelo modo como usa seu tempo livre, seu ócio. O "verdadeiro eu" revelar-se-ia, genuinamente, nesse segundo tipo de atividade: "Estamos muito distantes desse ideal, na medida em que o ócio foi substituído, no vocabulário corrente, pelo 'lazer' [*leisure*], momento durante o qual, em geral, as pessoas se voltam ao consumo".

A partir do momento em que o trabalho reveste-se de sentido econômico, ele deixa de ser um fim em si mesmo e se torna atividade realizada com o intuito de gratificar uma outra pessoa ou feita tendo em vista um fim *ad hoc*. Ou então quando se separam as esferas do trabalho (produção) e do consumo (fruição). Essa é, como veremos mais adiante quando apresentarmos o sentido de trabalho para Marx, uma das grandes rupturas patrocinadas pela construção do homem econômico e pelo capitalismo. O trabalho perde sua característica de lazer na medida em que não está mais devotado à gratificação intrínseca do criador.

Todavia, no ideal do mestre de ofício essa cisão não existia – se o lazer era algo que se fazia para ocupar o tempo de maneira gratificante, e se o trabalho ocupava uma importante função gratificante, logo haveria uma coincidência psicológica, e material, entre ambos. Com um detalhe: o trabalho seria uma "diversão séria", do mesmo modo que as crianças em suas brincadeiras. "O artesão ou artista se expressa simultaneamente e no mesmo ato em que ele cria valor. Seu trabalho é um poema em ação. Ele está trabalhando e se divertindo no mesmo ato" (Mills, 1956, p. 222).

Para haver essa confluência entre lazer e trabalho é preciso que este último não seja descrito ou considerado como *imposto de fora*. De fato, o que tradicionalmente parece ter decidido a separação semântica e, principalmente, pragmática entre trabalho e lazer é o elemento *obrigatório* daquele, sua natureza, por assim dizer, "sempre para fora" de si mesmo

– trabalhar para sobreviver, trabalhar para um empregador, trabalhar para Deus etc. Em seu ensaio, por sinal de clareza notável, Tilgher (2000) critica essa divisão com base nas falsidades lógicas que ela induz. A questão essencial, diz-nos ele, é que a diversão, se realmente for diversão, não pode ser algo "sério" – é, na realidade, algo trivial incapaz de incendiar a paixão da forma como o trabalho consegue fazê-lo.

O exemplo de Tilgher é sugestivo: seria lógico e coerente colocarmos no mesmo patamar um jogador de beisebol que, ao perder a cabeça, esmurra seu adversário, e um filósofo ou cientista *seriamente* comprometido com descobertas de relevância muitas vezes histórica? A resposta do autor é esta: com certeza, não. E a diferença: a seriedade. Para ele, a seriedade instiga a paixão que realmente faz a diferença. E, para Tilgher, nada melhor do que o trabalho para fazer isso.

Para fechar esse tópico, pois o iniciamos com o intuito de ilustrar a quinta característica do ideal do ofício artesão, diremos pois que o trabalho artesão é em si mesmo significativo, pois aquele o realiza com paixão; ele coloca "seu coração e suas mãos em seu trabalho" e devota-se a ele, não para atingir algo extrínseco, mas muito ao contrário, para realizar-se a si próprio numa espécie de "trabalho-diversão" [*joy work*], nas palavras de Tilgher. Na vitória sobre o mundo externo há uma *materialização*, um *pôr-para-fora* da vida interior, enfim, uma *presentificação* – tudo isso lembra, e muito, a visão hegeliana do trabalho.

Por último, a sexta característica do trabalho do mestre de ofício é que ele expressa a única vida que tem por meio de seu trabalho. Em não havendo divisões entre vida pessoal e vida profissional, entre a casa e a rua, entre trabalho e não-trabalho, ele usa seu tempo livre como um fluxo contínuo de criatividade e *insights*. Partilha de companhias de pessoas com sistemas de pensamento semelhantes ao seu, e é capaz – pois é livre – de pôr sua individualidade em cada obra que produz. O ateliê de um artista seria o protótipo desta "fábrica de si mesmo": liberdade para organizar os materiais, tempo de trabalho coincidente com o ritmo global da vida, domínio absoluto do ambiente. Vida e trabalho, nesse sentido, compõe um único mosaico.

OS LIMITES INTRÍNSECOS DO TRABALHO

Há dois elementos que ajudam a explicar o modelo de referência da concepção renascentista de trabalho. Primeiro, um tipo de idealização de uma época de ouro perdida. Tal visão baseia-se na crença de que antes de o homem ter sido expulso do paraíso por Deus (na versão do Gênesis), ou rebaixado da condição de deus (na versão de Hesíodo), o trabalho era fonte de pleno significado na medida em que, por meio dele, o homem era co-criador do universo. Nessa visão, o trabalho é associado à alegria, ao prazer e desfrute, e não ao sofrimento ou então aos perigos, cujo excesso poderia acarretar danos ao corpo e, principalmente, à alma.

O segundo elemento é uma valorização do trabalho pretensamente "não mediado" do artesão. Para usar uma expressão de Nietzsche, essa tradição parece comungar do princípio de que "a vida é uma obra de arte", e que para o trabalho ser plenamente significativo, ele não pode estar distanciado da vida. Ao contrário, por exemplo, das duas tradições precedentes, esta atribui um valor *intrínseco* ao trabalho, ou seja, não se trabalha por qualquer outra razão que não pela própria auto-realização *no ato de trabalhar*. A imagem-tipo predominante é aquela dada pela relação do artesão ou artista com sua obra: esta encerra, em seu próprio ato de concepção, produção e consumo, os gostos, os esforços e o reconhecimento do artista ou do artesão.

Nesse sentido, não há separação entre prazer e consumo da obra, nem separação entre trabalho e não-trabalho. Esta última observação realça a tênue linha divisória entre trabalho e lazer

– não há uma rígida separação entre um e outro, dado que a vida do artista/artesão está mesclada a seu próprio trabalho, como se um fosse a extensão do outro. Quando se afirma aqui que, para essa tradição, o trabalho tem valor *intrínseco*, e quando dizemos que tal postura é avessa àquela das tradições anteriores, queremos dizer que não se deve trabalhar, nem para se alcançar a virtude e a felicidade, nem para se alcançar o Reino de Deus após a morte (versão cristã), nem como forma de seguir, obedecer, a vontade de Deus por meio do cumprimento de uma vocação (versão protestante, como veremos no próximo capítulo). "Nenhuma renda, nenhum meio de salvação, nenhum *status*, nem poder sobre outras pessoas, mas os processos técnicos em si mesmos é que são gratificantes" (Mills, 1956, p. 218-9).

Essa forma de conceber a natureza do trabalho não ficou perdida na história. Muito ao contrário. Talvez sua reatualização mais notável tenha ocorrido em alguns textos do jovem Marx, como veremos no Capítulo 8. Trata-se de uma elevação do sentido do trabalho não no que este tem de possível conexão com Deus, mas sim com o Homem. O mito do criador e da criatura é aqui, novamente, apelativo: o próprio homem se faz na relação harmônica entre seu interior e seu entorno; mundo interno e mundo externo são ligados pela ponte do trabalho.

Algumas versões românticas do trabalho ulteriores na história têm aqui, se não integralmente, com certeza uma raiz remota. No romantismo, a preocupação do homem tem de ser, antes de mais nada, com a descoberta de si, com a modelação de si, no que ela combate todas as versões utilitaristas, "racionais" ou tecnicistas que surgiram com o Iluminismo e, logo depois, com a industrialização. Foi a partir da Reforma Protestante que o trabalho iniciou sua trajetória rumo à posição de centralidade na definição da subjetividade. No próximo capítulo destacaremos qual a contribuição de reformadores proeminentes como Lutero e Calvino.

CAPÍTULO 4

O PROTESTANTISMO
E O NOVO VALOR DO TRABALHO

De resto, cada um continue vivendo na condição em que o Senhor o colocou, tal como vivia quando foi chamado. É o que ordeno em todas as igrejas. Alguém foi chamado à fé quando já era circuncidado? Não procure disfarçar a sua circuncisão. Alguém não era circuncidado quando foi chamado à fé? Não se faça circuncidar. Não tem nenhuma importância estar ou não estar circuncidado. O que importa é observar os mandamentos de Deus. Cada um permaneça na condição em que se encontrava quando foi chamado. Você era escravo quando foi chamado? Não se preocupe com isso. Mas, se você pode se tornar livre, não deixe passar a oportunidade. Porque o escravo, que foi chamado no Senhor, é liberto no Senhor. Da mesma forma, aquele que era livre quando foi chamado é escravo em Cristo. Alguém pagou alto preço pelo resgate de vocês: não se tornem escravos de homens. Irmãos, cada um permaneça diante de Deus na condição em que se encontrava quando foi chamado.

1 Coríntios 7,17-24

Neste capítulo, discutiremos algumas das principais idéias que contribuíram para elevar o trabalho da posição até então mínima que ele havia ocupado no pensamento antigo e medieval. É inescapável, neste caminho, investigarmos as influências da Reforma protestante. Tornou-se lugar-comum, nos estudos sobre o sentido e o valor do trabalho, fazer referência à extraordinária revolução que os reformadores protestantes e puritanos realizaram no campo religioso e cujas conseqüências atingiram diretamente o papel atribuído ao trabalho.

Desse modo, o objetivo aqui é apresentar as linhas gerais do pensamento de Lutero, Calvino e dos puritanos e que, a um só golpe, trouxeram de volta a santidade a este mundo e elegeram o trabalho como uma das principais formas de avaliação do estatuto moral de um indivíduo. Adicionalmente, como tornou-se clássico na literatura sociológica depois de Max Weber, o protestantismo foi essencial à concessão do conteúdo secular da ética social do capitalismo.

De fato, quando se fala em protestantismo no campo do trabalho é inevitável fazer menção à ética protestante e o conceito de espírito do capitalismo de Weber. Ainda assim, neste capítulo não analisamos a tese de Weber, fato que nos ocupará apenas no Capítulo 6. Ali veremos que uma conseqüência importante da ética protestante do trabalho, com sua valorização do conceito de vocação e de dever, foi a fusão entre o homem moral, ou religioso, e o homem econômico – fusão que reúne as correntes antagônicas mantidas nitidamente separadas nos mundo antigo, medieval e renascentista e que criaram as bases filosóficas e ideológicas da sociedade industrial.

A ELEVAÇÃO ESPIRITUAL DO TRABALHO

Como vimos, o mundo antigo e medieval mantinha separados os domínios da economia e da moral. Na Idade Média, com os teólogos católicos, o trabalho não deveria ter um propósito em si mesmo. A vida contemplativa, a submissão do corpo à alma, a vida monástica e a dificuldade em reconhecer as atividades comerciais como moralmente legítimas legavam ao trabalho um lugar modesto na ordem natural das coisas.

Com Lutero, Calvino e o puritanismo, há não só uma inversão de valores como uma aproximação entre o homem econômico e o homem moral. Com o protestantismo, sobretudo com os puritanos, o trabalho deixa de ser um meio de satisfazer as necessidades para se tornar um objetivo autônomo, um ideal do trabalho pelo trabalho e a devoção intramundana a uma vocação individual. Trabalhar tornou-se a principal forma de servir a Deus, e a ociosidade foi fortemente combatida.

A valorização do trabalho pelo protestantismo depende de uma teologia individualista que coloca grande ênfase no cumprimento do dever cristão neste mundo. Os reformadores opunham-se ao monasticismo da época, vendo nele uma forma de desvio da tarefa cristã de agir sobre o mundo. A vida ativa deve suplantar a vida contemplativa (entendida como passividade), pois é por meio daquela que o homem pode agradar a Deus, em outras palavras, cumprindo seus deveres intramundanos de acordo com a posição ocupada na hierarquia social, de acordo com sua vocação. Com Lutero, essa idéia de vocação individualiza cada pessoa perante Deus, assumindo uma nova extensão não meramente religiosa: "designa a tarefa que cada um recebe de Deus aqui na Terra conforme o estatuto que ocupa na sociedade" (Willaime, 2005, p. 67).

Segundo Lutero e todos os reformadores protestantes, e ao contrário do que pensavam os autores católicos, o homem não poderia obter a salvação por meio de suas obras, mas apenas pela graça divina, recebida pela fé. O católico, pela queda, precisava, por meio de sua submissão à Igreja e seus rituais, provar que seria digno de entrar no reino dos céus. O protestantismo deu uma outra versão a essa visão de ser humano frágil, propondo-lhe uma solução mais individualizada para a salvação. Calvino radicaliza a dúvida do protestante ao dizer que ninguém está seguro de sua própria salvação; não há sinais de que alguém pertence à minoria que merecerá a salvação celeste ou à grande maioria que arderá no fogo. Esse paradoxo, em vez de gerar apatia completa, tem efeito inverso: uma valorização ética do trabalho, na medida em que, se a salvação não é certa, ao menos o protestante pode ter a intenção de salvar-se, ou então de mostrar aos outros que está nesse caminho (Anthony, 1977).

Willaime (2005) comenta que Lutero não foi tão radical quanto Calvino na glorificação do trabalho. O pastor alemão permanecia ainda dentro da órbita de uma ética tradicional do trabalho, vendo-o como parte das ordens da criação pelas quais Deus organiza o mundo e às quais o homem pertence (Anthony, 1977). Para Lutero, o trabalho, como para os antigos e medievais, não pode ser considerado um fim em si mesmo. Semelhante à tese de Santo Tomás de Aquino, Lutero acredita que cada um deve manter-se firme e obediente à vocação que recebeu, autorizando, assim, a manutenção da ordem social. "A profissão é o que o homem deve *aceitar* como um decreto divino, ela é o 'destino' ao qual ele deve se curvar", tal é a leitura de Weber dessa concepção de profissão de Lutero (*apud* Willaime, p. 68). No entanto, isso não impede reconhecer Lutero como alguém que rompe com a tradição contemplativa e monástica dos tempos medievais e institui o trabalho como obrigação moral de todos, e não apenas de um grupo de trabalhadores específico.

Mas é Calvino quem leva às últimas conseqüências a glorificação mundana do trabalho e contribui para a fundação de um *ethos* moral próprio para o trabalho. Em primeiro lugar, ele preconiza, diferentemente dos outros reformadores, inclusive Lutero, que é a ação, e não a justificação pela fé (a salvação do homem pela morte de Cristo), que conta. Seu cristão ideal é continuamente impelido pela necessidade de regenerar-se por meio de suas obras, de santificar-se por meio delas. O amor a Deus só é possível de ser demonstrado conduzindo uma vida exemplar, diligente, disciplinada, e não na contemplação, na introspecção e no consolo da fé. Como diz Calvino: "Dentre as coisas deste mundo, o trabalhador é o mais semelhante a Deus" (*apud* Willaime, 2005, p. 70).

A idéia de predestinação de Calvino realçava precisamente o fato de que é preciso trabalhar duro e metodicamente no mundo para aplacar a incerteza de não estar no seleto grupo de eleitos à salvação. Para ele, a maior evidência do caráter essencial do trabalho é encontrada no próprio Deus como um Deus trabalhador, ativo, que descansa apenas no último dia da criação. O ócio é condenado como sinal de fraqueza moral, pois Deus, ele próprio, trabalhou. Se pela queda o homem foi banido do paraíso, onde exercia um trabalho gratificante, foi Cristo quem o libertou do sofrimento do trabalho, portanto, o trabalho sempre traz em si o sinal da graça: Cristo pagou a dívida pela queda de Adão e reconciliou o homem do Antigo Testamento com Deus. A confiança em Deus e o trabalho intenso são a única garantia de que se vale o protestante para saber, no seu íntimo, se está indo pelo caminho certo.

NOVA DOUTRINA DO TRABALHO

O asceticismo puritano, ao criar incentivos para o trabalho, punir a ociosidade, disciplinar o uso dos prazeres e do tempo, treinar a habilidade de postergação e de contribuição com a comunidade por meio do desenvolvimento da própria vocação, moldou moralmente uma legião de trabalhadores que passara a ser cada vez mais necessária à industrialização.

Essa nova retórica, ao ter Deus como principal fiador, oferece poderosos incentivos psicológicos ao engajamento no trabalho. Conforme destaca Anthony (1977), parte dos esforços da gestão modernos refere-se à tentativa de encontrar uma forma igualmente poderosa e onipresente de convencimento dos trabalhadores para seu engajamento com as empresas. Mais importante, para os propósitos deste livro, é assinalar que o protestantismo contribui com a matéria-prima religiosa para a redescrição do valor do trabalho na modernidade. Vejamos duas particularidades dessa matéria-prima.

Na medida em que essa nova doutrina valoriza o trabalho individual, torna-se possível pensar em "identidade" a partir do trabalho. Como a vocação é um chamado feito por Deus a cada pessoa de forma *sui generis*, envolver-se no exercício desse chamado é desenvolver aquilo que há de melhor em si mesmo, suas potencialidades e seus interesses (Calvino, 2000; Perkins, 2000). Um homem devotado à sua missão, um homem, no dizer de Weber, motivado, inspirado, estaria em melhores condições de realizar sua verdadeira missão na Terra, de atualizar seus dons e, no limite, agüentar pesadas frustrações.

Neste ponto da história do trabalho torna-se difícil dissociá-lo de alguma versão de felicidade e de auto-realização. Como diz Meilaender (2000), citando Taylor: "[...] uma vida humana plena é agora definida em termos de trabalho e produção, de um lado, e pelo casamento e pela vida familiar, de outro. A 'boa vida' é agora disponível a todos, pois cada pessoa tem uma vocação dada por Deus" (p. 11). O mesmo autor observa mais adiante no mesmo texto:

> "Reforçando a idéia de que o trabalho é uma co-criação [no sentido de que, por meio dele, o homem participa da criação divina do mundo], o conceito de vocação oferece uma realçada aura religiosa ao mundo do trabalho – *reforçando, e talvez em parte dando emergência, a idéia moderna de que o trabalho é integral à identidade e realização humanas*. Na verdade, mesmo entre os pensadores religiosos, a idéia de vocação tem freqüentemente perdido muito de seu acento original e tem sido transmutada numa ênfase sobre o trabalho como a esfera na qual uma pessoa alcança sua realização. [...] Desse modo, o conceito de vocação pode reforçar a idéia dúbia de que o ser humano é, essencial e primariamente, um trabalhador" (p. 13 – grifos meus).

Um segundo ponto a mencionar é a centralidade que o trabalho passou a ocupar no pensamento puritano. Nessa versão, ao contrário do que ocorria com a postura comedida e com o senso de suficiência dos antigos e dos medievos, não há limite ao trabalho. Pelo contrário, há mesmo uma compulsão a trabalhar, na medida em que o ócio carrega consigo um fardo de insuportável culpa.

O balanço idealizado por Santo Agostinho entre vida ativa e vida contemplativa, ou então o valor dado por Tomás de Aquino à submissão do corpo ao espírito, simplesmente desaparecem nesta nova descrição do trabalho. Se o cristão católico podia justificar-se moralmente pelo não-trabalho quando suas necessidades básicas estivessem satisfeitas, ou quando sentisse que o pêndulo da consciência não estava oscilando a favor da contemplação a Deus, o mesmo já não poderia fazer o protestante. Concluímos este capítulo com um trecho de Dorothy Sayers, autor conhecido por seus ensaios teológicos, no qual ele faz eco das doutrinas puritanas do trabalho no século dezessete. Nas palavras de Sayers (2000 [1947]):

> "A primeira [proposição da compreensão do trabalho para o cristianismo], colocada sinteticamente, é que o trabalho não é, primariamente, uma coisa que se faz para viver, mas a coisa que se vive para fazer. É, ou deveria ser, a plena expressão das faculdades do trabalhador, a coisa em que ele encontra satisfação espiritual, mental e corporal, o meio pelo qual ele se oferece a Deus. [...] Pois seu trabalho é a medida de sua vida, e sua satisfação é encontrada na realização de sua própria natureza, e na contemplação da perfeição de seu trabalho. [...] Nós devemos ser capazes de servir a Deus em seu trabalho, e o trabalho em si mesmo deve ser aceito e respeitado como o meio da criação divina. [...] cada trabalhador é chamado a servir a Deus em sua profissão ou negócio – *e não fora dele*" (p. 43; 45 – grifos meus).

No Capítulo 6, veremos como Max Weber, um dos principais intérpretes da influência do protestantismo ascético na concepção moderna de trabalho, mostra como a ética protestante ajudou a modelar, por meio de seu senso de disciplina e metodismo, a ética social do capitalismo, transformada na modernidade no conceito secular de profissão.

PARTE II

RUMO À CENTRALIDADE DO TRABALHO

Na conhecida análise do mundo contemporâneo realizada pela seguidora de Heidegger, Hannah Arendt, *A condição humana* (Arendt, 2000), a autora defende que uma mudança radical deste último em relação ao mundo dos antigos é a valorização que passou a ter a economia na descrição de que é o humano.

Para alguns filósofos gregos, como vimos na parte precedente, a vida virtuosa (a felicidade, a liberdade) era o que definia a essência do humano – na caracterização de Aristóteles, do *animal político*. A economia, o *oikos*, era de domínio estritamente privado; hoje, ela é referência na compreensão das relações sociais em nossas sociedades. Nestas, diz-nos Arendt, o homem torna-se um *homo economicus*, cujo eu auto-interessado diminui o valor da ação cívica e política em benefício do fluxo de trocas econômicas no mercado.

Quanto ao trabalho, este foi alçado ao degrau de valor fundamental, e a vida contemplativa, no sentido grego, foi cada vez mais devorada pelas exigências e necessidades da vida biológica – do *labor*. Na visão de Arendt, as sociedades modernas tornam-se sociedades de trabalhadores e uma das dimensões anteriormente subordinadas da existência humana, a economia, torna-se o principal critério de convivência na esfera pública e de definição de si.

Nesta parte, identificamos alguns elementos relevantes na história do ocidente industrial que tornaram o trabalho uma atividade central pelo menos até a metade do século vinte. Em específico, identificamos cinco desses elementos. O primeiro é a economia política clássica; o segundo, a ética protestante do trabalho; o terceiro, algumas doutrinas patronais lançadas no século dezenove e logo no início do vinte; o quarto, a redescrição do trabalho realizada por Karl Marx; e o quinto, a teoria de Émile Durkheim sobre o valor moral da divisão do trabalho social. Tais forças fizeram do trabalho um conceito central do ponto de vista econômico, moral, ideológico, filosófico-ontológico (ou existencial) e contratual, respectivamente.

Esta parte do livro estrutura-se de modo a refletir a seqüência de análise desses cinco elementos ou dimensões da centralidade moderna e industrial do trabalho. Sendo assim, num primeiro momento, analisamos as idéias que serviram de fundamento ao *homo economicus*. Buscamo-las na teoria econômica clássica de Adam Smith, mais precisamente em seu livro *Investigação sobre a natureza e as causas da riqueza das nações* (Capítulo 5). Num segundo momento, analisamos como o ascetismo secularizado da ética protestante, na leitura de Max Weber em seu *A ética protestante e o espírito do capitalismo*, funcionou como primeira solução de compromisso entre as novas exigências trazidas pelo *homo economicus* e pela industrialização e o homem religioso da moral protestante até então vigente (Capítulo 6).

Em seguida, analisamos três doutrinas patronais do século dezenove endereçadas à construção de uma ideologia do trabalho coerente com a industrialização e suas solicitações morais: o paternalismo, a auto-ajuda e o industrialismo de Saint-Simon (Capítulo 7). Em quarto, discutimos o modo como Karl Marx transformou o trabalho em categoria-chave, uma elevação sem precedentes na história do ocidente, o que, em nossa análise, ele o fez por meio da criação de um *sujeito do trabalho* (Capítulo 8). E, por último, discutimos como Émile Durkheim, em seu *Da divisão do trabalho social*, constrói uma solução de compromisso entre o *homo economicus*, o industrialismo e a moralidade (Capítulo 9).

Vistos em conjunto, os capítulos aqui reunidos investigam a construção do trabalho como uma instância central ao mesmo tempo objetiva e subjetiva. No que diz respeito à primeira, encontramos a elevação de sua contribuição na criação do valor econômico, sua institucionalização na forma de emprego, com sua correspondente divisão e racionalização de tarefas, e depois sua integração pelo Estado e pelas várias ciências – principalmente pela ciência da administração. Do ponto de vista institucional, o emprego é realizado na empresa, que garante a permanência e estabilidade do vínculo empregatício; pela escola ou pelo sistema educacional, que visa transformar os indivíduos em trabalhadores por meio da aquisição e treino de habilidades instrumentais específicas; e pela igreja, cuja doutrina do valor do trabalho remonta à sua concepção medieval como forma de co-participação nos planos divinos e meio de dar dignidade ao homem.

Do ponto de vista subjetivo, notadamente com a teoria de Karl Marx, o trabalho é elevado como a principal via de acesso à essência humana. À luz da concepção antropológica de homem presente no marxismo, o trabalho é o meio pelo qual adquirimos nossa própria humanidade em nosso confronto com a natureza. Visto aqui como atividade, ação, o trabalho é a forma como o sujeito exterioriza-se e dá concretude à sua vontade. Como procuramos demonstrar no capítulo dedicado a Marx, ele revisita a tradição renascentista, romântica, de conceber o trabalho, modelando-o à luz da ética do artesão.

CAPÍTULO 5

DO HOMEM RELIGIOSO AO HOMEM ECONÔMICO

> *Cada indivíduo despende continuamente esforços em busca do capital que possa dispor, do emprego mais vantajoso; é bem verdade que é seu próprio benefício que é visado, e não o da sociedade. Mas os cuidados que tem para encontrar sua vantagem pessoal o levam de maneira natural, ou mesmo necessária, a optar precisamente por esse tipo de emprego, mesmo que seja o mais vantajoso para a sociedade. [...] Nesse caso, como em muitos outros, ele é levado por uma mão invisível a cumprir uma finalidade que não faz parte de forma alguma de suas intenções; e nem sempre isso é ruim para a sociedade, isto é, nem sempre é ruim que essa finalidade faça parte gratuitamente de suas intenções. Buscando satisfazer apenas seu interesse pessoal, freqüentemente trabalha de uma maneira muito mais eficaz em benefício da sociedade do que se tivesse realmente por objetivo trabalhar para ela.*
> Adam Smith, *Investigação sobre a natureza e as causas da riqueza das nações*

Adam Smith é considerado o pai do *homo economicus*. Sua principal e mais penetrante obra, *Investigação sobre a natureza e as causas da riqueza das nações*, publicada originalmente em 1776, lançou idéias que orientaram não só a economia política clássica, como também se tornaram a escora teórica do liberalismo econômico e da industrialização moderna.

Para os propósitos deste livro, vamos ater-nos a duas dessas idéias em particular: primeira, a atribuição central que o trabalho recebe em Smith, no âmbito maior de sua teoria sobre a origem da riqueza; segunda, e fundamento da anterior, sua concepção antropológica do homem como criatura que maximiza seu próprio auto-interesse em processos de compra, troca e contratos no mercado. Com esta última idéia principalmente, Smith contribuiu para despir as descrições da subjetividade de qualquer vestígio metafísico e teológico defendendo, em vez disso, que elas resultam da harmonia não-intencional dos interesses.

TRABALHO E PROPRIEDADE

Quanto à primeira idéia, sobre a centralidade do trabalho no processo de geração de valor, há nela raízes teóricas que remontam à teoria do direito natural de propriedade, na qual o trabalho é o fundamento do valor econômico, proposta primeiramente por John Locke. Em seu livro *Segundo tratado sobre o governo*, publicado em 1687, o empirista inglês estabelece que o homem é indivíduo na medida em que é proprietário de seus bens, mas também e sobretudo de sua vida e de sua liberdade – e é precisamente por ser proprietário de si que ele pode ser proprietário de qualquer outra coisa.

O problema que Locke tem diante de si é o de como conciliar a lei natural e divina, de acordo com a qual as riquezas da natureza foram dadas comunalmente ao homem, e seu direito à apropriação individual dessas riquezas. O operador responsável pela reconciliação entre ambas, que faz a passagem de uma para a outra, é, na defesa de Locke, o trabalho. Vejamos isso em suas próprias palavras (1963 [1687]).

> "Embora a terra e todas as criaturas inferiores sejam comuns a todos os homens, cada homem tem uma propriedade em sua própria pessoa; a esta ninguém tem qualquer direito senão ele mesmo. O trabalho de seu corpo e a obra de suas mãos, pode dizer-se, são propriamente dele. Seja o que for

> que ele retire do estado que a natureza lhe forneceu e no qual o deixou, fica-lhe misturado ao próprio trabalho, juntando-se-lhe algo que lhe pertence, e, por isso mesmo, tornando-o propriedade dele. Retirando-o do estado comum em que a natureza o colocou, anexou-lhe por esse trabalho algo que o exclui do direito comum de outros homens. Desde que esse trabalho é propriedade exclusiva do trabalhador, nenhum outro homem pode ter direito ao que se juntou, pelo menos quando houver bastante e igualmente de boa qualidade em comum para terceiros" (p. 20).

O trabalho estabelece a distinção entre o bem comum, que, por delegação de Deus, pertence a todos, e a propriedade individual. Ele transforma a natureza, "a mãe comum de todos", no dizer de Locke, em direito privado do indivíduo. O trabalho faz a posse da propriedade independer de consentimento pelo público: "Vê-se nos terrenos em comum, que assim ficam por pacto, que é a tomada de qualquer parte do que é comum com a remoção para fora do estado em que a natureza o deixou que dá início à propriedade, sem o que o comum nenhuma utilidade teria" (p. 21). E mais à frente, referindo-se à posse de objetos da natureza, acrescenta: "O trabalho que era meu, retirando-os do estado comum em que se encontravam, fixaram a minha propriedade sobre eles" (p. 21).

Na leitura de vários intérpretes de Locke, como na de Macpherson (1971), idéias como esta de que o homem só é livre na medida em que é proprietário contribuíram, ao se infundir no liberalismo econômico do século dezoito, para reduzir a sociedade a uma série de relações *entre proprietários*, em outras palavras, a relações de mercado. De acordo com Mercure (2005), a partir desse ponto é aberta uma brecha que será explorada por Smith: as relações entre o mercado e o trabalho, e entre este último e a origem da riqueza. E esta é, precisamente, a primeira idéia de Smith que pretendemos apresentar aqui.

A TEORIA DO VALOR-TRABALHO

O lugar que Smith atribui ao trabalho marca uma importante mudança de perspectiva nos debates econômicos vigentes em sua época. Em particular, os debates entre os mercantilistas e os fisiocratas. Os primeiros defendiam que a riqueza de uma nação baseava-se no acúmulo de metais preciosos, na moeda, e que dependia da intervenção do Estado para gerar equilíbrio no balanço comercial; os segundos, por seu turno, eram partidários da livre-troca, do *laissez-faire*, considerando que só a agricultura era produtiva e gerava crescimento real da riqueza. De certo modo, como destaca Mercure (2005), Smith prolonga a tradição dos fisiocratas. Com uma importante diferença, porém: em vez de acreditar ser a natureza a responsável pela riqueza, o que está na base desta última é o homem, mais exatamente, o homem e seu trabalho. Em suas próprias palavras (1984 [1776]):

> "O trabalho foi o primeiro preço, a primeira moeda de troca que foi paga por todas as coisas. Não foi com ouro ou prata, mas sim com trabalho, que primeiramente foi comerciada toda a riqueza do mundo; e seu valor para aqueles que a possuem e que pretendem trocá-la por quaisquer produtos é precisamente igual à quantidade de trabalho que lhes permite adquirir poder de compra. [...] O trabalho surge como a única medida de valor rigorosa e universal, a única que nos permite comparar o valor das diferentes mercadorias em todos os tempos e lugares" (p. 27; 31).

Dessa proposição geral segue, na obra do economista, teses sobre como aumentar o valor da riqueza. Ora, se o trabalho está na base de toda riqueza, sobre o que então repousa o crescimento desta última? A resposta do autor é de que, para isso ocorrer, deve primeiro ocorrer o aumento da potência produtiva do trabalho. E de que forma isso é possível? A proposição de Smith é premonitória de diversas outras teorias importantes sobre o trabalho.

Trata-se da idéia da divisão do trabalho. Para ele, a potencialização do trabalho origina-se de sua divisão, especialização e mecanização. A ilustração para seu ponto é dada pela célebre história da fábrica de pregos, cuja generalização lhe permite afirmar que "A divisão do trabalho que pode ser efetuada em cada caso origina porém, em todas as indústrias, um aumento proporcional da produtividade" (p. 8). O autor em seguida alega que a divisão do trabalho possui esse efeito de acordo com três modalidades concorrentes:

> "Em primeiro lugar, o desenvolvimento da destreza dos trabalhadores aumenta, infalivelmente, a quantidade de trabalho que eles podem realizar; e a divisão do mesmo, reduzindo a intervenção de cada um a uma simples operação e transformando esta última em seu único trabalho durante toda a vida, aumenta também necessariamente a destreza dos trabalhadores. [...] Em segundo lugar, a vantagem que decorre do melhor aproveitamento do tempo que normalmente se perderia ao passar de um tipo de trabalho para outro é muito maior do que à primeira vista se poderia imaginar. [...] Em terceiro lugar, e por último, não é difícil verificar que o trabalho é facilitado e reduzido quando se usa uma maquinaria adaptada à tarefa que se realiza (...)" (p. 9-10).

Em suma, o trabalho é a principal fonte da riqueza e sua divisão é o meio pelo qual se aumenta a potência produtiva do trabalho. Há, como sumariza Mercure (2005), três características importantes que derivam dessa tese de Smith. Em primeiro lugar, a divisão do trabalho depende de uma dinâmica mais global, a acumulação de capital, pois esta igualmente contribui para aumentar a produtividade do trabalho por meio do crescimento de sua divisão e da aquisição de melhores instrumentos mecânicos nas fábricas.

Em segundo, há uma nítida distinção, em Smith, entre divisão técnica e divisão social do trabalho, sendo que é a primeira que leva à segunda (tese semelhante à defendida por Marx um século mais tarde). E, em terceiro lugar, há uma espécie de determinismo social na obra de Smith, "segundo o qual as sociedades modernas são modeladas pela divisão do trabalho, fenômeno que não comporta somente vantagens, pois cria, 'em detrimento das qualidades intelectuais e das virtudes sociais' [frase de Smith], trabalhadores" (Mercure, 2005, p. 121).

Essa última desvantagem é conhecida historicamente como alienação – que, para Smith, deriva de uma espécie de redução de inteligência devido ao fato de o trabalhador realizar um número muito pequeno de atividades simples e repetitivas. A fim de encerrar este tópico, achamos conveniente reproduzir uma passagem muito lúcida do texto de Mercure (2005) sobre o trabalho em Adam Smith, onde ele sintetiza a transformação do sentido e valor do trabalho para esse autor. Diz Mercure:

> "Com Smith, o trabalho passa a ser visto, paradoxalmente, como uma noção mais abstrata que funda a objetivação do valor e, ao mesmo tempo, como uma realidade quotidiana mais visível, ou seja, como a atividade produtora dos homens. *É, pois, o ponto nodal da vida em sociedade e o pivô de nossa reflexão sobre a sociedade.* Além disso, o trabalho assume a forma de uma mercadoria, visto que se inscreve em todo o circuito da produção e da troca. Está, portanto, na origem da riqueza e, ao mesmo tempo, é através dele que se tecem os liames sociais fundamentais com base na divisão do trabalho e na troca. *A observação do trabalho e do mercado permite circunscrever as manifestações sociais da ontologia primeira do homem:* sua propensão natural à troca para melhorar sua condição de vida" (p. 125 – grifos meus).

OS FUNDAMENTOS DO *HOMO ECONOMICUS*

Mas é a segunda idéia de Smith, sua concepção antropológica do homem como criatura que maximiza seu próprio auto-interesse em processos de compra, troca e contratos no mercado, que mais nos interessa aqui. Em primeiro lugar porque, com ela, Smith gera uma interrupção em um tipo de viés histórico de descrição do homem. Ele limpa, com linguagem técnica e à primeira vista "neutra", qualquer vestígio metafísico nessa descrição, colocando em seu lugar um novo vocabulário – o econômico. Como diz Anthony (1977), o primeiro passo para a redescrição da ideologia religiosa do trabalho foi a valorização moral que Smith engendrou a partir dessa sua defesa do auto-interesse, do egoísmo, como motor da ação humana.

Em segundo lugar, e como conseqüência, porque essa redescrição do homem perpetrada por Smith ajuda na elevação *racional* da importância do trabalho como fonte do valor e do indivíduo como *homo economicus*. Mas vejamos exatamente o que Smith tem em mente quando faz a defesa desse último termo. Há aqui dois pontos importantes. Primeiro, que a divisão do trabalho *é conseqüência* de uma proposição de base mais profunda sobre a natureza humana: sua propensão à troca (e esta do auto-interesse). Segundo, que Smith faz da economia política o pivô das ciências sociais.

A propensão à troca é então o *leitmotiv* que impele o homem à divisão do trabalho. Essa mecânica da ação é perfeitamente ilustrada em uma passagem de *Investigação sobre a natureza e as causas da riqueza das nações*:

> "Esta divisão do trabalho, da qual derivam tantas vantagens, não foi originariamente provocada pelo gênio humano, prevendo com intencionalidade a riqueza que ela viria a proporcionar. Foi a conseqüência necessária, se bem que lenta e gradual, de uma determinada tendência da natureza humana que tem como objetivo uma utilidade menos extensiva: a tendência para negociar e trocar uma coisa por outra. [...] É portanto a certeza de poder trocar o excedente da sua produção, depois de satisfeita suas necessidades, pelo excedente da produção dos outros homens que leva cada homem a dedicar-se a uma única tarefa e a desenvolver e aperfeiçoar qualquer talento ou habilidade que possua para um dado tipo de atividade" (p. 11-12).

Na visão de Smith, o homem, ao contrário de outras espécies, não se torna independente quando chega à maturidade. Ele tem necessidades que não podem ser satisfeitas senão pela compra, pela troca ou por um acordo. Por meio delas, ele consegue obter de seus companheiros a maior parte daquilo de que necessita para sobreviver. A imaturidade biológica o impele dessa forma a se complementar na interdependência com outros homens. A conhecida passagem em que ele postula o pressuposto do *homo economicus* é apresentada abaixo.

> "Mas o homem necessita sempre da ajuda dos seus semelhantes e não pode esperar que estes lha dêem por mera bondade. Ser-lhe-á mais fácil consegui-la se puder explorar a seu favor o amor-próprio dos outros e lhes puder demonstrar que têm vantagem em fazer por ele aquilo que lhes é pedido. É isto que acontece quando uma pessoa propõe a outras qualquer negócio. *Dê-me o que quero, e terá aquilo que deseja*; eis o significado de todas as propostas. Não é por generosidade que o homem do talho, quem faz a cerveja ou o padeiro nos fornecem os alimentos; fazem-no em seu próprio interesse. Não nos dirigimos ao seu espírito humanitário mas sim ao seu amor-próprio; nunca lhes falamos das nossas necessidades mas dos seus próprios interesses" (grifado no original, p. 13-14).

Desse ponto vamos ao segundo, a saber, a subordinação das ciências sociais à economia realizada por Smith. Se a divisão do trabalho implica numa relação de troca, cuja causa não lhe pertence mas sim à propensão ao auto-interesse, disso se conclui que a sociedade desenvolvida industrialmente é o que se chama de uma sociedade comerciante. Diz o autor: "Assim, cada homem subsiste de trocas e se torna uma espécie de comerciante, sendo a própria sociedade uma sociedade comerciante" (p. 17-18). Mais à frente ele acrescenta: "Como são as trocas que estão na origem da divisão do trabalho, a extensão desta será sempre limitada pela extensão daquelas ou, por outras palavras, pela extensão do mercado" (p. 17).

A extensão do mercado torna-se um fator central no desenvolvimento da divisão do trabalho – e quanto mais livre de restrições for esse mercado, maior será sua extensão e, conseqüentemente, maior a divisão do trabalho e a riqueza. Esta é a defesa do liberalismo econômico, ao qual Smith abriu o caminho retirando de seu encalço os possíveis impeditivos morais que a Antigüidade e a teologia medieval cristã haviam imposto à atividade econômica. Ele rompe com essas tradições, ao mesmo tempo em que colabora para a criação dos novos problemas que a teoria liberal doravante enfrentaria, como o problema da moral *versus* a economia.

A MORAL PELO ECONÔMICO

No restante de *Investigação sobre a natureza e as causas da riqueza das nações*, Smith discorre sobre sua teoria da regulação social. Em seu aspecto essencial, essa teoria define o vínculo social a partir da natureza socioeconômica das trocas, e não mais, como na extensa tradição da qual ele representa a ruptura, a partir de um contrato social (nisso ele se diferencia, por exemplo, de Hobbes). Para os propósitos deste livro, é importante destacar da concepção de regulação social de Smith algumas premissas que tornam, além das mencionadas acima, a economia o pivô das outras ciências sociais – e, por extensão, o vocabulário privilegiado de descrição do homem.

Primeira característica, recapitulando observações anteriores, é que a ordem social é produto da prática de indivíduos em interação, focados na maximização de seus respectivos auto-interesses. Segunda característica, a sociedade, na visão de Smith, é caracterizada pela economia de mercado, onde os indivíduos, inter-dependentes entre si, satisfazem suas necessidades mútuas. Os homens são definidos como produtores e consumidores de mercadorias, dadas tanto por seu valor de uso como de troca. O mercado constitui o elemento central da regulação social, bem como o principal responsável pela justiça distribucional. Como sintetiza Mercure (2005):

"É ele [o mercado] que, por intermédio da lei gravitacional dos preços, reequilibra uma sociedade submetida às exigências dos interesses egoístas. Com efeito, o que caracteriza o mercado em Smith é o fato de ele contribuir para a criação da ordem social, conciliando no plano coletivo interesses privados divergentes que não têm tal intenção; ou seja, Smith sustenta que a harmonia social é, em larga medida, representada por uma dinâmica fundamentada na desconsideração por parte dos agentes individuais do interesse geral" (p. 129).

A sociabilidade que Smith tem em mente ocorre a partir do desconhecimento de um "bem coletivo" por parte do indivíduo; à sua maneira, este contribui para a economia global das trocas no mercado pura e simplesmente seguindo suas inclinações interiores para a troca e a satisfação de necessidades por meio da aquisição do excedente de trabalho uns dos outros. Em parte, a mão invisível do mercado, frase pela qual o autor foi popularizado como patrono do liberalismo, cumpre esse papel de harmonizadora. Essa mão invisível faz com que, partindo de um interesse individual, consciente, se produza um elemento de conseqüências não-intencionais: "Buscando satisfazer apenas seu interesse pessoal, freqüentemente trabalha de uma maneira muito mais eficaz em benefício da sociedade do que se tivesse realmente por objetivo trabalhar para ela" (Smith, 1984 [1776], p. 14).

A mão invisível representa, pois, o operador que harmoniza todas as atividades sociais de ordem econômica. O indivíduo não tem nada diante de si que não seu próprio interesse. Mas, em vez de a busca de tal interesse resultar em anomia ou numa exclusiva sociedade de individualistas, ela gera, pela influência do mercado (quando este funciona adequadamente), um resultado social positivo. Algo notoriamente próximo ao mote de Mandeville, em época próxima, "vícios privados, benefícios públicos", contido em sua *Fábula das abelhas*. Todos eles, Locke, Smith e Mandeville celebram a mesma coisa, em favor do liberalismo e da filosofia do capitalismo: não é preciso bem moral para a sociedade funcionar, desde que haja liberdade individual para usar sua propriedade (Locke), um agente autônomo para fazer a passagem do vício privado ao benefício público, o mercado (Smith), e vontade interior ao homem para ser ganancioso, interessado e egoísta (Smith e Mandeville).

Para encerrar este capítulo, julgamos importante destacar, uma vez por outra, que a teoria econômica tem efeitos positivos e negativos no que diz respeito à compreensão do vínculo social e, por extensão, da imagem de homem. O aspecto positivo é que, justamente por retirar os entraves morais, o homem está *autorizado a ser ele próprio*, ou seja, a ser esse ser interesseiro, luxuoso e ganancioso. Como diz o filósofo Renato Janine Ribeiro (Ribeiro, 2004), o homem tem de haver-se com sua situação real, e não *com aquilo que deveria ser* – o que, na essência, é exortado por qualquer sistema moral. E isso sem qualquer escrúpulo moral, diga-se bem.

Se o protestante tinha contra si o compromisso de honrar a Deus por meio de suas obras e de, por meio delas, gerar um valor social implicado na divisão do trabalho que, desde Platão, era uma conseqüência natural da especialização das inclinações pessoais, agora o homem econômico não tem mais qualquer contra-partida exceto a liberdade de deixar fluir sua ganância *natural*, intrínseca, inteiramente "pagã". Assim como as abelhas fazem mel, ou como os peixes nadam no oceano, assim igualmente o homem troca, negocia, obedece ao ímpeto cego de sua propensão a interessar-se por si mesmo.

O aspecto negativo, porém, e de relevância crescente concomitantemente à industrialização, é que a *moral* passa a ser vista como um problema – ela se torna mesmo contraproducente. O iluminismo econômico de Smith e outros estimula um tipo de assepsia na moral ou *de* moral. Janine Ribeiro (2004) destaca que, nesse seu aspecto negativo, esta crença vai ao limite de dizer que *não devemos ser bons* para que haja benefícios no plano econômico. Por ora, interessa-nos apontar que o sistema de valores do *homo economicus* fundado por Smith gera um problema difícil de conciliar no período a que estamos analisando: a incompatibilidade desse novo sistema de valores com o fundo religioso, não-econômico, para o qual o maior valor era o próprio humano.

Um problema, em suma, de desconexão entre dois sistemas, o econômico-liberal, com suas descrições mecânicas e "neutras" do mercado e dos impulsos egoístas à troca pecuniária, e o moral-religioso, onde residem as injunções sobre os comportamentos ideais – como, por exemplo, de que a ação humana não deve perder de vista o bem comum. Para simplificar ao máximo, e parafraseando Anthony (1977), ocorre que a economia *descreve as coisas como são*, e, a moral, *como elas deveriam ser*. Neste caso, seria preciso então transformar o *auto-interesse* em *valor moral*. Mas como fazer isso? Uma resposta para a questão foi dada por Max Weber – que viu a conciliação para esse problema na fusão do conceito de vocação protestante com o de auto-interesse necessário aos novos tempos do capitalismo. O nome dessa fusão ficou conhecido como ética protestante do trabalho – um tema com o qual nos ocuparemos no capítulo seguinte.

CAPÍTULO 6

A ÉTICA PROTESTANTE
E O ESPÍRITO DO CAPITALISMO

> *[O ascetismo religioso forneceu] trabalhadores sóbrios, conscienciosos e invulgarmente aplicados que acreditavam firmemente ser o trabalho um fim designado por Deus. E dava-lhes ainda a certeza apaziguadora de que a distribuição desigual dos bens deste mundo era obra da divina Providência e que tanto essa distribuição como a atribuição da graça divina perseguiam fins desconhecidos dos homens.*
> Max Weber, *A ética protestante e o espírito do capitalismo*

No que se tornou um de seus ensaios mais impactantes, *A ética protestante e o espírito do capitalismo*, publicado entre 1904 e 1905, Weber (1999) buscou entender quais forças agiam sobre os homens a ponto de fazê-los trabalhar de forma tão aplicada e metódica como o faziam. Sua questão era descobrir quais conjuntos de normas, valores, princípios ou representações funcionavam como regras para que os indivíduos conduzissem suas vidas e moldassem suas atitudes e disposições em relação a ela. Daí o autor ter culminado com o conceito de *ethos*, ou ética, uma fonte de modelos explicativos que tornavam as ações individuais inteligíveis.

Em particular, Weber desejava entender quais as crenças e os valores que, uma vez internalizados pelos indivíduos, determinavam um modo próprio de conduta – o modo de vida capitalista, ou o *ethos* capitalista moderno. Entendendo que não havia nada de natural em se dedicar integral e devotadamente ao trabalho, Weber partiu à procura das motivações profundas desse tipo de comportamento. No referido ensaio, ele estabelece uma afinidade entre certas concepções protestantes e o estilo de conduta de vida necessário ao capitalismo.

A tese de Weber é de que o ascetismo puritano migrou para a ética secular e imbuiu o espírito do capitalismo com o tipo de motivadores profundos que levaram os homens a dedicarem ao empreendimento que o capitalismo exigia. A passagem entre um e outro ocorreu, na leitura de Weber, a partir do conceito de vocação de Calvino.

O trabalho foi dotado de um poderoso motor religioso, tornando-se algo com elevado propósito e sentido moral, capaz de dignificar os homens perante Deus. A profissão e o núcleo mais íntimo da personalidade de um indivíduo, a partir dessa noção de vocação, fundem-se em uma única e mesma realidade. Não se trata, como veremos, de derivar o capitalismo do protestantismo – essa certamente não foi a idéia de Weber, mas de salientar a importância da relação que se estabelece entre o ascetismo puritano e uma maneira metódica de conduzir a vida dele derivada.

Weber busca as evidências para sua tese nas doutrinas que surgiram na posteridade puritana do protestantismo, no reinado de Elisabeth I (1558-1603), quando é possível encontrar uma nova religião do trabalho e a retomada decisiva do conceito de profissão como vocação. A mensagem puritana é de que se o homem confiar em Deus e observar suas leis ele estará contribuindo com sua parte para a manutenção do contrato que tem com Ele. Basicamente, "observar a lei de Deus significava cumprir seu dever no exercício fiel e disciplinado de uma profissão" (Willaime, 2005). É no trabalho que, segundo destaca Walzer (1987), os puritanos podiam encontrar a forma primeira e essencial de disciplina social, a chave para toda e qualquer moralidade. É o zelo disciplinado no trabalho que revela o valor e a "prestimozidade" do indivíduo perante Deus.

No puritanismo, o trabalho torna-se um problema de consciência. A pobreza e a riqueza não são mais vistas como destinos imputados aos indivíduos por Deus, mas moralmente avaliados como sinais de força ou de fraqueza de caráter. Este passa então a ser associado às obras realizadas pelo indivíduo e à forma como são feitas. Walzer (1987) menciona que a vocação e o ofício substituem as ordens de nascimento e o estatuto. O puritanismo fornecia então um novo sistema conceitual que reorganizava o valor do trabalho, questionava a ordem aristocrática e as classes ociosas, condenava os pobres, os preguiçosos e irresponsáveis. Essa disposição em relação ao trabalho, a internalização de valores de auto-responsabilização e a individualização pela vocação formam uma primeira visão essencialista do trabalho da qual dependem a nova descrição moral que o indivíduo daria de si e a fita métrica pela qual mediria seu próprio valor.

Weber (1999) extrai exemplos da obra de um dos principais teólogos puritanos ingleses, Richard Baxter, no seu *Christian Directory*, para analisar o sentido do conceito de vocação como determinante do trabalho. Diz o teólogo, conforme trecho citado por Willaime (2005):

> "'É em vista da ação que Deus nos mantém em vida e conserva nossas capacidades: a obra é o objetivo ao mesmo tempo moral e natural da potência [...]; é sobretudo por meio da ação que Deus recebe de nós o serviço e a honra: não por nossa capacidade de fazer o bem, mas porque o fazemos'. O trabalho é necessário 'para preservar as faculdades da mente', ele é necessário 'à saúde e à vida', afasta 'as tentações perigosas' e coloca 'nossos pensamentos ao abrigo da vaidade e do pecado'" (p. 81).

O trabalho não é apenas uma necessidade, como o era para os católicos e até para Lutero, mas algo positivo que tem de ser realizado para a maior glória de Deus e preservação da alma do indivíduo. Nas palavras do próprio Weber (1999):

> "Naturalmente, toda a literatura ascética de quase todas as denominações está hoje em dia saturada com a idéia de que o trabalho dedicado, mesmo que não acompanhado de um bom salário, realizado por aqueles a quem a vida não oferece oportunidades, é altamente gratificante aos olhos de Deus. Neste particular, o asceticismo protestante não adicionou nada de novo. Ele não apenas aprofundou esta idéia de modo mais radical, mas também criou a força que foi, sozinha, decisiva para seu sucesso: sua sanção psicológica por meio do conceito desse trabalho como uma vocação, como o melhor, em última análise, o único meio de alcançar a certeza da graça" (p. 267).

Weber vai além, já que seu propósito é investigar a relação desse conteúdo religioso com o tipo de comportamento empiricamente identificado em homens devotados ao trabalho, ao progresso e ao acúmulo de riquezas, como um Benjamin Franklin, e conclui que o ascetismo puritano foi secularizado e ajudou a moldar o comportamento do homem moderno que se esforçava ao máximo em seu trabalho. Ou seja, mesmo esvaziado de seu conteúdo original religioso, o *ethos* que dava sustentação moral e psicológica ao capitalismo continuou atuando na forma do metodismo com que os indivíduos cumpriam com seu dever, na expectativa de realizar um trabalho significativo aos próprios olhos e dos outros. A secularização do trabalho a que se refere Weber significa apenas que suas motivações não repousam mais em bases religiosas, mas sim seculares – científicas, por exemplo. Diz Weber (1999):

> "Um dos elementos fundamentais do espírito do moderno capitalismo, e não somente desta mas de todas as culturas modernas, é este: a conduta racional, com base na idéia de vocação, nasceu – é isso o que esta discussão pretendeu demonstrar – do espírito do asceticismo cristão. [...] as atitudes que foram chamadas de o espírito do capitalismo são as mesmas que acabamos de demonstrar serem o conteúdo do asceticismo secular puritano, apenas sem a base religiosa [...]" (p. 268).

Próximo ao final desse mesmo ensaio, Weber menciona que, se os puritanos buscavam uma vocação e, por meio da profissão, uma vida plena de sentido, com valores sólidos, os modernos têm à sua disposição apenas empregos dos quais necessitam para sobreviver. A Revolução Industrial e a crescente racionalização técnica do capital foram pouco a pouco destituindo o trabalho de seu papel na conformação de um estilo racional-metódico significativo que existiu para os puritanos. Diz ele:

> "O Puritano desejava trabalhar em uma vocação; nós somos forçados a fazê-lo. Pois quando o asceticismo foi transportado das células monásticas para a vida cotidiana e começou a dominar a moralidade secular, ele fez sua parte na construção do imenso cosmos da ordem econômica moderna. *Esta ordem é agora vinculada às condições técnicas e econômicas da produção mecânica* que determina atualmente, com uma irresistível força, as vidas de todos os indivíduos que nasceram dentro desse mecanismo, não somente daqueles diretamente envolvidos com a aquisição econômica. Talvez ela o determine até que a última tonelada de fóssil-combustível seja consumida (p. 269 – grifos meus).

A frase acima, como dissemos próxima ao final da obra de Weber, encaminha ou antecipa os problemas da ética protestante para sustentar o valor do trabalho em um momento de intensa racionalização, mecanização e fragmentação. A perspectiva de Weber, como se sabe, não era das mais otimistas, chegando mesmo a usar exemplos, como os Estados Unidos, em que os desgastes éticos eram preocupantes. Vejamos agora qual a solução de Weber para o problema da separação entre as esferas econômica e moral, e qual o papel do trabalho nisso.

A ELEVAÇÃO DO TRABALHO NA FUSÃO DA ECONOMIA COM A MORAL

Uma importante fonte de incompreensões no trabalho de Weber é de que o autor estaria a propor uma derivação de formas econômicas a partir de motivos religiosos. Contrariamente, a tese do autor limita-se a defender que o ascetismo protestante deu conteúdo a uma maneira metódica de conduzir a vida, a qual, por sua vez, era coerente com as exigências da racionalização do trabalho no capitalismo industrial.

Como vimos acima, é a secularização do conceito religioso de *vocação* no de *profissão* que funcionou como matriz para uma nova ética, ou seja, para a internalização de novos valores, de uma forma específica de conceber a vida e, sobretudo, o trabalho. Quando esse conteúdo, como diz Weber, abandona as "celas monásticas", ele se irradia por toda a sociedade em forma de injunções de comportamento, em sistemas legitimados socialmente de conduta. Mas, para compreendermos melhor a solução proposta por Weber ao que estamos descrevendo aqui como um problema entre esferas econômica e moral, precisamos entender melhor o que Weber denomina de "espírito do capitalismo".

Cremos que, para facilitar essa discussão, é conveniente pensar na existência de várias éticas. Especificamente, em duas: uma ética social secular e uma ética religiosa. Cada uma delas contém sua própria identidade, por assim dizer – possui seus próprios códigos e sistemas de conduta. A ética secular, o que Weber chama de o "espírito do capitalismo", é uma ética moldada por valores econômicos, especificamente pela valorização racional do capital no formato empresarial e pela organização racional e livre do trabalho. Conforme lembra Ruiz (2004), quando Weber refere-se a *ethos* ele o faz referindo-se "a uma 'mentalidade econômica', à própria mentalidade da forma econômica capitalista. Ele dirá: '*ethos* de uma forma econômica', '*ethos* de um sistema econômico', '*ethos* econômico moderno', '*ethos* capitalista', '*ethos* profissional burguês', '*ethos* capitalista burguês moderno'" (p. 83).

Para Weber, o que define a peculiaridade da nova forma de capitalismo que ele identifica no século dezenove e início do vinte é o modo como ele organiza o trabalho por meio de processos de racionalização e divisão. Esta é, para o sociólogo alemão, a verdadeira especificidade do capitalismo moderno.

Fica implícito, na obra de Weber, que o funcionamento econômico não é racional a ponto de tornar-se algo "neutro" – não funciona simplesmente como uma "mecânica". Para funcionarem, o capitalismo e sua modalidade racional e científica de ação dependem de uma ética, de um conjunto legitimado e legitimador de comportamentos, ou de motivos à adesão. Weber dá a esse pré-requisito o nome de ética social secular do capitalismo ocidental, a qual, repetimo-lo mais uma vez, não tem nada que ver com a ética religiosa ou moral. O ponto mais importante para nossa discussão é que essa condução da vida no âmbito do capitalismo, sua consideração como boa ou reprovável, deve ocorrer em conformidade com as formas econômicas prevalecentes (Ruiz, 2004).

E quanto à ética religiosa protestante? Tal ética, ou "cela monástica", propõe o conceito de vocação como um chamado divino ao homem, ao qual este está pré-destinado em função de sua incerteza quanto à salvação. O lastro da ética religiosa é uma espécie de imperativo categórico do *dever*. Bem entendido, é por manter a especificidade de cada uma dessas éticas que Weber propõe a influência de uma sobre a outra: a ética protestante seculariza-se no conceito nodal, dentro da divisão racional do trabalho capitalista, de *profissão*. Este último conceito consegue, a um só tempo, preservar intacto o núcleo egoísta do indivíduo moderno-capitalista e elevá-lo, ou convertê-lo, a valor moral – em curtas palavras, a um motivo à ação, sancionado e legitimado por um *ethos*.

É essa a particularidade da leitura weberiana do potencial encontro entre o homem econômico e o homem moral. O resultado: a extensa valorização do trabalho e sua celebração como "salvação aqui na Terra", agora secularizada em *drivers* mais comumente aceitos e legitimados como o "desejo de sucesso". Weber (1999) descreve isso da seguinte forma: "O capitalismo não pode utilizar como trabalhadores os representantes do *liberum arbitrium* indisciplinado, tal como não pode utilizar, como Franklin já o havia mostrado, um homem de negócios que em seu comportamento exterior manifeste falta de escrúpulos" (p. 41).

No entanto, em estudos posteriores sobre as condições de vida dos operários do campo e da indústria, Weber dirá que a forma com que seguiu a mecanização do capitalismo ocidental foi dificultando a possibilidade de se considerar o trabalho como "uma avenida preferencial para levar a uma boa vida plena de sentido" (Müller, 2005).

A industrialização que tomou vôo ao longo dos séculos dezenove e vinte trouxe inumeráveis problemas à ética protestante do trabalho e criou a necessidade de novas descrições sobre o valor deste último mais coerentes com os novos tempos de intensa divisão de trabalho e racionalização. É a partir desse tipo de constatação que vários autores baseados em Weber analisam a situação do trabalho em meados do século vinte, autores cujas idéias discutiremos em outros capítulos deste livro (por exemplo: Mills, 1956; Whyte, 1956). No próximo capítulo, discutiremos como esse mesmo problema de conciliação de uma racionalidade econômica com valores morais foi enfrentado por outros atores interessados em sua solução, a saber, pelos próprios capitalistas.

CAPÍTULO 7

O TRABALHO
NAS DOUTRINAS PATRONAIS

> "O trabalho físico constitui um contato específico com a beleza do mundo e, em seus melhores momentos, um contato de uma tal plenitude que nenhum substituto pode ser encontrado. O artista, o intelectual, o pensador, o contemplativo devem, para realmente admirar o universo, ultrapassar essa película de irrealidade que o envolve e que faz, de quase todos os momentos de sua vida, um sonho ou um palco de teatro. Eles deveriam fazer isso, mas com freqüência não podem. Aqueles que têm seus membros esgotados pelo esforço de uma jornada de trabalho, quer dizer, de uma jornada pela qual ele foi subjugado pela matéria, têm em sua carne algo como um espinho da realidade do universo. Para ele, a dificuldade é de olhar e de amar; se ele chegar a isso, ele terá amado o real."
> Simone Weil, *L'Attente de Dieu*

Saindo do plano estritamente teórico e analisando as condições materiais dos trabalhadores nos séculos dezoito, dezenove e início do século vinte, talvez sejamos forçados a admitir que muitos dos problemas engendrados pelo industrialismo tornavam difícil atribuir um valor superior e dignificante ao trabalho. Tampouco a uma ética do trabalho à maneira como a definiu Weber. Descrições de trabalhos penosos e condições materiais aviltantes dadas por Simone Weil (Weil, 1998) e George Orwell (Orwell, 1958), por exemplo, parecem estimular uma abordagem ao trabalho em que este é considerado um fardo, um peso, um desgaste desumanizador, o *leitmotiv* da exploração.

Mas, e temos aqui um paradoxo, essas mesmas descrições parecem preservar a dignidade do trabalho – e a do trabalhador. Ou seja, mesmo no auge de uma concepção de trabalho como aviltante em suas dimensões concretas, mesmo assim o trabalho tem de ser feito. E por quê? Orwell dá uma pista: talvez alguns trabalhem porque não há outra saída, ou porque a família precisa ser alimentada, protegida, cuidada – e devido ao amor pela família as pessoas trabalham. Simone Weil (epígrafe) oferece ainda uma outra pista: porque o trabalho físico constitui um contato com a beleza do mundo, tal que não pode ser substituído por qualquer outra coisa.

Relatos histórico-literários sobre os problemas e males da industrialização, como os de Orwell e Weil, são abundantes e bem documentados, pululando nos séculos dezenove e vinte. No entanto, dentre os problemas aparentemente mais centrais e relevantes a este livro em particular, destacamos os relacionados à crescente racionalização do trabalho – mais especificamente, à divisão do trabalho.

Naturalmente, existem outros problemas igualmente críticos no período, como o crescimento das cidades, a mudança de hábitos culturais e de costumes trazida pela urbanização, a separação entre as esferas pública e privada da existência, e a necessidade de conciliar as teorias do capitalismo, como as liberais, com políticas sociais. É como se existisse aí um "problema civilizatório", sobretudo se considerarmos que a racionalização do trabalho, que constituiu marca genuinamente inovadora do capitalismo moderno ocidental, exerceu oposição violenta aos valores religiosos correntes. Nas palavras de Bendix (1966), a industrialização teve de se impor num "ambiente relativamente hostil". Em outros termos, o capitalismo e sua divisão racional do trabalho só se impõem *contra* um sistema anterior de crenças.

Os capitalistas do século dezenove e início do vinte, bem como seus mentores e ideólogos, por sua vez, eram certamente sensíveis às condições materiais do trabalho, embora por outras razões que não as de Orwell ou Weil. Provavelmente até pelas razões contrárias. Como diz Anthony (1977), se a teoria liberal encaixava-se muito bem ao *modus operandi* desses novos capitalistas, inclusive para servir como justificativa interna para sua própria ação, o mesmo não poderia ser dito em relação à massa de seus empregados. Estes precisavam ser enquadrados em um novo regime. Seria preciso construir uma "civilização do trabalho", cujos integrantes conhecessem bem e tivessem internalizado a nova etiqueta da produção industrial, seus novos "modos". Melhor dizendo, seria preciso "socializar" o *ethos* do capitalismo.

Essas idéias são semelhantes às defendidas por Bendix (1966), para quem, nas fases iniciais da industrialização, na Inglaterra, as ideologias eram *ideologias empresariais* que consistiam primariamente de justificativas da indústria e de seus líderes. Eram ideologias da industrialização. Estavam a serviço de uma nova classe emergente que buscava reconhecimento social e poder político num contexto aristocrático. Por essa razão, tais ideologias eram, não apenas voltadas a persuadir os trabalhadores a trabalharem e a se organizarem como uma nova classe, mas também focadas na coesão interna dessa nova classe burguesa. Para Bendix, mais tarde essas ideologias empresariais tornar-se-iam *ideologias gerenciais*, voltando-se exclusivamente para o controle dos trabalhadores. Ideologias gerenciais, diz-nos Bendix, nascem dos problemas de coordenação e direção em contexto de industrialismo avançado, quando empresas de ampla escala criam novos problemas de integração social do trabalho.

Todavia, não pretendemos avançar na distinção proposta por Bendix (1966). Voltemos ao período de início de industrialização. Dizíamos que neste momento havia a necessidade de "reformar" o trabalho de tal modo que isso oferecesse uma posição confortável aos empregadores e à sua necessidade de afirmação como novo grupo econômico, dirigente e político. Seguindo a análise de Anthony (1977), diríamos que era fundamental a criação de uma ideologia que tivesse a dupla capacidade de justificar as razões para se trabalhar *nas novas condições industriais* e gerar a obediência. Num certo sentido, essa pode ser a chave para se entender as formas de controle que foram se sofisticando ao longo do tempo na medida em que a "gestão" tornou-se uma ciência.

Ainda de acordo com o estudo de Anthony (1977), uma vez sendo criada essa ideologia, para a qual o trabalho é um valor-mestre, essencial ou central na definição de quem é o humano, estariam então criadas as condições para o surgimento do *management* moderno (ou das "ideologias gerenciais", na expressão de Bendix): uma nova *inteligentzia* que fosse capaz de gerar a adesão dos trabalhadores a mesmo título que a religião conseguiu fazer em outras épocas.

No que segue discutiremos três doutrinas patronais do século dezenove. Chamamo-las aqui de doutrinas no sentido de um *corpus* de proposições sobre o valor do trabalho; "patronais" porque têm, direta ou indiretamente, uma ligação com o *mainstream* industrial da época. De um modo ou de outro, todas as três contribuíram à sua maneira para elevar o trabalho a uma categoria ideológica-chave.

A primeira refere-se ao paternalismo que permeou as relações empregador-empregado e que buscava aliar, por meio de uma reforma de costumes, o industrialismo, suas condições e o caráter moral. A segunda trata da "reforma" do trabalho de um dos mais influentes ideólogos industriais do período vitoriano: o inglês Samuel Smiles que, segundo Anthony (1977) e Bendix (1966), influenciou a ideologia do trabalho em países como os Estados Unidos. Por fim, a terceira refere-se à doutrina industrialista de outro importante nome do século dezenove: Saint-Simon.

A MORAL A SERVIÇO DA INDÚSTRIA: O PATERNALISMO

Uma primeira tradição que buscou criar uma ideologia do trabalho que conciliasse as demandas ou solicitações do capitalismo liberal e as da moralidade foi o *paternalismo*. No século dezenove, na Inglaterra como na França, essa tradição contribuiu para o desenho de um importante marco ideológico nas relações entre empregadores e empregados.

De acordo com Anthony (1977), o paternalismo preserva resquícios da sociedade medieval, onde redes de obrigação e dependência eram chanceladas de acordo com a autoridade de Deus, transferidas depois aos novos "patrões". Aproveitando esta oportunidade, e fazendo uma correção cultural, no caso do Brasil talvez seja menos a transferência da autoridade de Deus sobre a figura do empregador, do patrão, que conte. Em nosso meio, conforme análises antropológicas marcantes de nossa cultura realizadas por Sérgio Buarque de Holanda, em *Raízes do Brasil,* e Gilberto Freire, em *Casa Grande e Senzala,* a matriz de dependência remete aos Senhores da terra, aos proprietários dos escravos. Ainda assim, o modelo segue a mesma constelação psicológica da dependência.

Um balanço geral do "sistema paternalista" aponta um traço essencial que contribuiu, à sua justa medida, para fazê-lo, ao menos por algum tempo e sob certa amplitude, um operador importante entre as necessidades da industrialização (e sua classe dominante) e a moral (sistema normativo de comportamentos esperados). Trata-se precisamente da idéia de que é preciso haver uma manutenção *ativa* e *afetiva* dos modos, o que faz do paternalismo um sistema que não visa apenas à produtividade, mas a uma espécie de fabricação, ou principalmente de disciplina, da vontade.

De fato, os empregadores justificavam a necessidade e o direito de exercer um poder benevolente sobre seus empregados às custas de tratá-los (ou considerá-los) como moralmente degradados (ou degradáveis). Ou seja, os empregados, por pertencerem às classes baixas, careceriam de sofisticação, maturidade intelectual e etiqueta social. Na ausência de uma figura que lhes indicasse o caminho, seriam fatalmente lascivos, preguiçosos e mal-educados.

Não é à toa, inclusive, que a política econômica viesse acompanhada nesse período de uma política social: o trabalho poderia corrigir os perigos de uma socialização deficiente, sobretudo se considerarmos que as populações cresciam, bem como as cidades, o que naturalmente gerava um problema de controle demográfico. Como demonstraram autores como Michael Foucault, a propósito da genealogia das instituições disciplinares, o Estado precisava desenvolver novas formas de controle para garantir a saúde – física e principalmente moral – do corpo social. Assim, o industrialismo não vem desprovido de uma maquinaria moral – o trabalho torna-se uma "virtude" e a empresa uma escola da virtude e um espaço de reenquadramento (ou evitação) do vício ou decadência moral (Le Goff, 1995).

Adicionalmente, como destaca Le Goff (1995), tendo como pano de fundo a França do século dezenove, o paternalismo de autores como M. F. Le Play, que escreveu, em 1830, uma espécie de catecismo de boas práticas para o patronado daquele país, era ainda assessorado, além de pela moral, pela religião (que aliás não deixa de estar igualmente concernida com a correção de condutas). A mesma constatação é feita por Anthony (1977) a propósito do cenário inglês no mesmo período – a religião era a grande aliada da reforma moral, produtiva e social engendrada pelo despotismo patronal da época.

Para completar o quadro descrito no parágrafo anterior sobre o caráter disciplinar do paternalismo, Le Goff destaca que a primeira tentativa de reconciliar o econômico e a política ocorreu no final do Segundo Império Francês – quando o Estado exalta "o espírito de empresa" e a "democracia do capital". Esse movimento seria logo mais radicalizado por autores célebres daquele país, como Saint-Simon, cujas principais idéias, tendo em vista sua influência, serão discutidas mais adiante neste capítulo.

Todavia, esse sistema, enquanto tentativa de conciliação da moral e do econômico em benefício da industrialização e ordem produtiva, não vingou. Anthony (1977) destaca como razão principal a crescente profissionalização da gestão, com o desenvolvimento do *management* e a substituição do poder patronal pela *expertise* técnica. A rede de obrigações pessoais e o estilo de submissão que o modelo paternalista demandava tornam-se progressivamente incompatíveis com as exigências de competição do mercado, bem como dos movimentos sociais organizados que começam a surgir no final do século dezenove nesses dois países, como o sindicalismo. Mas existiram outras razões, sublinha Anthony, que contribuíram igualmente para o declínio desse sistema, razões essas ligadas a suas próprias inconsistências internas.

A primeira é a contradição entre as prerrogativas do paternalismo de cuidar do empregado e os efeitos desse cuidado. Ora, na medida em que a industrialização passa a exigir ou requerer funcionários mais especializados, inteligentes e com maior autonomia e poder de decisão, a lógica interna do paternalismo é minada: pois ele depende, para existir, de funcionários leais e submissos. A segunda tem a ver com a mobilidade do trabalho – a industrialização exige mobilidade geográfica e social, cuja sofisticação profissional requer independência. A terceira é o próprio sistema liberal que estimula, como vimos, a busca auto-orientada dos benefícios privados.

A burocratização das empresas introduz outra lógica de legitimação da autoridade, desprendendo esta última do poder arbitrário e personalista do patrão. O *management* extrai sua legitimidade do saber técnico-científico, de uma maior racionalização do capital, e não da benevolência ou da bondade moral. Por fim, uma quarta razão é a independência do trabalhador, fato que chega a seu paroxismo com o impulso oferecido pelo marxismo à criação do proletariado independente e maduro exigido pela alta industrialização.

O esgotamento do sistema paternalista ocorre, em última instância, por sua incapacidade de criar uma ideologia do trabalho compatível com as transformações concretas do industrialismo. Mesmo assim, seu mérito em colar registros tão díspares como o econômico e o moral é digno de nota. Seu legado, para o que nos interessa aqui, a redefinição do valor do trabalho, também deve ser destacado.

No sistema paternalista o trabalho assume um valor inestimável, ao mesmo tempo de coerção social e definição do caráter. Na medida em que o propósito desse sistema é assegurar o controle, a disciplina e a fabricação de modos coerentes com as demandas da industrialização, pregar a importância do trabalho diligente, contínuo e dignificante é algo de considerável efeito ideológico. O trabalho reunia todas as "vantagens" possíveis: era bom em si-mesmo; satisfazia os interesses egoístas dos empregadores; era uma dívida social – contribuía para a ordem social e para o valor moral do indivíduo. Como destaca Anthony (1977), sob a influência da religião, da ética do trabalho e do paternalismo, foi possível iniciar a criação de uma ideologia do trabalho na qual este era uma das mais elevadas e essenciais categorias do humano.

AUTO-AJUDA E VALOR DO TRABALHO EM SAMUEL SMILES

Samuel Smiles (1812-1904), escritor inglês da era vitoriana, talvez não seja um nome conhecido hoje, mas suas idéias anteciparam algumas advertências atuais sobre o valor e o sentido do trabalho. Mais importante, ele contribuiu também com a corrente de auto-ajuda que se tornou forte sobretudo nos Estados Unidos na segunda metade do século dezenove. Seu livro, *Self-help*, publicado em 1859 (as referências aqui são da versão publicada em 1908), está repleto de instruções sobre como obter sucesso e vantagens no mercado.

Em abordagem *mainstream*, Smiles não nega em nenhum momento o capitalismo e suas características econômicas. Nenhuma novidade nesse aspecto, afinal, boa parte da literatura gerencialista que encontramos hoje também está repleta de fórmulas prontas sobre como ser bem-sucedido, ao mesmo tempo em que fazem silêncio completo sobre as contradições do capitalismo contemporâneo. Smiles é um profeta do industrialismo, e nos interessa aqui entender o modo como ele colaborou para a redescrição do valor do trabalho que atingiu tanto a classe dos empregadores como a dos empregados.

Smiles elevou o trabalho a uma posição de absoluta importância, fazendo da disposição em executá-lo o único critério de definição de ricos e pobres, dos que tinham sucesso e dos que fracassavam. Nesse sentido, é um radical: coloca-se contra os privilégios de nascimento e de classe, reputando toda a responsabilidade ao indivíduo por sua ascensão ou queda. Por essa razão, pode ser considerado um dos precursores ideológicos do *self-made-man* norte-americano, com sua filosofia orientada para a construção da própria vida, em vez de recebê-la pronta. Sua obra apresenta ainda recursos retóricos cuja popularidade recente é ampla: o uso de biografias de sucesso: Smiles destaca as origens comumente humildes de grandes homens que se fizeram por si mesmos. Contra a soberba aristocrática, o autor propõe a humildade de começar de baixo.

Outra idéia polêmica para a época é de que as classes superiores têm maior propensão à "preguiça", já que têm o suficiente para sobreviver. Os pobres, ao contrário, teriam maior necessidade de se auto-ajudarem para vencer as duras condições materiais nas quais viviam. Mais um motivo para defender o trabalho como principal critério moral para traçar a linha divisória entre os que estão certos e os que estão errados, os que levam uma vida digna e os que levam uma vida na vagabundice.

Para Smiles, o sucesso não depende de renda, não depende de nascimento, nem de herança ou mesmo de talentos hereditários: o sucesso está aberto a qualquer um que deseje tentá-lo pelo trabalho e que tenha pensamento positivo. Para ele, o trabalho e o trabalhador eram o fundamento para a civilização inteira. Diz Smiles (1908): "O estado da civilização em que vivemos é, na maior parte, resultado do trabalho. Tudo que é grande nos costumes, na inteligência, na arte, ou na ciência tem sido levado à perfeição pelos trabalhadores que nos precederam. Cada geração acrescenta sua contribuição aos produtos do passado (...)" (p. 40).

A elevação do trabalho

Quanto à elevação do trabalho realizada por Smiles, isso pode ser observado em passagens de sua obra principal, como a que segue.

> "Uma dedicação franca ao trabalho é a mais salutar formação para todo indivíduo, como também é a mais elevada disciplina para um Estado. Uma indústria honrável segue a mesma avenida que a dívida; e a Providência fundiu a ambos com a felicidade... O trabalho não é apenas uma necessidade de uma dívida, mas uma bênção: somente o preguiçoso o considera uma maldição" (p. 33).

Na análise de Anthony (1977), Smiles preencheu importante lacuna no industrialismo inglês do século dezenove. Para Anthony, este último ofereceu um prospecto do sucesso material e da virtude para todos os que, pelo trabalho duro e aplicado, seriam bem-sucedidos – e também contribuiu para a auto-indulgência daqueles outros que, mesmo pelo trabalho duro, fracassavam. O fracasso, em sua interpretação, era sinal de que o indivíduo não arcou seriamente com todo o peso da responsabilidade e não de que ele era a parte mais fraca de um sistema maior. Mesmo com essa contribuição, a auto-ajuda proposta por Smiles não pode ser considerada uma ideologia isoladamente responsável pela motivação da força de trabalho.

Aspectos concretos da existência do trabalho e dos trabalhadores exerceram uma influência "natural" para o controle dos trabalhadores: a pobreza, o crescente rigor e sofisticação da supervisão, a forma de recrutamento dos trabalhadores, a disciplina da fábrica. Não obstante essa ressalva, a popularidade do trabalho de Smiles mostra que ele foi importante ideólogo da industrialização capitalista inglesa, mas também, e principalmente, norte-americana.

Nos Estados Unidos, destaca Bendix (1966), as idéias de Smiles foram re-interpretadas num amálgama que combinava teorias evolucionistas, como a de Herbert Spencer ("apenas os mais fortes sobrevivem, e a vida, ela própria, é um grande combate pela existência") e Darwin ("a espécie está em evolução, voltada a um aperfeiçoamento contínuo com possibilidades ilimitadas"). Como diz Bendix,

> "As idéias que Smiles havia proposto como questões de convicção e experiência pessoais foram interpretadas, pelos seguidores norte-americanos de Spencer, como fatos fundamentados nas leis da evolução e confirmados pela ciência. Como resultado, o sucesso e a riqueza eram interpretados como sinais de progresso e como a recompensa por aqueles que tinham provado a si mesmos na luta pela sobrevivência" (p. 256).

Em outras palavras, a conseqüência da importação e adaptação norte-americanas das idéias de Smiles foi a naturalização de condutas auto-interessadas, egoístas, focadas na sobrevivência e na superação dos mais fracos. Auto-ajuda e cientificismo evolucionista combinaram-se como fortes *drivers* ideológicos dos líderes naquele país na segunda metade do século dezenove e no início do século vinte.

Na base de um individualismo que impunha a cada indivíduo o peso solitário pela *sobrevivência* – mais do que pelo *sucesso*, ao qual todos que seguissem seu trabalho com espírito diligente, com caráter, honestidade e virtude, alcançariam –, os ideólogos, jornalistas e escritores de auto-ajuda norte-americanos faziam a apologia do homem de negócios no início do século vinte no Novo Mundo. A imagem ideal era a do indivíduo solitário, mas com potencial para enfrentar os sofrimentos da vida, para afirmar sua superioridade, sua sobrevivência.

Nesse sentido, a relação entre empregadores e trabalhadores no Estados Unidos da época era moldada por uma ideologia em que cada homem era um soberano; cada um, como qualquer outro, devia aceitar seu destino, sua liberdade e as conseqüências dessa posição ontológica. A autoridade do empregador era justificada "pelas reiteradas referências ao sucesso, que era um sinal tanto de sua virtude quanto de suas habilidades superiores. Aqueles que fracassavam eram entendidos como desprovidos das qualidades necessárias, sendo então obrigados a obedecer homens cujo sucesso os autorizava a comandar" (p. 258). Todos os que estavam à frente das grandes empresas só o faziam porque eram melhores, mais virtuosos, mais adequados e capazes de sobreviver.

APOTEOSE DA INDÚSTRIA E O TRABALHO EM SAINT-SIMON

Claude-Henri Rouvroy, conde de Saint-Simon (1760-1824), é considerado um dos principais arautos do advento da sociedade burguesa capitalista. Seu projeto consistia em implementar uma reforma social que tivesse como eixo os princípios de um sistema industrial. A indústria, concebida em sentido amplo a ponto de englobar todos os trabalhos úteis à sociedade, dos manuais aos intelectuais, deveria impor-se como a grande utopia da sociedade. Essa utopia, amparada por uma nova ideologia, a ciência industrial, deveria reconciliar a sociedade com ela mesma, harmonizar inteiramente os conflitos sociais e aumentar o bem-estar do maior número possível de pessoas.

Saint-Simon também deixa sua contribuição para a conciliação entre moral e economia. Ao criticar a sociedade tradicional pela introdução de um novo vocabulário utilitário e científico, ele redescreve igualmente a moralidade vigente. A ciência e os especialistas conquistam novo lugar em sua doutrina sobre a indústria e o trabalho, endossando a tendência de abordar os problemas sociais numa linguagem econômica. A prosperidade trazida pela indústria deve instaurar a paz social, na medida em que os interesses de todas as classes, embora distintos, convergem para o bem-estar, o enriquecimento da qualidade de vida e ao progresso geral do conjunto.

Qual foi, especificamente, a contribuição da doutrina de

Saint-Simon para a redescrição do valor do trabalho no período que estamos analisando? Em primeiro lugar, para responder a essa questão temos de entender a antropologia utilitarista e o organicismo evolucionista embutidos na teoria de Saint-Simon.

Para Saint-Simon, a sociedade era como um organismo em maturação, com órgãos desempenhando funções interdependentes e funcionando para a harmonia geral do conjunto. Como ele diz em seu *La physiologie sociale* (1965): "A sociedade é antes de tudo uma verdadeira máquina organizada, cujas partes contribuem de uma maneira diferente para o funcionamento do conjunto. A reunião dos homens constitui um verdadeiro Ser, cuja existência é mais ou menos eficiente ou defeituosa, dependendo de se os órgãos obedecem mais ou menos às funções que lhe são reservadas" (p. 57). Buscando sua legitimidade conceitual na fisiologia, Saint-Simon defende uma concepção evolucionista da história, para a qual a humanidade está avançando, por estágios orgânicos e críticos, de sua infância à idade adulta.

De acordo com Guyader (2005), esse evolucionismo organicista é portador de um valor ontológico específico acerca do "ser" social. O fim da História, aquilo para o que ela culmina, é um estado de equilíbrio e calma. Desse organicismo evolucionista de Saint-Simon é possível derivar uma antropologia utilitarista. De acordo com esta, "'há uma espécie de interesses, sentida por todos os homens, os interesses que pertencem à preservação da vida e do bem-estar', e que 'a sociedade é o conjunto e a união dos homens dedicados a trabalhos úteis'" (*apud*, Guyader, p. 146).

Para Saint-Simon, a finalidade da existência e dedicação ao trabalho era a satisfação das necessidades para a sobrevivência do organismo social e individual. No entanto, ele reconhece que, naturalmente, o ser humano não é afeto ao trabalho, que, naturalmente, ele tende ao inverso, à preguiça. Daí sua teoria sobre o trabalho assumir um tom prescritivo e normativo: "o homem é naturalmente preguiçoso: um homem que trabalha somente é determinado a vencer sua preguiça pela necessidade de responder às suas carências, ou pelo desejo de proporcionar-se prazeres" (*apud* Guyader, 2005, p. 146).

O valor do trabalho

Da premissa evolucionista e instrumental segue a concepção de trabalho para Saint-Simon. Para ele, cada um tem a obrigação de contribuir com sua parte útil à humanidade. É assim que ele define o trabalho: "O homem deve trabalhar. O mais feliz dos homens é o que trabalha. A família mais feliz é aquela na qual todos os seus membros empregam utilmente seu tempo. A nação mais feliz é aquela na qual há menos desocupados. A humanidade gozaria toda a felicidade que pode pretender se não houvesse ociosos" (*apud* Guyader, 2005, p. 150).

Pelo trabalho, a humanidade consegue o controle sobre a natureza, impondo-lhe sua forma e satisfazendo por ela suas necessidades. Por meio dele, é possível combater os males da ociosidade e os privilégios da aristocracia. Desse modo, para Saint-Simon a moral do trabalho era determinada por sua utilidade social. Numa passagem do texto de Guyader sobre o sentido do trabalho em Saint-Simon, aquele afirma:

> "(...) ele é o primeiro a ter associado, de modo sistemático, trabalho e História. Mais precisamente, com ele, o trabalho não ocupa mais somente uma posição central na antropologia: torna-se simultaneamente a questão exclusiva da modernidade e o motor de uma dialética histórica socialmente acabada. Dito de outro modo, Saint-Simon é o promotor de uma antropologia histórica do trabalho, a partir da qual devem ser compreendidas a dinâmica das sociedades humanas e sua reorganização definitiva" (Guyader, 2005, p. 138).

Constatações como essa são comuns entre os intérpretes de Saint-Simon. Em um estudo mais antigo dedicado à compreensão de sua obra, Manuel (1956) destaca novamente o importante papel dado por aquele autor ao trabalho, aos valores econômicos da produção e aos produtores: "As doutrinas do trabalho e do progresso eram os conceitos éticos direcionadores da nova sociedade (...). A produção era o único fim positivo da sociedade e o máximo 'Respeito pela propriedade e pelos donos de propriedades' tinha de ser superado pelo 'Respeito pela produção e pelos produtores' (...). Os produtores de objetos úteis eram os únicos condutores legítimos da sociedade" (p. 240).

A partir da aplicação de seu organicismo evolucionista e sua antropologia utilitarista ao trabalho, Saint-Simon o ligou à história. Mas não só. Também o ligou à ciência. Seu ataque à moralidade tradicional, de conteúdo religioso, assumia que a sociedade industrial era um novo tipo de sociedade iluminada, para a qual os entraves morais deveriam ser retirados em nome do progresso econômico. Apoiado na versão de ciência de Auguste Compte, Saint-Simon taxava de "irracionais" as crenças tradicionais.

O homem científico comptiano, fiel defensor da ciência natural, empírica e observacional, era o sujeito-tipo da indústria saosimoniana, seu corolário. Mais importante, a idéia de que o homem de ciência era livre de preconceitos influenciou diretamente a ideologia saosimoniana de que gestores, cientistas sociais e administradores eram, eles também, livres de valores e que, por esse motivo, eram vozes audíveis e candidamente críveis dos avatares da industrialização. A nova sociedade era então resultado da aplicação dos princípios da ciência administrativa.

Críticas à obra de Saint-Simon são abundantes na literatura especializada (Guyader, 2005). Não obstante, para os propósitos deste livro, esse autor deixa inequívoca marca: ele redefine o conteúdo moral do trabalho, retirando-lhe, ao que parece, os últimos elementos religiosos nele presentes e inserindo ali, em seu lugar, motivadores naturalizados, fisiológicos, orgânicos. Ontologicamente amarrado ao conceito de homem-produtor e ao de capacidade-utilidade, o trabalho é reforçado em sua missão de controle ideológico. Com o agravante de que não se questiona em nenhum momento a indústria, mas muito antes ela é venerada. Nesse sistema, vale ainda muito do que dizia Lutero, séculos atrás: "Quem não trabalha não merece comer", portanto, não merece viver.

CAPÍTULO 8

O SUJEITO DO TRABALHO EM KARL MARX

O trabalho é um processo em que o homem e a natureza participam e no qual o homem, por seu próprio acordo inicia, regula e controla as reações materiais entre si mesmo e a Natureza. Ele se opõe à Natureza como uma de suas próprias forças, colocando em ação pernas e braços, cabeça e mãos, as forças naturais de seu corpo, a fim de apropriar-se das produções da Natureza de um modo conforme à sua própria vontade.

Karl Marx, *O capital*

A amplitude da obra de Karl Marx certamente desestimula qualquer tentativa apressada de síntese. Mesmo assim, deixar de abordar a concepção sobre trabalho desse autor em um estudo que busca precisamente reconstituir sua história, abriria uma lacuna comprometedora – sobretudo se considerarmos que Marx, ao lado de outros pensadores notáveis como Adam Smith e Max Weber, já aqui apresentados, foi quem provavelmente mais contribuiu para a construção do sentido de trabalho que conhecemos no ocidente.

No entanto, fugiria ao escopo deste capítulo explorar intensamente a obra de Marx. Mesmo o conceito de trabalho, cuja qualidade de *essência* aparece, por exemplo, em *A ideologia alemã*, obra em que o autor foi fortemente influenciado por Hegel, sofre grandes transformações em seu pensamento e ao longo de sua obra e nos vários "marxismos" surgidos no final do século dezenove e no século vinte (Spurk, 2005).

Apesar das referidas variações, porém, o conceito de trabalho reconhecidamente ocupa lugar destacado em seu pensamento, nunca sendo abandonado.

Adicionalmente, no âmbito da análise de como o trabalho foi eleito como categoria-chave na modernidade, Marx é certamente a principal figura. Enquanto Adam Smith, por exemplo, cunhou o termo *homo economicus*, para o qual o *sujeito* era dotado de um núcleo de auto-interesse egoísta e propenso à troca, um tipo de *sujeito econômico*, Marx definiu o *sujeito* como sendo um *sujeito do trabalho*. Com isso, o sentido do trabalho encontra um fundamento por assim dizer filosófico na obra de Marx: o trabalho torna-se a condição *sine qua non* para a definição do humano.

Na leitura de Hannah Arendt, em *A condição humana*, a intenção de Marx foi substituir o conceito de homem como *animal rationale* pelo de *animal laborans* – assim como, de acordo com o que expusemos no Capítulo 5, Adam Smith substituiu o homem religioso pelo *homo economicus*. Arendt acrescenta que Marx sustentou a noção "blasfêmia" de que o trabalho, e não Deus, criou o mundo e de que o trabalho novamente, e não a razão, distingue o homem dos outros animais. Enfim, o elemento propriamente "humano" de nossa natureza nos é assegurado, na visão de Marx, pelo trabalho.

A construção do *sujeito do trabalho* na obra de Marx representa uma extensão ainda maior de seu valor quando comparado ao que o trabalho tinha no protestantismo. Neste, o trabalho não era assumido como categoria abstrata, universal, fonte do valor e principal critério de definição do humano; em vez disso, ele era entendido como algo constrangido pelo universo moral do dever a que todo protestante estava destinado em razão de sua necessidade de salvação. Novamente, é Marx quem empreende o salto para a emergência de um genuíno sujeito do trabalho.

Por "sujeito do trabalho" queremos dizer a invenção de um tipo de subjetividade que organiza as experiências singulares dos indivíduos empíricos com o trabalho. Termo originalmente cunhado na filosofia moderna, notadamente na de Descartes, o *sujeito* é uma instância que age como *substrato* para se fixar, durante certo tempo, como uma disposição transcendental, invariável e permanente *vis-à-vis* à pluralidade de experiências, sentimentos e multiplicidades possíveis de sentidos.

O sujeito do trabalho é uma instância que abarca todas as experiências humanas pelo crivo do trabalho. Como forma ideal, ele preside a formação de todo indivíduo moderno – neste caso, como indivíduo do trabalho. Ou seja, o sujeito do trabalho apresentado por Marx é uma espécie de ponto de apoio para descrever quem somos: indivíduos que trabalham e cujo sentido da existência é em grande parte extraído deste. Mas quais as características desse sujeito do trabalho? Como ele pode ser relacionado ao sentido e à centralidade moderna do trabalho? Para responder a essas perguntas precisamos entender melhor qual o papel ocupado pelo trabalho no pensamento de Marx.

O conceito de trabalho em Marx repousa em dois postulados principais, os quais vão se alternando ao longo de sua obra: um postulado filosófico-antropológico, para o qual o trabalho é o principal eixo de externalização do sujeito, quer dizer, modo pelo qual o "ser" do homem materializa-se, no que recebe influência de autores como Hegel. Será inclusive da leitura de Marx do sentido de trabalho para Hegel que ele desenvolverá uma de suas mais influentes análises da condição do trabalho na modernidade – a *alienação*, processo cujo engendramento nas relações de produção capitalistas é analisado nos *Manuscritos econômico-filosóficos*, de 1844, e depois em *A ideologia alemã*, de 1845. Discutiremos neste tópico que o conceito de alienação é conseqüência da própria elevação do trabalho a uma categoria-chave, tanto subjetiva como objetivamente.

O segundo postulado que analisaremos na obra de Marx é seu postulado econômico, de acordo com o qual o trabalho é responsável pela origem do valor, no que ele retoma criticamente a tradição da teoria econômica clássica de Adam Smith e, principalmente, de David Ricardo. Mais à frente neste livro, no Capítulo 10, discutiremos como o próprio Marx, a partir desse seu segundo postulado econômico sobre o trabalho, antecipa as mutações das forças produtivas que empobreceriam a característica do trabalho como fonte do valor, ao mesmo tempo em que instituem o "trabalho vivo" (versão subjetiva do trabalho) e o não-trabalho como seu substituto.

TRABALHO COMO EXTERIORIZAÇÃO DO SUJEITO

O conceito antropológico de trabalho para Marx aparece explicitamente em seus *Manuscritos econômicos e filosóficos* (Marx, 1844). Nesses, Marx foi influenciado pelas idéias de Hegel sobre o trabalho, de modo que seria conveniente começar nossa análise pela apresentação das idéias deste último autor sobre o trabalho.

Para Hegel, o trabalho é o modo como o homem se auto-cria. Essa concepção de trabalho depende, por sua vez, do pressuposto de que as ações humanas são, fundamentalmente, intencionais. Em seu *A filosofia do espírito*, Hegel demonstra que a ação intencional caracteriza-se por três tipos de relações: o objetivo estabelecido pelo sujeito, a realização do objetivo e o objetivo realizado. Teríamos então, de um lado, um sujeito dotado de inteligência e da capacidade de querer e, de outro, um conteúdo *p* suscetível de ser querido e tornado, por esse meio, real (Busch, 2005).

Para Hegel, o sujeito é universal na medida em que pode-se dizer um "eu". E ele pode colocar-se a si-mesmo como um eu na medida em que realiza um ato de auto-referência. Desse modo, o eu concebe-se como um ser indeterminado que abstrai todo o conteúdo particular, sendo um "ser-para-si" constituído por tudo o que foi capaz de abstrair, um conteúdo indeterminado de objetos que podem ser por ele queridos. Ao querer, o eu fixa para si mesmo um objetivo exterior. O ato de querer estabelece uma ligação entre o sujeito universal e um conteúdo *p* particular. Ao colocar-se em relação a um objetivo, o sujeito percebe que aquele não existe senão pela força de sua própria vontade, de seu ato de querer; ele escolhe seus objetivos de acordo com sua liberdade e autonomia, e sua escolha reflete a si mesmo.

Na *Filosofia do espírito* Hegel observa que o objetivo é um processo. Devido à sua forma, ele é "a falta de ser" que pode ser superada quando *p* deixa de ser um objeto querido e se torna um ser real. Por meio da atividade prática o sujeito realiza o conteúdo *p*, ou seja, o objetivo querido. Do ponto de vista do ator, a realização de *p* corresponde à exteriorização do sujeito "porque esse sujeito sabe que, fazendo *p*, ele realiza sua intenção de fazer *p*. Por isso, sabe ser o autor do resultado da atividade em questão, ou seja, do fato *p*. Percebendo *p*, ele se refere ao mesmo tempo, portanto, a si próprio, na qualidade de ele que quis e realizou *p*. Nesse sentido, percebe o fato *p* como 'sua obra'" (Busch, 2005, p. 91-92). Daí que, para Hegel, o sujeito exterioriza-se pela realização de sua intenção de fazer algo.

Portanto, a ação intencional pressupõe que o sujeito se reconhece como um "eu" na medida em que quer algo, que realiza algo na prática e que se reflete no objetivo ou na obra realizada. Isso no entanto só é possível quando o ator sabe ser o autor do resultado da atividade em questão, que é a realização de sua intenção de fazer *p*. Hegel define o trabalho no âmbito dessa definição da ação intencional. Diz o autor: "O trabalho consiste no ato de fazer de si mesmo, de maneira interna, objeto. [...] O trabalho enquanto tal não é somente atividade, mas atividade refletida em si, ato de engrendrar (Hegel, 1805-1806, *apud* Busch, 2005, p. 92-93).

O fato de o trabalho ser por ele descrito como o "ato de fazer de si mesmo, de maneira interna, objeto" significa que o próprio sujeito é quem estabelece, pelo ato de querer, um conteúdo *p* em seu trabalho. Ou seja, para Hegel, o trabalho deve ser uma atividade norteada pelos objetivos que o próprio sujeito estabeleceu para si. E quando diz que ele é uma "atividade refletida em si", quer ainda dizer que o trabalho deve permitir ao sujeito referir-se a si mesmo como o autor dessa atividade e de seu resultado.

Na concepção de Hegel, a sociedade deve permitir ao indivíduo exteriorizar-se mediante seu trabalho. Para tanto, ela deve reconhecer o indivíduo como um ser-para-si, ou seja, como alguém que tem o direito de satisfazer suas próprias necessidades por meio do trabalho. Em acréscimo, esse tipo de reconhecimento está na base de uma economia de mercado, pois cada membro da sociedade, como proprietário dos bens que lhe permitem alcançar a satisfação de suas necessidades, é simultaneamente produtor e vendedor de mercadorias. "Disso resulta que a economia em questão se caracteriza pela ausência de acúmulo de capital e de qualquer forma de salariado. Por essa razão, ela corresponde a uma economia de mercado não capitalista. É por isso que o trabalho e a troca permitem ao indivíduo se exteriorizar: eles são 'a mesma exteriorização'" (Busch, 2001, p. 100-101). Essa condição econômica ideal é necessária para que o indivíduo por si mesmo determine os métodos de trabalho que adotará e a quantidade de bens que produzirá.

Ocorre que a sociedade capitalista obstrui a relação entre trabalho e necessidade. Nas sociedades não-capitalistas, o trabalho tem a função estrita de satisfazer necessidades, ao passo que nas capitalistas sua finalidade é a obtenção do lucro. A demanda, em sociedades capitalistas, é determinada pela capacidade de produção e não pelas necessidades empíricas a serem satisfeitas. Essa mudança tem repercussões importantes na autonomia individual. Na medida em que a produção é determinada mais e mais por engenheiros e que o trabalho manual separa-se do intelectual (execução e planejamento), o sujeito não tem mais condições de determinar seu próprio ritmo e estilo de trabalho, nem a quantidade de mercadorias que produz. Ele fica reduzido a efetuar trabalhos simples e repetitivos que exigem pouca ou nenhuma qualificação e um quase nulo reconhecimento de si por outros sujeitos.

O processo acentua-se na medida em que o trabalho torna-se mais e mais uma categoria abstrata mediada pelo dinheiro, pelo salário. O dinheiro como denominador comum universal rompe a conexão entre necessidade e uso. O valor da mercadoria não é mais determinado por seu valor intrínseco, mas pelo significado que ela possa ter como valor a ser convertido em dinheiro numa rede de relações de troca (Applebaum, 1992, p. 443). Conseqüentemente, diz Hegel, os sujeitos não se exteriorizam nas coisas que desejam e fazem; antes disso, tornam-se, eles próprios, objetos materiais.

Um ponto vital na teoria de Hegel é o elevado apreço que ele reserva à autonomia individual, a qual se funda na base do direito da propriedade privada, na possibilidade de fixar projetos estabelecidos por si mesmo e no controle que o sujeito possui sobre a conquista de sua vida material. O que ocorre no capitalismo é que tais bases são progressivamente desabilitadas. O conceito de trabalho para Marx e, principalmente, seu conceito de alienação, dependem muito dessa leitura que ele fez de Hegel sobre a exteriorização do sujeito mediante o trabalho. É com isso que vamos ocupar-nos a seguir.

TRABALHO E ALIENAÇÃO

Marx prolonga o conceito de trabalho de Hegel em seus *Manuscritos econômico-filosóficos* (1844), dizendo que Hegel "concebe o trabalho como a essência, a essência auto-afirmativa do homem" (p. 203). Ainda sob a influência de Hegel, Marx observa que, quando o homem age sobre a natureza, dominando suas forças, ele está, ao mesmo tempo, agindo e modificando a si mesmo. Outros animais também trabalham, mas o que distingue o pior arquiteto da melhor das abelhas é precisamente o seguinte: o arquiteto monta sua estrutura em sua imaginação antes de erigi-la na realidade (Marx, 1906, p. 198).

Em *Estranged labor*, capítulo conhecido dos *Manuscritos*, Marx (1999) define o "ser genérico" da espécie – a consciência que o homem tem de pertencer a um mundo comum, de sua condição como membro da espécie humana – como orientado pela *atividade* sobre a natureza, no sentido de que ele se constrói em seu confronto com esta e de que é um ser cuja existência depende dele próprio e de sua liberdade de autodeterminação. Marx também observa que a atividade de vida do homem não se restringe à sua mera sobrevivência, como é o caso dos animais; a vida ativa da espécie humana, o trabalho, tem um caráter de afirmação, consciência e auto-engendramento da própria vida. Marx assim coloca a questão:

"De fato, trabalho, *atividade-vida*, *vida produtiva* em si mesma, aparece em primeiro lugar meramente como um *meio* de satisfazer uma necessidade – a necessidade de manter a existência física. Contudo, a vida produtiva é a vida da espécie. É uma vida que auto-engendra vida. O caráter total de uma espécie – seu caráter de espécie – está contido no caráter de sua própria atividade-vida [*life activity*]; e a atividade livre, consciente, é o caráter da espécie do homem. A vida ela própria aparece somente como um *meio para a vida*.

O animal é imediatamente um com sua atividade-vida. Ele não se diferencia dela. Ele é *sua atividade-vida*. O homem faz de sua atividade-vida o objeto de seu desejo e de sua consciência. Ele tem uma atividade-vida consciente. Ela não é uma determinação com a qual ele diretamente se funde. A atividade-vida consciente distingue o homem imediatamente da atividade-vida do animal. É justamente devido a isso que ele é um ser genérico [*species being*]. Dito de outro modo, é somente porque ele é um ser genérico que ele é um ser consciente, isto é, que sua própria vida é um objeto para ele. Somente por causa disso sua atividade é uma atividade livre. [...]

Ao criar um *mundo de objetos* por sua atividade prática, em *seu trabalho sobre* o mundo inorgânico, o homem prova ser um ser genérico consciente, isto é, como um ser que trata a espécie como seu próprio ser essencial, ou que trata a si mesmo como um ser genérico" (p. 45 – grifos no original).

Nessas três passagens podemos observar os traços da teoria hegeliana: o "ser" é uma construção intencional do homem em seu relacionamento com o mundo externo. A intencionalidade coloca em causa a consciência de ser sujeito e a distinção de si do objeto. O trabalho é uma ação sobre o mundo, sobre a natureza, a partir da qual o próprio ser genérico, a própria consciência de pertencer a uma determinada espécie e de apreender sua condição, pode emergir. É nesse sentido que novamente vemos Hegel em Marx: trabalho como externalização do sujeito, como objetivação da consciência mediante um ato de vontade, mediante uma atividade *sobre* e *contra* o mundo.

Para Marx, lembra-nos Applebaum (1992), "a sociedade ideal seria aquela em que o trabalho tem valor em si mesmo, é recompensador em si mesmo e na qual a vida encontra seu sentido no trabalho" (p. 443). Na base da hipótese de que o homem se cria a si mesmo, é trabalhando que o sujeito se auto-realiza, pois o agir produtivo permite aos trabalhadores afirmarem-se em relação aos outros, à natureza e ao mundo no qual vivem.

Paradoxalmente, no entanto, é quando Marx analisa o conceito de alienação que sua visão do trabalho como essência de definição do humano aparece mais contundentemente. Ou seja, é por pensar o trabalho como meio pelo qual o homem cria a si mesmo e seu mundo que ele imagina uma situação em que o homem domine novamente o processo de trabalho e seu produto, em vez de ser por eles dominado. Para Marx, conforme destaca Anthony (1977), "a alienação representa uma imperfeição na pureza do ideal de trabalho, o qual é a única atividade que dá ao homem sua identidade. O paradoxo essencial da alienação é o de que ela é um estado patológico produzido no trabalho como resultado de uma ênfase exagerada numa ética de trabalho e em valores baseados no trabalho. Torna-se possível falar de homem alienado por seu trabalho quando ele é conclamado a tomar seu trabalho seriamente" (p. 141).

Por meio de seu conceito de alienação Marx enuncia que há uma proporcional desvalorização do mundo humano na medida em que o mundo das coisas se valoriza. O "fetichismo da mercadoria" ocorre quando os bens produzidos pelos homens ocupam seu lugar, dominando-os. "O trabalho não apenas produz mercadorias, mas produz o trabalhador como uma mercadoria" (Marx, 1844, p. 71). Novamente em *Estranged labor*, dos *Manuscritos econômico-filosóficos* (1999 [1844]), Marx explica o que exatamente está envolvido com o fenômeno da alienação. Acompanhemos sua explicação e procuremos identificar, a partir dela, o modo como Marx faz do trabalho uma categoria central na definição do sujeito.

Diz o autor que a alienação deriva do fato de o objeto produzido pelo homem ser tornado estranho a ele próprio e pelo fato de o trabalhador ser *objetivizado* no processo de produção. Assim o expressa Marx:

> "O homem coloca sua vida no objeto; mas, agora, sua vida não mais lhe pertence, mas sim ao objeto. Como conseqüência, quanto maior sua atividade, maior é a falta de objeto do trabalhador. O que quer que seja o produto de seu trabalho, ele [o trabalhador] não é. Assim, quanto maior seu produto, menos ele é ele mesmo. A *alienação* do trabalhador em seu produto não significa apenas que seu trabalho se torna um objeto, uma existência *exterior*, mas que este objeto existe *fora do trabalhador*, independentemente dele, como se fosse estranho a ele, e que se torna um poder nesse seu próprio confronto com o trabalhador. Isso significa que a

vida que ele conferiu ao objeto o confronta como uma coisa hostil e estranha" (p. 42).

E, mais à frente, em célebre passagem do mesmo livro, Marx define o que constitui a alienação do trabalho. Diz-nos ele:

> "Primeiro, o fato de que o trabalho é *externo* ao trabalhador, isto é, não pertence à essência de seu ser; que, em seu trabalho, portanto, ele não afirma a si mesmo mas nega a si mesmo, não se sente contente, mas infeliz, não desenvolve livremente sua energia física e mental, mas mortifica seu corpo e arruína sua mente. O trabalhador, dessa forma, só sente a si mesmo fora de seu trabalho, e em seu trabalho sente-se fora de si mesmo. Ele está em casa quando ele não está trabalhando, e quando ele está trabalhando ele não está em casa. Seu trabalho é não-voluntário, e sim coercitivo; é um *trabalho forçado*. Ele não é então a satisfação de uma necessidade; é meramente um *meio* de satisfazer necessidades externas a ele. Seu caráter estranho emerge claramente no fato de que, tão logo nenhuma compulsão física ou de outro tipo exista, o trabalho é evitado como uma praga. Trabalho externo, trabalho no qual o homem se aliena, é um trabalho de auto-sacrifício, de mortificação. Por fim, o caráter externo do trabalho para o trabalhador aparece no fato de que ele não é seu, mas de um outro, que ele não lhe pertence e que, nele, o trabalhador não pertence a si mesmo mas a um outro. Assim como na religião a atividade espontânea da imaginação humana, do intelecto humano e do coração humano, opera independentemente do indivíduo – isto é, opera sobre ele como uma atividade estranha, divina ou diabólica –, assim ocorre com a atividade do trabalhador que não é sua atividade espontânea. *Ela pertence a outro; ela representa a perda de seu próprio eu*" (p. 44-45 – grifos meus).

Essa passagem sugere dois aspectos do problema da alienação. Primeiro, que os trabalhadores são alienados do produto de seu trabalho, uma vez que este é apropriado por outros e, conseqüentemente, eles não mais controlam seu próprio destino – a "vida controlada" de que falava Hegel. Em segundo lugar, eles também são alienados do próprio ato de produzir. Nesse caso, o trabalho torna-se estranho porque já não pode oferecer satisfação intrínseca a seu executor. Contudo, essas duas faces da alienação apenas antecipam uma última e mais significativa questão: a alienação atinge precisamente o "ser genérico" [*species being*] do homem, sua essência como ser consciente de sua condição e livre para determinar seu próprio destino e seu "eu". Outra passagem dos *Manuscritos* deixa isso bem claro:

> "É apenas em seu trabalho sobre o mundo objetivo, portanto, que o homem primeiro e realmente prova ser um *ser genérico* [*species being*]. Esta produção é sua vida ativa genérica. Por meio e devido a esta produção, a natureza aparece como *seu* trabalho e sua realidade. O objeto do trabalho é, então, a *objetivação da vida genérica do homem* [*objectification of man's species life*]: pois ele duplica a si mesmo não somente, como na consciência, intelectualmente, mas também ativamente, na realidade, e, portanto, ele contempla a si mesmo num mundo que ele criou. Ao separar do homem o objeto de sua produção, o trabalho alienado separa então dele sua *vida genérica* [*species life*], sua real objetividade como um membro da espécie e transforma sua vantagem sobre os animais em desvantagem na medida em que seu corpo inorgânico, a natureza, é dele tomado" (p. 45-46).

Marx está aqui dizendo que, uma vez alienado, o trabalho priva o homem das características essenciais que o distinguem dos outros animais, a saber, de confrontar a natureza, de transcender a mera necessidade de *sobrevivência* ou de reagir instintivamente ao meio, de objetivar seu próprio ser mediante sua atividade. Como destaca Gay (1996) em relação àquela última passagem dos *Manuscritos*, Marx parece estar se referindo ao trabalho em sua natureza "criativa". Em outras palavras, não se trata, nesse caso, do trabalho como gerador de valor econômico, como categoria abstrata ou então do trabalho assalariado, mas de uma visão filosófica e antropológica em que, por meio da *performatividade* de seu trabalho, o homem *torna-se quem é*.

A última observação acima remete-nos de volta à discussão que fizemos no Capítulo 3 sobre o sentido do trabalho no Renascimento. Destacávamos naquele capítulo que esse trabalho, cujo paradigma é o estilo de vida do artesão, possui um valor *intrínseco*: ele é prazeroso, gratificante e significativo pelo simples fato de ser realizado. Não consiste de uma atividade "estranhada" porque quem o realiza faz muito mais do que meramente *reproduzir-se* ou então produzir uma mercadoria sob o comando de forças externas, alheias: ao executá-lo, ele se torna sujeito. Ora, parece ser esse mesmo tipo de concepção que está presente nessas passagens de Marx: o trabalho criativo de que ele trata ali é o trabalho como categoria ontológica, como força de constituição da subjetividade. Sobre isso, conclui Gay:

> "Assim, o conceito de natureza humana articulado por Marx é um em que se assume que as pessoas realizam sua identidade como pessoas humanas, como uma 'espécie', somente por meio do trabalho criativo que é realizado por seus próprios propósitos e não sob o controle e a exploração de outros. [...] Para Marx, tornar-se um ser humano completo implica em uma libertação do 'sujeito' de sua alienação social *e*, genericamente falando, das ofuscações e distorções da ideologia. O 'homem' só é capaz de emergir 'da massa' e tornar-se um 'indivíduo concreto' no domínio da 'liberdade real', quando a ideologia não mais existir para 'aliená-lo'" (p. 13-14).

Nos capítulos que compõem a próxima seção deste livro revisaremos algumas críticas ao conceito de alienação de Marx (por exemplo, a de Goldthorpe, 1969). Veremos, em específico, que a alienação *no trabalho* depende de uma elevação desse trabalho à categoria ontológica-chave. Ela é uma espécie de corolário do empreendimento de consagrar o trabalho como uma das mais elevadas atividades humanas. Quando Marx trata do problema da superação da alienação ele não está desabilitando o sentido essencialista do trabalho, muito antes, ele o está confirmando em seu patamar ontológico: se as condições "objetivas" que alienam o trabalhador forem removidas, então o homem poderá encontrar novamente seu "ser" perdido. Abolir o relacionamento "instrumental e extrínseco" do homem com seu trabalho é o desafio mesmo da superação de qualquer forma de alienação.

A desumanização da experiência do homem com seu trabalho bloqueia a possibilidade de subjetivação: quando se torna extrínseco, o trabalho é uma imposição de fora, uma atividade voltada para fins alheios, conduzida unicamente por motivos eles também externos e alheios: por exemplo, o salário para sobreviver. Vários autores do campo da psicologia do trabalho parecem partilhar dessas idéias sobre alienação e, *parti pris*, sobre a essência do trabalho. Este é o caso, por exemplo, de autores como E. Fromm, G. Friedman e C. Argyris. O gerencialismo reinterpretou o problema da alienação como um problema gerencial, ou seja, de manutenção da adesão e comprometimento dos trabalhadores. Daí os diversos movimentos que surgiram no século vinte e se reuniram sob a rubrica de "enriquecimento do trabalho".

Até esse ponto, focamo-nos na análise do primeiro postulado da teoria marxiana sobre o trabalho, a saber, seu postulado filosófico-antropológico (e até ontológico). No entanto, como dissemos ao iniciar este capítulo, existe um outro postulado sobre o sentido de trabalho em Marx que aparece em suas obras posteriores. Trata-se do que estamos aqui chamando de postulado econômico-político do trabalho.

TRABALHO, MERCADORIA E VALOR

O postulado econômico-político sobre o trabalho aparece principalmente em duas obras de Marx: em *O capital* (Marx, 1906) e nas *Grundrisse* (Marx, 1971 [1857]). Naquele, o autor opera uma distinção entre *valores de uso* e *valores de troca*, defendendo, de acordo com os argumentos fornecidos por um dos fundadores da escola clássica de economia, David Ricardo, que é o trabalho o responsável pela geração de ambos os tipos de valores.

Em particular, no caso de Marx, o trabalho que gera valor é aquele socialmente necessário para a produção de um bem. Enquanto o valor de uso refere-se às qualidades concretas e intrínsecas presentes nos produtos criados por meio do trabalho humano, o valor de troca diz respeito às características abstratas do produto que o transformam em uma mercadoria disponível no mercado e compatível com diferentes produtos em uma rede de relações de troca. O valor de uso está ligado às necessidades imediatas do produtor e do consumo, ao passo que o valor de troca está ligado ao intercâmbio de mercadorias e à geração estrita de valor econômico apropriado pelo capitalista – de um "valor a mais" do que aquele valor de uso do produto. Assim, é o trabalho abstrato que mais interessa ao capital, pois ele permite a geração de mais-valia e, conseqüentemente, sua acumulação e reprodução. A seguir analisamos essas idéias em detalhes.

Comecemos com o valor de uso e sua relação com o trabalho. De acordo com Marx em *O capital*, no processo de trabalho o homem, auxiliado por instrumentos de trabalho, efetua uma alteração no material sobre o qual ele age. A conseqüência é o desaparecimento daquele processo no produto gerado. Este produto representa um valor de uso, ou seja, um material da natureza adaptado por uma mudança de forma de acordo com os desejos e necessidades humanos. Enquanto o produto é materializado, o trabalho desaparece, incorpora-se nele. Sem essa ação pelo trabalho os materiais da natureza simplesmente desapareceriam; seus potenciais valores de uso, isto é, a utilidade de suas propriedades concretas, deixariam de se transformar em produtos para uso humano – por exemplo, sem a ação humana, a madeira simplesmente apodreceria sem se transformar nunca em uma cadeira que poderia então ser usada para fins socialmente úteis (e por muito tempo).

Assim, o trabalho que gera valor de uso é um trabalho socialmente útil, realizado porque houve o investimento de energia física ou mental do trabalhador em questão para dominar as forças da natureza de modo a atender necessidades humanas social e historicamente constituídas. Mas as coisas não param por aqui: no capitalismo os produtos resultantes do trabalho socialmente útil assumem a forma de *mercadorias*. Em *O capital* Marx (1906) analisa como essas mercadorias adquirem um valor que não se limita aos valores de uso dos produtos. O autor demonstra que o valor de uma mercadoria não é determinado apenas pelo fato de ela satisfazer necessidades específicas, ou pelo fato de ela ser consumida. Uma mercadoria tem valor porque pode ser trocada, comercializada. Desse modo, continua Marx, cada mercadoria possui um *valor de troca*, o qual ele define como "a relação quantitativa, a proporção na qual valores de uso de um tipo são trocados por valores de uso de um outro tipo".

Em sua análise do valor, Marx parte do concreto para o abstrato – enquanto o valor de uso diz respeito à utilidade específica do produto para a satisfação de determinadas necessidades específicas, o valor de troca é uma propriedade abstrata presente nas mercadorias que as fazem compatíveis umas com as outras num mercado. Diz Marx (1906) que a troca de mercadorias é um ato caracterizado pela total abstração a partir do valor de uso do produto. O valor de troca reflete o que as mercadorias têm em comum entre si, ou o montante que será trocado por outras mercadorias. Um abridor de latas pode ser trocado por um pão ou por dinheiro, independentemente de suas utilidades específicas (valores de uso específicos).

Nesse ponto Marx nos conduz a um questionamento sobre qual seria o fundamento que permite essa troca. Sua resposta é de que esse fundamento refere-se a uma propriedade que todas as mercadorias têm em comum, a saber, o *valor* – do qual o valor de troca é simplesmente uma manifestação, uma objetivação. E, para Marx, o valor é determinado pelo custo de produção de uma mercadoria à sociedade (trabalho social útil).

Prolongando a tradição da economia clássica, sobretudo a de David Ricardo, de conceber o trabalho, Marx postula que esse custo de produção só pode ser medido pela *quantidade de trabalho* que foi socialmente necessária a tal produção. No entanto, não se trata aqui do trabalho concreto, como o de assar um pão ou fabricar um abridor de latas; não é na base do trabalho concreto que o valor de uma mercadoria é gerado. Esse trabalho concreto, como disse Marx, é variado e complexo demais para nos fornecer a medida do valor econômico que nos interessa. Para Marx o trabalho possui um "caráter dual": "De um lado, todo trabalho é, fisiologicamente falando, um dispêndio da força de trabalho humana, e nessa sua natureza de trabalho humano abstrato idêntico ele cria e forma o valor de uma mercadoria. Por outro lado, todo trabalho é dispêndio da força de trabalho humana em uma forma especial e com um propósito definido, e nessa sua natureza de trabalho útil ele produz valores de uso".

É no trabalho abstrato que devemos depositar a origem do valor. Marx (1906) escreve: "Junto com as qualidades úteis dos produtos em si mesmos, deixamos de lado tanto o caráter útil dos vários tipos de trabalho neles incorporados e as formas concretas desse trabalho; tudo é deixado de lado, exceto o que é comum a todos eles: todos são reduzidos a uma e única espécie de trabalho, o trabalho humano em abstrato". E em outra passagem de *O capital* Marx diz: "Portanto, um valor de uso ou um bem possui valor apenas porque nele está objetivado ou materializado trabalho humano abstrato".

A mercadoria é a responsável por "nivelar" todas as formas concretas e específicas de trabalho; ela é o equivalente "que figura como a materialização do trabalho humano em abstrato, ao mesmo tempo em que é o produto de algum tipo de trabalho concreto socialmente útil". E como a mercadoria faz isso? Na medida em que ela pode ser trocada no mercado. A utilidade da mercadoria é determinada por sua transferência, mediante a troca, nesse mercado. Por sua vez, na medida em que a mercadoria é útil, o é também o trabalho que a gerou.

Para Marx, o trabalho socialmente útil é aquele trabalho necessário à sociedade para a produção dos bens de que ela necessita. Assim como qualquer outra mercadoria, o trabalho possui valor de uso e valor. Este último é determinado pelo tempo de trabalho socialmente necessário envolvido para manter o trabalhador vivo e para educar as próximas gerações que o substituirão. Já o valor de uso da força de trabalho é o trabalho propriamente dito necessário à produção das mercadorias. No entanto, como o trabalho é a origem do valor, e já que o trabalhador cria, durante um dia de trabalho, mais valor do que o capitalista paga por seus dias de trabalho, temos aqui um "mais-valor", um "excesso", que é apropriado pelo capitalista e que sustenta a reprodução do capital.

Essa é a célebre análise de Marx da "mais-valia", a qual pode ser compreendida pelo fato de o valor de uso específico desta mercadoria ser fonte de valor, e de mais valor do que ela própria tem. Assim, a mais-valia surge da diferença entre o valor criado pela força de trabalho e o valor da própria força de trabalho. É o trabalho abstrato que interessa ao capitalista: ele torna possível a troca de mercadorias no mercado por dinheiro ou diretamente por outra mercadoria. Mais à frente neste livro, no Capítulo 10, veremos como essa concepção da teoria do valor-trabalho é criticada já pelo próprio Marx e por uma diversidade de outros autores no decorrer da segunda metade do século vinte.

CAPÍTULO 9

A MORAL DO TRABALHO
EM ÉMILE DURKHEIM

Quanto mais geral a consciência comum se torna sob a necessidade de lidar com mais e mais tipos de fenômenos, mais espaço essa situação deixa para as variações individuais. Quando Deus está longe das coisas e do homem, sua ação não é mais onipresente, tampouco ubíqua. Não há nada fixo, exceto regras abstratas que podem ser livremente aplicadas de diferentes maneiras. Então, elas já não têm a mesma ascendência nem a mesma força de resistência à individualidade cada vez mais intensa.

Émile Durkheim, *Da divisão do trabalho social*

Desde Adam Smith, o tema da divisão do trabalho sempre permaneceu na ordem do dia dos grandes economistas e sociológicos. Marx acreditava que a divisão do trabalho, na forma como ela vinha sendo feita na sociedade capitalista moderna, transformava o homem numa peça simples de um grande mecanismo anônimo. Seu conceito de alienação, como vimos logo a pouco no capítulo anterior, denuncia uma situação do trabalho em que este perde sua natureza intrínseca de auto-realização humana e se transforma, paradoxal e ironicamente, em seu contrário: fonte de sofrimento, rebaixamento, brutalização e perda de sentido.

Durkheim argumentou de forma diferente sobre a divisão do trabalho, mas reconhecia igualmente suas conseqüências patológicas. Seu ponto de partida era a perplexidade diante do estado de desorganização que ele julgava existir na vida econômica, problema que considerava tão grave quanto, *mutatis mutantis*, uma anarquia política. Durkheim acreditava que um estado de anomia caracterizava os relacionamentos econômicos na sociedade e, por conseguinte, as relações com o trabalho.

A desorganização a que Durkheim se referia era de natureza moral. Em tal estado de desorganização, a sociedade vê ameaçada sua própria coesão social, seu sistema de valores e as normas de conduta que visam regular os relacionamentos entre os indivíduos e da sociedade com o Estado. O sociólogo francês acreditava que uma vida social regularizada era favorável à solidariedade social e ao desenvolvimento pessoal.

Com o avanço inequívoco do *ethos* econômico e da industrialização, as antigas regras do jogo que coordenavam as ações entre os homens foram gravemente enfraquecidas, como, por exemplo, a tradição e a religião – devemos lembrar que o período em que escreve Durkheim foi marcado por importantes agitações sociais e pelo crescente desenvolvimento da burguesia (Tiryakian, 2005). Na medida em que a sociedade moderna interiorizou, progressivamente, esse *ethos* próprio da nova ordem, um segmento grande da vida social ficou desprovido de mecanismos reguladores normativos apropriados.

Nesse quadro, o projeto de Durkheim era o de reconstruir sobre bases sólidas a ordem social, um novo regime normativo (moral), coerente com os tempos modernos de intensa divisão e racionalização do trabalho. Ou seja, Durkheim não se opunha à economia, muito antes: como seu compatriota Saint-Simon, ele reconhecia a indiscutível importância que a economia vinha assumindo nas sociedades modernas. Sua perspectiva era de reforma moral, não de revolução do sistema produtivo vigente.

Em conformidade com isso, Durkheim postulou que a sociedade moderna possui sobretudo uma coesão orgânica determinada pela diversidade dos talentos que encontravam livre espaço em uma divisão do trabalho cada vez mais avançada. Já que esta última é inseparável do caráter essencialmente econômico da sociedade, seu objetivo era de definir um sistema moral que não fosse incompatível com esse fato. Daí que, para Durkheim, "a divisão do trabalho, longe de ser o vilão da história, aparece como o herói, como a fundação da ordem moral e social" (Anthony, 1977, p. 147).

Durkheim estrutura sua principal obra, *Da divisão do trabalho social*, em torno de dois grandes objetivos: primeiro, analisar o trabalho em uma perspectiva sistêmica; neste caso, seu propósito é mostrar quais são as causas e as funções da divisão do trabalho na sociedade. Segundo objetivo, realizar uma espécie de microssociologia da divisão do trabalho e, neste caso, seu propósito é entender o que acontece com os trabalhadores em situações caracterizadas por formas anormais ou patológicas de divisão do trabalho.

Em ambos os casos, conforme destaca Tiryakian (2005), é possível identificar, embora não explicitamente, "que Durkheim considera que o trabalho é significante e satisfatório unicamente quando é feito em um meio regulamentado e normativo, marcado pela solidariedade entre os trabalhadores" (p. 225). A seguir faremos uma síntese destes dois pontos da obra de Durkheim, buscando identificar sua concepção de trabalho e o modo como contribui para elevar este último a uma categoria-chave.

DIVISÃO DO TRABALHO E ANOMIA

Durkheim observa que a divisão do trabalho tem sido mal compreendida pelos economistas, que a vêem apenas em sua dimensão econômica, enquanto, na verdade, ela é essencialmente a origem da solidariedade social. Para ele, há sociedades em que a coesão social deriva de crenças comuns e sentimentos; para outras, como é o caso das sociedades políticas avançadas, é a divisão do trabalho que se encarrega dessa meta, pois permite ao indivíduo diferenciar-se um dos outros mediante uma tarefa pessoal como ser por eles reconhecido.

Em sociedades industriais a divisão do trabalho é a fonte do direito contratual e da lei. Isso ocorre porque ela permite um tipo de cooperação e reciprocidade que não surgiria de outro modo. Para Durkheim (1960), a divisão do trabalho surge como um modo de responder às necessidades da vida coletiva, na medida em que o aumento da densidade populacional pressiona as unidades sociais umas em relação às outras, forçando-as a se especializar e concentrar.

Se a divisão do trabalho é a causa da solidariedade social, cabe a Durkheim explicar uma série de entraves a seu pleno funcionamento. De fato, nas condições industriais do período a referida divisão estava muito mais associada com desordens do que com o desenvolvimento da solidariedade e coesão sociais. Para responder a esta questão, Durkheim (1960) sugere a distinção entre uma divisão do trabalho natural e uma não-natural. A primeira é uma força positiva responsável pela produção de solidariedade social, uma consciência da interdependência entre os homens na sociedade. A segunda refere-se a dois fenômenos: anomia e divisão forçada do trabalho.

A divisão anômica do trabalho está associada aos conflitos entre capital e trabalho que se tornaram comuns após a introdução da indústria de produção de larga-escala. A especialização das tarefas passou por um desenvolvimento muito mais rápido do que a capacidade de absorção dos trabalhadores, sendo-lhes imposta de cima para baixo. O problema, aponta Durkheim, é que este tipo de especialização e simplificação de tarefas aumenta o isolamento dos trabalhadores e os priva da consciência de estar dando uma contribuição comum em seu trabalho. A especialização das tarefas dificulta a formação de um senso de solidariedade, cooperação e, por conseguinte, reciprocidade entre os trabalhadores. Na opinião de Durkheim, a situação seria revertida se cada indivíduo pudesse voltar a sentir que não é uma unidade auto-suficiente, mas parte de um conjunto maior que dele depende.

Desse modo, o principal problema com a divisão anômica do trabalho é a ausência de uma rede de laços que, pelo hábito, se consolide em uma solidariedade orgânica que impeça o indivíduo de sofrer com situações não reguladas. "A ausência de solidariedade segue quando não há harmonia de funções. A divisão do trabalho falha em produzir solidariedade devido ao estado de anomia e um estado de anomia não poderia emergir onde as funções ou tarefas estivessem em contato suficiente umas com as outras por um tempo suficiente; dado um tempo suficiente, relacionamentos espontâneos se desenvolvem em um corpo de regras" (Anthony, 1977, p. 149).

Mudanças constantes nas tarefas impedem a existência desse tempo apropriado para os relacionamentos consolidarem-se em hábitos ou regras que então passam a governar os relacionamentos. As conseqüências, para Durkheim, são graves: se o indivíduo trabalha sem saber para que ou para onde isso o levará, só lhe resta seguir a rotina, num movimento monótono e repetitivo sem interesse. A anomia seria um estado semelhante àquele da alienação: em ambos os casos é a ausência de propósito, de sentido, que está em questão – para Marx, a falta de sentido pelo fato de o trabalho não poder mais realizar o homem; para Durkheim, a falta de sentido pelo fato de o indivíduo não participar de uma consciência comum.

A segunda forma de divisão não-natural do trabalho é a forçada, que ocorre quando os diferentes talentos individuais, capacidades e habilidades não são considerados. Neste caso, a alocação do indivíduo na tarefa obedece a princípios outros que não os ligados às suas características pessoais. Para Durkheim (1960) isso só pode ocorrer quando a sociedade aceita que as desigualdades sociais expressem exatamente as desigualdades naturais. Os conflitos de classe, em sua visão, ocorrem quando a distribuição das funções sociais não corresponde à distribuição dos talentos individuais. Assim, as classes baixas se tornam infelizes com seus papéis sancionados porque elas aspiram a funções mais conformes às suas inclinações próprias. Para isso ocorrer, a sociedade teria de eliminar todas as barreiras "não naturais" entre classes e indivíduos para que então as habilidades intrínsecas pudessem se manifestar livremente.

Ambas essas formas não-naturais de divisão do trabalho, a anômica e a forçada, não apagam o valor do princípio de que a divisão do trabalho é a fonte da solidariedade social. Conforme destaca Anthony (1977), "Durkheim acrescenta que todos os outros relacionamentos sociais que não aqueles fundados no trabalho são decadentes e não podem, portanto, ser a base da ordem moral" (p. 150), e cita uma passagem do *Da divisão do trabalho social*: "Na medida em que avançamos na escala evolucionária, os laços que ligam os indivíduos à sua família, à sua terra natal, às tradições [...], aos costumes dos grupos coletivos, se tornam fracos [...], e conquanto a divisão do trabalho se torna a principal fonte da solidariedade social, ela se torna ao mesmo tempo a fundação da ordem moral" (p. 150).

PARADOXOS DA MORALIZAÇÃO DO TRABALHO

Durkheim é um pensador importante nessa reconstituição que estamos fazendo do sentido do trabalho porque, em sua teoria, estão presentes os três aspectos fundamentais que contribuíram para tornar o trabalho uma categoria-chave. Primeiro, a crescente força da economia na determinação das relações sociais; segundo, a igualmente crescente força da industrialização e a racionalização do trabalho na forma de tarefas especializadas ou de divisão de trabalho; e, terceiro, as desarticulações no campo da moral provocadas em grande medida pelas duas primeiras forças.

Para Durkheim, um sistema moral funciona como força reguladora e como autoridade que ancora o indivíduo em grupos, os quais lhe servem como fonte de apoio e calor e refreiam o egoísmo. O que o sociólogo havia percebido em sua época foi precisamente o enfraquecimento desse sistema na medida em que a disseminação do *ethos* econômico desorganizava os sistemas morais tradicionais, como a família e a religião.

O enfraquecimento dos sistemas morais conduz à anomia, estado patológico e nocivo a indivíduos e à sociedade inteira. Então, para resolver o problema, Durkheim leva a cabo um projeto de reforma moral, tomando o trabalho como um possível substituto para os sistemas tradicionais enfraquecidos. De que maneira o trabalho faria isso?

Bem entendido, trata-se aqui do trabalho regulamentado, pois Durkheim via no sistema vigente uma espécie de "libertinagem" moral onde ninguém respeitava os direitos uns dos outros, sejam entre patrões e empregados quanto destes com seus próprios colegas. Competição, busca dos próprios interesses e dificuldade de reconhecer os direitos alheios eram um sintoma desta anomia do trabalho desregulamentado. Por sua vez, a anomia seria eliminada das relações de trabalho quando a solidariedade entre os trabalhadores pudesse emergir e estes se concebessem como partes importantes do trabalho social realizado. Isso seria possível permitindo que os indivíduos escolhessem as funções ou tarefas mais conformes à sua própria natureza, tornando o trabalho uma atividade significativa.

No entanto, observações críticas sobre essas idéias de Durkheim mostram os limites de seu diagnóstico. Anthony (1977), por exemplo, destaca dois paradoxos dessas proposições sobre a moralização do trabalho. Primeiro, a anomia não é, como acreditava Durkheim, um estado transitório e passageiro rumo a um estado em que o trabalho fosse pleno de significação. A anomia, nas condições modernas de produção industrial, revelou-se uma condição intrínseca à divisão do trabalho, pois não parece factível permitir a todos os indivíduos escolher sua própria atividade.

Segundo, qualquer observação empírica de uma linha de montagem, prossegue Anthony, seria suficiente para demonstrar que os trabalhadores têm consciência de sua interdependência uns em relação aos outros, mas, mesmo assim, daí não se segue solidariedade no sentido que lhe deu Durkheim. Diz Anthony que "não há dúvida de que, em alguma medida e em algum nível, a divisão do trabalho implica em cooperação e interdependência e implica também na consciência desta cooperação e produz, portanto, solidariedade moral. Porém, o princípio não pode ser infinitamente estendido a fim de gerar solidariedade na sociedade mais ampla" (p. 153). Marx, inclusive, chega a uma conclusão diferente sobre esse tema, dizendo que a cooperação entre os trabalhadores é rapidamente apropriada pelo capital como forma de produção e de controle mais eficiente (o que veio a desaguar nas modernas técnicas de gestão).

Um último paradoxo envolvido com a tentativa de Durkheim de fundar um sistema moral no trabalho é que este não parece, nas condições presentes, representar base muito sólida. Novamente recorremos aqui à análise de Anthony (1977). De acordo com este, "enquanto Durkheim procurava fazer do trabalho a base da moralidade, características do trabalho moderno pareceram levar à desmoralização e à anomia" (p. 154). O paradoxo torna-se evidente quando o próprio Durkheim sugere que o sistema liberal de educação seja suprimido em nome de uma educação para o trabalho. A razão é que uma educação que abrisse demais os horizontes fatalmente levaria a uma crítica às condições reais do trabalho e à insustentabilidade da tentativa de torná-lo origem da moral.

Mesmo com as ressalvas ao possível escolasticismo de Durkheim sobre a divisão do trabalho feitas por Anthony (1977), parece inequívoca sua contribuição para a elevação da importância do trabalho. O mérito de sua análise está em entender, do ponto de vista da organização social, os impactos das mudanças econômicas e da industrialização. Seu esforço de elaborar um sistema moral que compatibilizasse campos tão díspares reflete mais uma vez a gravidade que o problema assumiu nos séculos dezenove e início do vinte. Mas, ao levá-lo a cabo, a conseqüência foi novamente uma redescrição no valor do trabalho.

Não resta dúvida de que Durkheim considerava o trabalho regulamentado, ou seja, retificado pelo sistema moral apropriado, como benéfico à natureza humana. Seu conceito de anomia parece contribuir para a confirmação desta constatação, pois se o trabalho é a principal forma de satisfazer as necessidades sociais em sociedades altamente diferenciadas, e se a relação com ele é privada de significado, então a situação ganha tonalidades nefastas.

Abre-se aqui uma pista para pensarmos no paradoxo atual de que fomos levados a esperar do trabalho mais do que ele próprio pode nos dar. Em parte Durkheim contribuiu para esse descompasso entre a elevação do valor do trabalho e as condições pouco enriquecedoras das quais o trabalho veio a ser vítima nos séculos dezenove e vinte. Ele, em outras palavras, antecipou ou simplesmente colocou em pauta a "crise do trabalho" de que seria testemunha o século vinte.

PARTE III

A DESMONTAGEM DO TRABALHO

Nos capítulos anteriores, identificamos as principais forças que atuaram no sentido de elevar o trabalho a uma categoria objetiva *e* subjetiva chave. Nossa discussão esteve direcionada para mostrar que o trabalho se tornou uma questão central do ponto de vista econômico, moral, ideológico, filosófico e contratual.

Econômico porque, diferentemente do modo como as sociedades se organizavam no mundo antigo e medieval, em que o trabalho era regulado pelas necessidades comunitárias locais, no mundo moderno ele passou a ser regulado por princípios econômicos abstratos e genéricos. Moral, porque um novo conjunto de regras de comportamento passou a ser fundamentado por meio dele, servindo ainda como meio de regulação das condutas dos indivíduos em relação a valores sociais e de classe. Ideológico, pois tornou-se alvo das investidas da então nascente classe de proprietários industriais no sentido de domesticar, controlar e disciplinar sua massa de trabalhadores. Filosófico, porque o trabalho tornou-se uma categoria-chave na definição da subjetividade humana, um meio pelo qual esta poderia expressar-se e pela qual as experiências individuais poderiam ser organizadas. E contratual porque a organização social, a integração de tarefas e papéis e a cooperação passaram a dele depender.

Nesta parte investigamos um fenômeno inverso ao que estudamos na anterior. Investigamos como o trabalho foi desmontado em suas dimensões centrais a partir da segunda metade do século vinte. Usamos o termo "desmontagem" para nos referirmos às mudanças no sentido e no valor social do trabalho nas sociedades pós-industriais e pós-modernas. Nestas, o trabalho é revisto em sua dimensão objetiva, de emprego, fonte do valor econômico e organização social, como também em sua dimensão subjetiva. Nesta última, o que está em jogo é o valor e o sentido do trabalho na constituição da identidade, ou seja, a conexão entre trabalho e as descrições que, por meio dele, os indivíduos dão de si mesmos.

Quando o trabalho desfrutava de uma posição subjetiva central ele funcionava como uma grande narrativa pública que estabelecia uma relação forte entre ele e a identidade. Quer dizer, na medida em que o trabalho era central, os indivíduos poderiam tender a se conceber muito mais pela ótica do que faziam do que por outras possibilidades de se descreverem, já que ele preenchia a maior parte do "imaginário social". Quer dizer, ele funcionava como um ideal coletivo, ponto de ancoragem das identidades sociais e referente pelo quais os indivíduos tendiam a se avaliar e reconhecer, ao menos os indivíduos pertencentes à "classe trabalhadora", dependente do trabalho para sua subsistência e visibilidade social.

Com sua "desmontagem", a mesma associação, que no auge da sociedade industrial nos séculos dezenove e parte do vinte poderia ser mais robusta, está agora enfraquecida. Tal enfraquecimento é concomitante à disponibilização de novas possibilidades para os indivíduos se descreverem ou construírem suas identidades que não apenas mediante o trabalho. Na pós-modernidade, com a crise filosófica do conceito moderno de sujeito e individualidade, os quais se baseavam na ancoragem do "eu" em fundamentos sólidos e em estruturas fortes, há uma diversificação das fontes possíveis para a construção da subjetividade, ao mesmo tempo em que uma pluralização de "identidades" possíveis, usadas pelos indivíduos de acordo com seus interesses pragmáticos.

Em específico, tomaremos como referência para acompanhar a referida desmontagem quatro das cinco dimensões do sentido moderno, central, do trabalho, tal como apresentadas na parte precedente. Assim, organizamos a literatura recente sobre o tema em torno do que vamos chamar aqui de "linhas" de desmontagem do trabalho na segunda metade do século vinte. A primeira refere-se à linha da crise do trabalho enquanto fonte do valor econômico (Capítulo 10); a segunda, a linha que discute a crise da ética tradicional do trabalho (Capítulo 11); a terceira, uma linha discute os problemas envolvidos com a questão do sentido do trabalho na definição da subjetividade e da identidade e com a questão da alienação (Capítulo 12); e a quarta linha analisa as mutações do trabalho enquanto um contrato social ou instituição social (Capítulo 13).

O balanço dos autores aqui discutidos sugere um enfraquecimento da dimensão objetiva e, principalmente, subjetiva do trabalho. Isso significa que a experiência com o trabalho na segunda metade do século vinte assume um caráter ambíguo. De um lado, o trabalho já não parece mais garantir uma expressão segura da identidade, tendo em vista que seus próprios referentes foram sendo transformados, bem como as instituições que o sustentavam.

De outro lado, ao mesmo tempo em que ele não responde mais pela construção total da identidade, ele continua a ser a forma principal pela qual os indivíduos adquirem renda e organizam sua vida pessoal e social. Conseqüentemente, há um descompasso entre a permanência de uma tradição que fez do trabalho uma entidade central e a necessidade de mudanças na forma de concebê-lo atualmente, notadamente a diminuição das expectativas sobre sua participação como um *fundamento seguro* para a ancoragem da identidade pessoal.

As linhas da desmontagem do trabalho aqui investigadas apontam tanto para transformações complexas na estrutura institucional do trabalho quanto na sua participação como referente privilegiado na construção das subjetividades pós-modernas, as quais, segundo o próprio discurso pós-moderno, são elaboradas à margem das certezas e dos fundamentos últimos. Por fim, essas linhas nos mostram algumas pistas de como o pensamento pós-moderno infiltrou-se no campo do trabalho, desqualificando suas características passadas e insistindo em novas atitudes e em um novo repertório de valores para classificá-lo e julgar seu valor.

CAPÍTULO 10

A CRISE DO TRABALHO COMO FONTE DO VALOR

No Capítulo 8 vimos que a concepção de trabalho presente em obras como *O capital* e as *Grundrisse*, de Marx, pode ser compreendida no âmbito da análise desse autor sobre a produção capitalista. Portanto, é o trabalho assalariado, circunscrito em situações históricas e sociais precisas, que está em evidência nessas duas obras. A concepção de trabalho como um dado antropológico, bem como sua elevação à categoria subjetiva chave, aparece no "primeiro Marx", ou seja, em obras anteriores àquelas duas, como nos *Manuscritos econômico-filosóficos* (1844) e na *Ideologia alemã* (1845). Para Spurk (2005), por exemplo, a visão essencialista do trabalho desaparece progressivamente na obra de Marx, embora aquele autor admita que o trabalho tenha, mesmo em *O capital* e nas *Grundrisse*, ocupado lugar destacado como conceito analítico.

Consideramos importante discutir, naquele capítulo, a concepção econômico-política do trabalho em Marx porque recentemente vários autores têm questionado precisamente o postulado marxiano de que o trabalho abstrato é a fonte da acumulação e reprodução do capital. André Gorz, por exemplo (Gorz, 2005), defende que há uma crise com o conceito tradicional de valor. De acordo com esse autor, a principal força produtiva não é mais o trabalho (enquanto quantidade de trabalho), mas o conhecimento.

Como conseqüência, o valor de troca das mercadorias não seria mais determinado pela quantidade de trabalho social total que elas contêm, mas principalmente pelo seu conteúdo de conhecimento, informações e "inteligência gerais". Assim se expressa Gorz, "É esta última [a inteligência geral], e não mais o trabalho social abstrato mensurável segundo um único padrão, que se torna a principal substância social comum a todas as mercadorias. É ela que se torna a principal fonte de valor e de lucro, e assim, segundo vários autores, a principal forma do trabalho e do capital" (2005, p. 29).

André Gorz discute as mudanças na teoria do valor-trabalho a partir da idéia de capital humano, capital social ou de capital imaterial, idéia essa que teria aparecido junto com a ampla disseminação do conhecimento como a principal força produtiva na pós-modernidade. Gorz enfatiza que o "componente comportamental" e a motivação, e não mais o tempo do trabalho, são os fatores que hoje determinam a criação do valor. Quanto ao trabalho, hoje este seria de natureza "imaterial:

> "O trabalho abstrato simples, que, desde Adam Smith, era considerado como a fonte do valor, é agora substituído por trabalho complexo. O trabalho de produção material, mensurável em unidades de produtos por unidades de tempo, é substituído por trabalho dito imaterial, ao qual os padrões clássicos de medida não mais podem se aplicar (2005, p. 15).

Argumento semelhante pode também ser encontrado nos textos de Antonio Negri e Maurizio Lazzarato reunidos sob o título de *Trabalho imaterial* (Negri & Lazzarato, 2001). Da mesma forma que André Gorz, estes últimos autores partem igualmente da crítica da teoria do valor-trabalho de Marx para defender a tese de que o "saber social geral" tornou-se hoje o ator fundamental do processo social de produção. Seguindo as palavras de Marx nas *Grundrisse*, Negri e Lazzarato apontam que o trabalho imaterial não se reproduz na forma de exploração (capital-trabalho), mas na forma de produção de subjetividade.

Quer dizer, não seriam o tempo de trabalho, nem tampouco o trabalho imediato executado pelo homem, os responsáveis pela criação da riqueza, mas o estado geral da ciência e do progresso da tecnologia, ou da aplicação desta ciência à produção. Nas palavras de Negri e Lazzarato:

> "A categoria clássica de trabalho se demonstra absolutamente insuficiente para dar conta da atividade do trabalho imaterial. Dentro desta atividade, é sempre mais difícil distinguir o tempo de trabalho do tempo da produção ou do tempo livre. Encontramo-nos em tempo de vida global, na qual é quase impossível distinguir entre o tempo produtivo e o tempo de lazer" (2001, p. 30).

André Gorz, Antonio Negri e Maurizio Lazzarato são apenas um recorte no amplo conjunto de autores que vêm discutindo as mudanças atuais no mundo do trabalho a partir da teoria do valor-trabalho. Esses autores combinam uma análise econômica e social do trabalho na atualidade considerando seu esgotamento como fundamento da riqueza. Nesta tradição, discute-se a emergência de uma nova forma de produção de "subjetividade" quando o *valor* não depende mais exclusivamente da exploração direta do corpo do trabalhador, mas se origina cada vez mais do processo mesmo em que os sujeitos sociais são constituídos nas relações produtivas.

O próprio Marx, nas *Grundrisse*, já havia antecipado várias das análises recentes sobre as mutações do trabalho que acompanharam o desenvolvimento das forças produtivas. Gorz, Neri e Lazzarato fazem menção freqüente àquela obra, de modo que suas próprias análises são um tipo de diálogo ou de releitura das intuições marxianas lá apresentadas. Especificamente, duas dessas intuições são marcantes: primeira, de que a produção não produz somente um objeto para seu sujeito, mas também um sujeito para seu objeto. Neste ponto Negri e Lazzarato não são absolutamente inovadores. Segunda intuição, de que o "tempo liberado do trabalho", paradoxalmente, torna-se novo território de apropriação pelo capital. Como resultado, o capitalismo não se identificaria mais com um regime particular de produção, a empresa, nem com um tipo específico de trabalho assalariado, o trabalho operário: ele se "externaliza" ao campo estritamente econômico.

Para entendermos melhor essas duas intuições, propomos um retorno à obra mencionada de Marx, uma obra ainda atual e oportuna ao tipo de discussão que estamos fazendo nesta seção sobre as mutações na centralidade do trabalho abstrato como origem do valor.

SUJEITOS DA PRODUÇÃO, PRODUÇÃO DE SUJEITOS

Há uma passagem nas *Grundrisse* (1971 [1857]) que convém citar na íntegra, apesar de extensa, porque ela parece ser ponto de partida não só para Gorz, Negri e Lazzarato como também para outros autores envolvidos na análise e crítica da teoria do valor-trabalho e dos destinos da alienação do trabalho no curso do desenvolvimento das forças produtivas na pós-modernidade.

> "O próprio capital é a contradição em processo, no sentido de que ele pressiona a redução do tempo de trabalho a um mínimo, enquanto de outro lado põe o tempo de trabalho como única medida e fonte da riqueza. Ele diminui, portanto, o tempo de trabalho na forma de tempo de trabalho necessário para incrementá-lo na forma de tempo de trabalho supérfluo; fazendo, portanto, do tempo de trabalho supérfluo – e crescentemente – a condição de vida e de morte daquele necessário. *De um lado, então, ele evoca todos os poderes da ciência e da natureza, como os das condições e relações sociais, a fim de tornar a criação de riqueza independente (relativamente) do tempo de trabalho empregado nela.* De outro lado, ele deseja usar o tempo de trabalho como o padrão de medida das forças sociais gigantescas assim criadas, e confiná-las dentro dos limites necessários para manter como valor os valores já criados. A verdadeira riqueza de uma nação é quando o dia de trabalho é de 6 em vez de 12 horas. *A rique-*

za não se efetua sobre o tempo de trabalho excedente (riqueza real), mas antes sobre o tempo disponível, fora daquele necessário à produção direta, para cada indivíduo e para a sociedade como um todo. [...] *O desenvolvimento do capital fixo indica a que extensão o conhecimento social geral se tornou uma força direta da produção e a que extensão, portanto, as condições do processo da própria vida social têm se submetido ao controle da intelectualidade de massa [general intellect] e sido transformadas de acordo com ela*" (p. 284-285 – grifos nossos).

Nessa passagem Marx está dizendo que, na medida em que as forças produtivas tornam-se cada vez mais patrocinadas pelo conhecimento científico e pela tecnologia, mais reduzida é a parte do trabalho vivo no processo de produção. Paradoxalmente, o valor do produto já não é baseado no tempo-trabalho (abstrato), mas no não-trabalho (tempo livre, tempo subjetivo). Agora existe um novo fator decisivo para a produção: "o conhecimento social geral". Ou seja, o conhecimento torna-se mais e mais objetivizado nas máquinas, codificado nelas, colocando o trabalhador do lado do processo de produção, reduzindo-o a "capital fixo", em vez de o tratar como seu ator-chefe (Applebaum, 1992, p. 447).

Nessa linha, já em Marx encontramos uma previsão das transformações das forças produtivas que desarticulariam o tempo-trabalho como pilar da geração do valor e da riqueza. No entanto, é possível também uma outra interpretação da passagem de Marx acima, uma pela qual o trabalho assume um valor subjetivo central *ao mesmo tempo em que* seu papel como gerador de valor econômico é empobrecido.

De fato, há uma dupla apresentação do trabalho nessa passagem das *Grundrisse*: de um lado, é trabalho produtivo, fonte da geração do valor – em suma, é trabalho abstrato apropriado pelo capital, ou trabalho instrumental. De outro, quando Marx destaca a separação entre tempo de trabalho (como tempo da necessidade) e tempo liberado do trabalho (como tempo livre e da liberdade), ou entre trabalho que cria valor e trabalho autônomo em relação a um fim, "o trabalho é concebido como trabalho que emancipa, que produz um acréscimo de ser" (Negri e Lazzarato, 2001, p. 89). Ele volta a ser trabalho na matriz ética do artesão (versão renascentista).

Na primeira definição de trabalho acima é sua dimensão econômica que está em evidência; na sua segunda, é sua força identitária, criativa, que se sobressai, quer dizer, sua natureza de ação, de agir. Essa força identitária surge do "trabalho vivo" que, antes de produzir mercadorias, produz relações políticas. Trabalho e ação, nesse sentido, não se separam – o trabalho vivo é "força" capaz de se auto-determinar contra a sua objetivação nas relações de produção.

Na interpretação de Negri e Lazzarato (2001) o conceito de trabalho é mal-compreendido em Marx, pois é associado exclusivamente a uma atividade instrumental. No entanto, destacam esses autores, a força de trabalho é capaz, ao mesmo tempo, de agir (ação) e de funcionar (instrumento). Dizem esses autores:

> "O que em Marx é sempre dado como fortemente conexo (o 'trabalho' como 'trabalho vivo', cooperação, ato criativo – de cujos elementos subjetivos são parte integrante – e o 'trabalho' como subordinado à lógica da valorização, do comando, da exploração, da capacidade de criação e dos seus elementos subjetivos) *depende, enfim, de duas lógicas diferentes*" (p. 77 – grifos nossos).

O não reconhecimento dessas lógicas diferentes reduz o trabalho à sua dimensão estritamente instrumental na obra de Marx, deslocando a discussão sobre a produção de subjetividades para fora do campo econômico – como, na visão de Negri e Lazzarato, o fazem Hanah Arendt e Habermas, que defendem que o trabalho em Marx (ou o trabalho em geral) não pode fundar qualquer ética porque é atividade eminentemente instrumental, mecânica, técnica, e não comunicacional, expressiva ou lingüística. Voltaremos a este ponto mais à frente neste capítulo.

Conseqüentemente, continuam Negri e Lazzarato, a crítica perde sua força de compreender como o capital está se apropriando da nova dinâmica de produção de sujeitos. Em vez disso, esses autores defendem que, para compreendermos as mutações do trabalho na atualidade, é válido usar a chave dada pelo próprio Marx em sua concepção de trabalho em seu aspecto duplamente objetivo (fonte do valor) e subjetivo (força identitária, criativa).

Adicionalmente, se atentarmos para um trecho da passagem anteriormente citada no qual Marx comenta que a riqueza não se efetua sobre o trabalho excedente (mais-valia do trabalho abstrato), mas sobre o tempo disponível fora das relações estritamente produtivas, veremos que é o tempo liberado do trabalho, as atividades culturais, relacionais, informacionais, cognitivas etc., que se tornam os "objetos" e os "sujeitos" das novas relações de produção. Marx, já em 1857, anteviu a ruptura decisiva no conceito de capital, e, por conseguinte, no de trabalho: de *capital* para capital social, capital humano; *trabalho* para trabalho imaterial, tempo-total, produção de si. Vejamos como isso influencia na relação entre trabalho e construção da subjetividade.

TRABALHO IMATERIAL E PRODUÇÃO DE SI

O trabalho continuaria a ser uma referência para a definição do sujeito e de sua identidade num momento em que a "intelectualidade de massa" o tem progressivamente substituído? De fato, quando o modelo hegemônico de produção toma a forma de intelectualidade de massa, o processo de subjetivação não tem necessidade de passar pela relação com o capital, ou seja, pelas relações de trabalho *strictu sensu*. Tal sujeito torna-se autônomo em relação a este último, ao mesmo tempo em que é apropriado por ele em novos circuitos de geração de valor.

No entanto, do modo como Marx apresenta a intelectualidade de massa em passagens como a que citamos na seção anterior, ele deixa pistas para que supostamente continuemos a encontrar no trabalho uma força identitária – ele é "indeterminação capaz de toda determinação", força criativa, ética do artesão que instiga à construção de si por meio dele. O "não-trabalho" torna-se uma das principais fontes da produção de riqueza na atualidade: tempo livre, tempo autônomo usado pelo sujeito para se auto-determinar e, nesse mesmo movimento, produzir valor.

Podemos então dizer que, apesar (ou devido a) dessa transformação, o trabalho preserva sua força identitária nas condições do capitalismo atual, em que impera a intelectualidade de massa, só que em um sentido bastante preciso: "tudo é trabalho" – tudo gera valor, desde uma amizade até um esporte que o indivíduo pratique; tudo isso compõe seu "capital humano". Quer dizer, o trabalho não é mais, apenas, trabalho em uma empresa (com sua divisão, formalização etc.), ou então trabalho de um operário, mas trabalho como sendo o ato mesmo de engendrar o sujeito num tempo de vida total (Gorz, 2005; Negri & Lazzarato, 2001).

A visão de Marx nas *Grundrisse* era de certo modo positiva embora não deixasse também de ser paradoxal: à medida que a tecnologia diminui o "trabalho morto", aumenta o tempo livre de não-trabalho, o qual pode ser usufruído pelo próprio indivíduo em atividades auto-realizadoras, como aquelas ligadas à arte, cultura, literatura etc. No tempo de não-trabalho o "ser" poderia enfim surgir, livre que estaria do jugo da necessidade de ter de trabalhar para outros (trabalho abstrato).

Paradoxalmente, porém, esse mesmo tempo de não-trabalho torna-se, de volta, capital e, por sua vez, fonte de valor. Seria pela natureza criativa, indeterminada e livre do trabalho vivo que o sujeito poderia opor-se à determinação do capital, superá-lo ou revolucioná-lo. Mas o capital se infiltra radicalmente aí nesse mesmo núcleo "criativo", identitário, apropriando-se do próprio ato de subjetivação.

O trabalho torna-se, ele mesmo, uma nova forma de "capital" – ao qual recentemente foi dado nomes como de "capital social", "capital cognitivo", "capital imaterial" e outras expressões similares que realçam o aspecto *soft* do trabalho. Nesse sentido, a identidade não tem aqui um sentido estrito ligado ao trabalho assalariado, ao emprego, à sua "nobreza" ou dignidade (ética) social, mas à própria produção do sujeito: eu me conheço, me construo e "sou" na medida em que faço o que faço, que me atualizo no que faço, em *meu trabalho*. O capitalismo, que havia quebrado o elo entre obra e criador ao impor um ritmo de trabalho, uma divisão e racionalização ao trabalhador com características alienantes e anômicas, parece reapresentar hoje esse elo e dele extrai valor econômico.

Filósofos como Deleuze e Foucault desenvolveram uma leitura da *general intellect* de Marx propondo que há uma produção autônoma da subjetividade e do indivíduo no capitalismo avançado. A subjetividade, para esses autores como para Marx, ao se tornar um elemento de indeterminação absoluta, torna-se, por conseguinte, um elemento de potencialidade absoluta. O detalhe, por sinal deveras importante, é que Marx *mantém a centralidade do trabalho como força identitária dentro da relação de capital*, como ação e atividade, ao mesmo tempo de subjugação (relação objetivada) e de criação (relação subjetiva, criativa, política e comunicativa).

É em torno dessas intuições marxianas que podemos recolocar autores como Gorz (2005), Negri e Lazzarato (2001). O que eles argumentam é que o processo de subjetivação não precisa passar pela organização tradicional do trabalho para impor sua força: ele nasce de forma relativamente autônoma, nos contatos sociais, na cultura, no tempo livre etc., *e é a partir desta autonomia que estabelece sua relação com o capital*, ou então a ele se subordina.

Vivemos na atualidade, dizem-nos esses mesmos autores, uma experiência de "capitalismo total" ou de "trabalho imaterial". Como conseqüência, o trabalho (imaterial) é agora, fundamentalmente, produção de si: a geração de riqueza depende da produção do próprio sujeito, de seu "capital humano" – o saber do indivíduo conta mais do que o tempo da máquina. Nas atividades "fora do trabalho" o trabalhador obtém a experiência e os recursos, pessoais e sociais, necessários para gerar a riqueza. O ponto é que, ao transformar-se em trabalho imaterial, este dissemina a idéia de que quem está fora de uma relação de trabalho, qualquer que seja, não tem valor.

CRÍTICA DISCURSIVA
À DIMENSÃO SUBJETIVA DO TRABALHO

A idéia de uma mudança de "sujeitos da produção" para "produção de sujeitos" nas atuais condições do capitalismo pós-moderno encontra eco nos estudos do sociólogo inglês Paul du Gay, especificamente em *Consumption and identity at work* (Gay, 1996). Ele é um dos autores que, em nosso ponto de vista, mais diretamente se envolveu com uma crítica à idéia de identidade ou essência do trabalho. Mesmo que não o possamos incluir como um autor pós-marxista, como o são Gorz, Negri e Lazzarato, ele traz algumas intuições importantes sobre as transformações no valor do trabalho que convergem para conclusões parecidas com as quais finalizamos a seção anterior.

Gay é um autor *pós-virada lingüística*, ou seja, adota referenciais da análise de discurso para entender os fenômenos que estuda. Em particular, usa as teorias de Michael Foucault acerca da produção de subjetividade e as extrapola para identificar que, no atual estágio do capitalismo, há uma contínua apropriação desta mesma subjetividade pelas forças econômicas. Nesse sentido, consideramos importante acrescentar nessa seção alguns dos *insights* de Gay sobre a identidade do trabalho em um momento em que a centralidade econômica deste é posta em dúvida (ou seja, sua dimensão constitutiva do valor).

O principal ponto da discussão de Gay é que o trabalho, ao contrário de possuir apenas uma dimensão instrumental, possui igualmente uma dimensão lingüística, discursiva. Nesse ponto, ele retoma uma crítica à concepção de trabalho em Marx, discutida brevemente na seção anterior: de que, para aquele autor, não há mediação entre estrutura e sujeito, vale dizer, não há espaço para a introdução da linguagem, da comunicação, na relação entre produção e consciência.

Negri e Lazzarato (2001), por exemplo, citam que uma crítica pertinente endereçada a esse aspecto da obra de Marx é de que este, mesmo tendo reconhecido a natureza duplamente objetiva e subjetiva do trabalho (trabalho morto e trabalho vivo), não avançou no desenvolvimento desta segunda natureza, precisamente a que retrata o trabalho como força identitária, independente e constitutiva. Quer dizer, Marx teria dedicado mais atenção à abordagem econômica do trabalho – como produtor de valor – e minimizado seu potencial de ação indeterminada, como potência subversiva. Conforme dizem Negri e Lazzarato: "Esta relação entre trabalho enquanto força identitária e constitutiva do mundo e trabalho enquanto produtor de valor (que define a natureza dinâmica e antagonista do capital) é sempre sobredeterminada e fechada [em Marx] pelas regras do capitalismo" (p. 89).

Essa crítica ao suposto "subdesenvolvimento" da dimensão comunicacional, lingüística ou discursiva, no conceito de trabalho em Marx é de extrema importância. Quando se analisa o conceito metaeconômico de produção em Marx, nota-se, prosseguem Negri e Lazzarato (que retomam, na verdade, a tese de H. J. Krahl), uma subordinação da linguagem, da consciência, à estrutura, ao capital (em contraposição à superestrutura). Esvazia-se, dessa forma, a linguagem de seu poder revolucionário, indeterminado, criativo. Esta seria apenas um "reflexo", uma representação, de relações concretas dadas no íntimo da relação de produção, dos antagonismos da relação capital/trabalho.

Diferentemente, Gay, a partir de seus referenciais da análise de discurso de perspectiva pós-estruturalista, como também autores hermenêuticos importantes, dos quais o mais interessante, do ponto de vista da crítica da redução "instrumental" da linguagem nas relações de trabalho, é certamente Paul Ricoeur, criticam a redução da subjetividade (da consciência, nos termos marxianos), à determinação pela hiperestrutura (ou por qualquer entidade não-lingüística). Como nos lembra Le Goff (1995), Ricoeur mostrou como a linguagem era reduzida a uma perspectiva eminentemente instrumental, mecânica, do tipo meramente técnico, nas condições de produção no capitalismo – perdendo, assim, sua condição constitutiva das relações sociais e da subjetividade.

Krahl, na leitura de Negri e Lazzarato (2001), aponta que Marx parece ter uma visão de que as abstrações (conceitos) são entidades separadas da vida "real" e, como tais, potencialmente voltadas ao "velar" ou "ocultamento" de determinações concretas, do "mundo da vida". Mas Krahl, em nosso modo de ver inspirado em intuições pragmáticas, destaca que os conceitos, eles próprios, podem ser vistos como estruturas, já que eles organizam a vida social tanto quanto o modo de produção – aliás, intuição muito semelhante às de Foucault quanto a isso.

É nesse mesmo veio que autores como Gay (e outros inspirados nos referenciais pós-estruturalistas ou pós-virada lingüística) reconhecem uma outra dimensão à linguagem, em perfeito tom pragmático: ela não é apenas um "reflexo" da divisão do trabalho, mas é, muito antes, constitutiva da divisão do trabalho – ou mais: constitutiva do que é trabalho. Em termos marxianos, destacados por Krahl (*apud* Negri & Lazzarato, 2001), "A linguagem serve à constituição de formas de consciência. É também um princípio da sociedade – como produto da consciência é distinto do trabalho abstrato" (p. 87).

A função performática da linguagem – sua capacidade de fazer coisas, e não de refleti-las meramente – é anterior ao aparecimento do capitalismo ele mesmo. O ponto que necessita de esclarecimento, afirmam Negri e Lazzarato (2001), é como ela veio a ser apropriada no capitalismo sob o modo de valor (econômico), isto é, sobre o modo da troca.

Conforme dizem aqueles autores (em um tom marxista): "No capitalismo o valor lingüístico funciona como o valor: objetiva e totalitariza a atividade dos homens em uma formalização que tira toda atividade ética e estética da produção lingüística" (p. 87). Autores como Habermas (com sua "ética do agir comunicativo") e Hanah Arendt (com o conceito de "ação") criticam precisamente a ausência de mediação (lingüística) no processo de constituição do sujeito em Marx e sua definição supostamente instrumental do trabalho.

Trabalho, discurso e identidade

De forma similar, Gay (1996) mostra que a identidade do trabalho não possui um sentido intrínseco, extra-lingüístico, dado pela natureza humana ou então no jogo fechado e cerrado entre capital/trabalho – que o próprio Marx, ao defender o valor subjetivo central do trabalho (vivo, não do abstrato), compromete-se com um vocabulário que, mesmo não inteiramente produzido por ele, ao menos pragmaticamente redescrito por ele. Isso faz com que Marx, em sua abordagem ao trabalho, não a desenvolva senão dentro da relação de capital, este último sendo um tipo de "sujeito" extra-lingüístico. E quanto ao trabalho, este se torna reflexo imediato da *estrutura* que o determina.

Gay (1996) coloca-se contra a intuição de que trabalho, trabalhador e capital são entidades universais, dadas de modo objetivo e impermeáveis à linguagem ou ao discurso. Na medida em que o trabalho é uma entidade abstrata, não-lingüística, prossegue Gay, e na medida em que faz a mediação de todas as outras experiências sociais, despreza-se os jogos de força que vêm redescrevendo o sentido do trabalho e as novas dinâmicas de produção de subjetividade compatíveis com as novas demandas do capitalismo.

Além disso, transformar o trabalho em categoria-chave implica em desprezar outras áreas importantes da vida social, como a família, as discussões sobre gênero etc. que não necessariamente precisam passar pelas relações entre capital e trabalho. Mais do que refletir uma realidade anterior, a linguagem, o discurso, constroem o modo como as pessoas trabalham, entendem o que é trabalhar e discernem sobre o valor, o sentido, desse mesmo trabalho no tocante à constituição de suas identidades.

A crítica "discursiva" ao trabalho, encontrada no estudo de Gay (1996), ampara-se tanto no pragmatismo, nos estudos sobre governabilidade empreendidos por Michael Foucault – nos quais as atividades discursivas, com seu desenvolvimento de linguagens para justificar e delinear formas de poder –, quanto nas perspectivas do interacionismo simbólico – para o qual o discurso e a linguagem são atividades sociais em que se produz o "sentido". Para Gay, o trabalho não é a verdade última sobre quem somos; muito antes, ele é determinado por um discurso em particular, discurso esse que estipula não só seu valor como também estabelece critérios normativos para sua realização e papel na definição da identidade.

O autor analisa o "discurso gerencial" e o modo como o trabalho é aí constituído mediante um processo de "reforma" no qual são propostas novas imagens e mecanismos que têm como finalidade alinhar o governo da empresa com os valores pessoais e expectativas sociais dos sujeitos. Nesse processo de construção discursiva do trabalho e da identidade, destaca Gay,

> "(...) as pessoas identificam a si mesmas e concebem seus interesses em termos dessas novas palavras e imagens e formulam seus objetivos em relação a elas. Mudanças nas formas de conceitualizar, documentar e agir sobre o mundo interno da organização de negócios ativamente transformam

o sentido e a realidade do trabalho. [...] essas novas formas de relacionar os atributos e os sentimentos dos empregados individuais aos objetivos da organização para as quais eles trabalham são elementos centrais na 'fabricação de novas linguagens e técnicas para vincular o indivíduo à vida produtiva da sociedade'" (p. 53 – grifos meus).

Nessa passagem fica claro que a construção do sentido do trabalho, bem como da identidade a ele associada, depende de interesses pragmáticos das organizações empresariais e do discurso gerencialista que lhe está a serviço – esses interesses dizem respeito a uma "política de identidade": constrói-se a identidade como resposta às necessidades das próprias organizações. Assim, a "centralidade" do trabalho é uma construção discursiva destinada a vincular, de um lado, a identidade, a cultura e os valores e, de outro, os interesses econômicos da empresa. Em síntese,

> "a identidade do 'trabalhador' tem sido diferencialmente constituída nas práticas mutáveis do governo da vida econômica. 'Trabalhadores' e 'gestores' têm sido 'construídos' em diferentes modos – discursivamente re-imaginados e re-conceitualizados – em diferentes épocas por meio de seu posicionamento em uma variedade de discursos da reforma do trabalho" (Gay, p. 55).

Como vimos no Capítulo 6, Max Weber havia estabelecido argumentos semelhantes ao investigar o modo como o *ethos* protestante havia servido de suporte para a redescrição do sujeito moral pelo novo sujeito econômico. Ocorre que, na ética protestante, o núcleo da descrição era o sentido secularizado de vocação; no discurso gerencialista, esse núcleo é outro: trata-se do que Gay chama de culto à excelência, o desejo de tornar-se empreendedor da própria vida. No discurso gerencialista o trabalhador é representado como um indivíduo em permanente busca de sentido para seu trabalho, bem como da própria auto-realização por meio dele.

"Organizações excelentes são aquelas que 'constroem sentido para as pessoas' encorajando-as a acreditar que elas controlam seu próprio destino; que, independentemente da posição que ocupam na organização, sua contribuição é vital, não somente para o sucesso da companhia para a qual trabalham, mas também para a empresa de suas próprias vidas" (p. 60).

Quer dizer, a identidade do trabalho, nessa perspectiva, faz parte de uma narrativa discursiva voltada à construção da conformidade das condutas a um tipo de governabilidade que faz a fusão entre economia, subjetividade e políticas neo-liberais (em particular, o autor refere-se ao período de reformas do estado empreendidas por governantes como Margareth Thatcher, para a qual o mote da transformação era o desenvolvimento de uma "cultura de empresa" em toda a sociedade inglesa). Prossegue Gay:

"No discurso da excelência, o trabalho é caracterizado não como uma obrigação dolorosa imposta sobre os indivíduos, nem como uma atividade realizada apenas por aquelas pessoas interessadas em satisfazer necessidades instrumentais. O trabalho é em si mesmo um meio para a auto-realização, e o caminho para o lucro da empresa constitui também um atalho para o auto-desenvolvimento e crescimento do próprio indivíduo. [...] Em outras palavras, o sentido de quem uma pessoa julga ser é constituído e confirmado por meio de seu posicionamento em determinadas relações de poder" (p. 63).

Para Gay, o discurso da excelência consegue unir vocabulários aparentemente contraditórios, como o econômico e o psicológico. Tornar-se um trabalhador melhor equivale a tornar uma pessoa melhor, pois ambas as ambições partem de um mesmo princípio – empreender. Valores como auto-realização, responsabilidade pessoal, propriedade de si mesmo e auto-gerenciamento exercem atração não apenas porque são psicologicamente fortes como construtores da individualidade em um contexto de individualismo exacerbado, mas porque são economicamente desejáveis.

Agir sobre si, uma tendência comum nas sociedades capitalistas ocidentais, equivale a uma ação que, ao mesmo tempo, constitui o sujeito e gera valor econômico. Neste ponto, as incursões teóricas de Gay não se distanciam muito das de Negri e Lazzarato, apresentadas anteriormente: trabalhar não é mais uma atividade "externa" ao sujeito, como uma obrigação imposta de fora (de um empregador, ou pela necessidade, por exemplo), mas uma ação que auto-engendra o próprio sujeito.

Essa forma de conceber o trabalho faz deste, conforme diz Gay, "um elemento essencial no caminho da auto-realização e fornece o *a priori* que liga a vida do trabalho e a vida de não-trabalho" (p. 65). A identidade do trabalho, vista aqui como construção discursiva que busca soldar o vocabulário econômico e o psicológico (no passado, este era representado pelo vocabulário moral), é uma forma de constituição da subjetividade adaptada, pragmaticamente, aos novos tempos em que o econômico governa a quase totalidade da vida social e pessoal.

CAPÍTULO 11

INDIVIDUALISMO, CONSUMO E ÉTICA DO TRABALHO

"O evangelho do trabalho tem sido central à tradição histórica da América, à imagem que ela faz de si mesma e às imagens que o resto do mundo tem dela. A crise e o declínio desse evangelho têm um amplo e profundo significado. De um lado, ouvimos, por exemplo através das palavras de Wade Shortleff, que 'a agressividade e o entusiasmo que marcavam as outras gerações estão desaparecendo, e em seu lugar encontramos a filosofia de que obter e manter um emprego não é um desafio, mas um mal necessário. Quando o trabalho se torna apenas trabalho, uma atividade realizada apenas por razões de subsistência, o espírito que inflamou nossa nação a chegar em sua grandeza atual já desapareceu. Uma apatia ameaçadora oculta o descontentamento e a impaciência do homem de negócios de amanhã'.

Para compreender o significado desse evangelho e seu declínio, precisamos compreender o próprio espírito da América do século XX. Que a ética tradicional do trabalho dos empreendedores das velhas classes médias não tem mais uma influência profunda sobre as pessoas da nova sociedade é uma das mais cruciais implicações psicológicas do declínio estrutural das velhas classes médias. A nova classe média, a despeito da origem de muitos dos membros das antigas classes médias, nunca foi profundamente envolvida com a ética do trabalho dos antigos e, nesse sentido, foi, desde sua origem, não-burguesa em mentalidade."

Wrigth Mills, *White Collar*

Em sua obra clássica, *White Collar* (1956), da qual o excerto acima foi extraído, o sociólogo norte-americano Wrigth Mills registrava a emergência da então nova classe média norte-americana que ficou conhecida como a dos *white collars*. A emergência desta classe, na brilhante caracterização de Mills, era decorrente de um fenômeno sem precedentes na história daquele país: a regressão da base de pequenos proprietários que compunham a matriz da economia e do capitalismo norte-americanos no século dezenove. Mais importante, para nossos propósitos, é que a classe dos *white collars* nasce sem ter tido contato com o "evangelho" tradicional do trabalho, vale dizer, com a ética protestante do trabalho.

Talvez seja em parte por isso, diagnostica Mills, que para essa nova classe o trabalho seja desprovido do sentido intrínseco que teve para as anteriores. Na prática, sua apatia em relação àquele pode ser observada no esforço contínuo dos departamentos de pessoal das empresas (e das várias "reformas" do trabalho) para criar uma boa disposição de espírito nos empregados a fim de fazê-los se dedicar a seu trabalho e à própria organização. Adicionalmente, realça o autor, quando a ética tradicional do trabalho esmaece, a satisfação pessoal que a ela estava associada terá de ser encontrada em outras esferas da vida que não na do trabalho.

Desse modo, observa Mills, o trabalho começa a se desconectar do restante da vida e se torna uma atividade instrumental, realizada numa empresa por determinados propósitos, como o de receber um salário, por exemplo. Vida e trabalho andam novamente por caminhos independentes, deixando um problema sério a ser resolvido pelos administradores: o de como gerar o comprometimento, que cimento colocar no lugar da ética protestante.

Contudo, é importante mencionar que Mills não atribui a diminuição da importância do trabalho apenas à falência ideológica da ética protestante. O autor demonstra que o declínio desta ética depende também das transformações estruturais pelas quais passaram os Estados Unidos no final do século dezenove e início do vinte, transformações que dizem basicamente respeito à mudança na composição fundiária daquele país.

DE PROPRIETÁRIOS A EMPREGADOS

A antiga classe média, substituída pelos *white collars*, era formada por pequenos agricultores independentes e pequenos homens de negócio. A característica comum de ambos era o fato de serem donos de seu próprio meio de subsistência (a terra, a pequena empresa). Havia sido essa sociedade de pequenos empresários a criadora das aspirações e mitos da classe média norte-americana, como a de construir uma sociedade de homens livres e independentes que competiriam com base em regras meritocráticas e que zelariam pela formação de um caráter diligente e pelo valor atribuído ao trabalho árduo e contínuo.

Mais importante, para essa classe tradicional a propriedade era o local e o instrumento de aplicação do trabalho: o *status* dependia da extensão e do estado dessa propriedade e não, como veio a ocorrer mais tarde, de um emprego numa empresa. Havia, nessa configuração, uma coincidência entre trabalho e propriedade e que era a base da liberdade do indivíduo. A perda dessa configuração resultou, no diagnóstico de Mills, em uma modificação no plano de vida dos indivíduos e no ritmo psicológico desse plano.

A principal conseqüência da transformação econômica na estrutura de propriedade dos Estados Unidos foi a conversão da sociedade, ou de grande parte dela, em uma sociedade de empresa. Os antigos proprietários perderam suas posses e, em compensação, tinham de passar a trabalhar para uma grande corporação – que cresciam na época. As condições materiais os impediam doravante de conduzir uma vida autônoma, fazendo-os depender cada vez mais de fontes externas de prestígio social.

A passagem da propriedade para a não-propriedade marcou não só a dependência da nova classe em relação aos empregadores, mas também a falência material da ética protestante tradicional. Há um deslocamento da propriedade para a ocupação e, simultaneamente, a necessidade de se criar uma nova moral compatível com essa estrutura produtiva, cada vez mais orientada para os serviços e para o consumo.

Para Mills, alguns dos principais componentes dessa nova moral eram o conformismo, a passividade, a docilidade e o sonho de "conquistar o primeiro emprego" ou de manter o atual. Aos poucos, constituía-se uma nova elite de gestores, profissionais liberais e técnicos devotados à grande empresa ou então de algum modo orbitando em torno dela. A empresa, e suas necessidades, começam a ditar as prioridades, os valores e as imagens ideais da nova subjetividade da classe média. E ancorada em uma dupla raiz: na dependência econômica dos indivíduos e, mais revelador, em sua dependência psíquica e social. O trabalho perde seu valor intrínseco e se torna um meio para a conquista de outras coisas, tais como de *status*. Dirá Mills (1956) a respeito do trabalho:

> "O trabalho é completamente separado do resto da vida, especialmente das esferas do entretenimento consciente; contudo, a maioria dos homens e muitas mulheres precisam trabalhar. Assim, o trabalho é um meio desagradável de atingir um fim posterior, situado em alguma parte do domínio do lazer. A necessidade de trabalhar e a alienação castigam o homem, e quanto mais elas fazem isso, maior é a necessidade de encontrar um alívio nos saltos ou nos modelos imaginários disponíveis no lazer. Este contém todas as boas coisas e todos os objetivos sonhados e ativamente perseguidos. (...) Cada dia o homem vende pequenos pedaços de si mesmo a fim de tentar comprá-los de volta à noite e aos fins de semanas com a moeda da 'diversão'. Com entretenimento, amor, filmes, intimidade, eles se elevam novamente a alguma espécie de todo novamente, e então tornam-se homens diferentes. Portanto, o ciclo do trabalho e do lazer dá origem a duas imagens muito diferentes de *self*: a imagem cotidiana, baseada no trabalho, e a imagem de fim-de-semana, baseada no lazer" (p. 237).

Essa passagem é uma constatação de que o sentido intrínseco e superior dado pela ética tradicional ao trabalho é desbancado em benefício do entretenimento, do lazer. O trabalho já não parece ser aqui um valor em si, como havia sido, por exemplo, na ética do artesão renascentista – que Mills retoma –, mas uma espécie de "mal necessário" que deve ser cumprido para se obter o rendimento necessário ao consumo. Mills afirma que a antiga ética do trabalho foi substituída pela ética do lazer, e que aquele passou a ser julgado de acordo com este.

O HOMEM-ORGANIZAÇÃO

No mesmo ano em que houve a publicação do *White Collars*, de Mills, outra obra tornou-se clássica no que concerne ao estudo das transformações na ética do trabalho diante das novas demandas da sociedade industrial. Trata-se do livro *The Organization Man*, de William Whyte (1956).

Nele o autor discute tese semelhante à de Mills, de que o espírito empreendedor que inspirou os momentos épicos do capitalismo estava sendo substituído por um humor conservador, materializado na busca pelo emprego. Os jovens de então prefeririam compartilhar a premissa de que os objetivos da organização eram os mesmos que os seus – do mesmo modo que a sua moral se confundia com a da organização. Esta última ocupava então a vaga deixada em aberto pela ética tradicional. Whyte denuncia, na verdade, a diluição do indivíduo no grupo, no âmbito do que denomina de "ética social" emergente.

A ética social celebra o trabalho em grupo e a crença de que as coisas devem ser feitas coletivamente, em nome e pela organização, e não pelo indivíduo. Nesse sentido, essa ética é quase um contra-ponto exato ao ideal do *self-made-man* que inspirou o capitalismo norte-americano em seus momentos mais vigorosos. O indivíduo que se faz por si mesmo, o empreendedor, é uma figura que assume riscos e age em nome próprio – algo muito diferente da nova geração, formada nos anos cinqüenta, cujo ideal era assumir cargos de destaque nas organizações e a elas servir em troca de um emprego.

Conforme analisa Whyte, a ética social, inspirando os jovens a elevar os interesses do grupo sobre os seus próprios, encontrou importante amparo ideológico nas teorias, então em voga, desenvolvidas pela Escola das Relações Humanas, de Elton Mayo. Tais teorias insistiam na importância dos relacionamentos e na satisfação de necessidades sociais na administração.

Apesar de reconhecer que Mayo revelou aspectos até então desprezados pelos administradores clássicos, integrando-os em novas concepções sobre trabalho, Whyte diagnostica que ocorreu um exagero, de tal sorte que toda uma geração foi levada a acreditar na importância suprema do grupo. Portanto, a concepção desse autor é de que a ética tradicional, de base eminentemente individualista, foi esvaziada ideologicamente por teorias que insistiam no exato inverso: na importância de seguir o grupo, em suma, na preponderância dada ao homem-organização.

A nova geração de jovens analisada por Whyte – basicamente recém-formados em processos de colocação profissional – é profundamente comprometida com o *status quo*. Bem ao contrário dos antigos norte-americanos inspirados pela ética protestante do trabalho, eles não buscam a independência pessoal mediante o próprio trabalho, mas preferem trabalhar para uma grande empresa – preferem trocar seus ideais pelos ideais fornecidos pela Organização; derivam seu senso de identidade e respeito próprios da realização do trabalho que lhe é estipulado "de fora", da coincidência de seus interesses com os da Organização.

A geração formada sob a ética social pretende trabalhar duro, mas, destaca Whyte, não duro demais. Almejam a uma boa vida, tranqüila e sem solavancos e não têm escrúpulos quanto a reconhecer que esta vida é uniforme e assentada em valores coletivamente impostos. Os ideais dessa boa vida respondem a um processo de emburguesamento, quer dizer, à transformação dessa geração em uma nova geração de classe média. Os valores dessa nova classe incluem casamento, filhos, boa infra-estrutura de lazer e consumo e uma ascensão social progressiva, baseada em boa estrutura de relacionamentos, contatos e especialidades.

Compete com essa visão tradicional (ética protestante) o desejo de usufruir: daí a crescente preocupação com qualidade de vida, bem-estar, lazer e diversão. Quer dizer, o enfraquecimento da ética protestante e do sentido de trabalho que ela pressupunha (trabalho como um dos mais fortes e inescapáveis deveres morais do indivíduo) abre espaço para o fortalecimento de novas formas de subjetivação, como as embutidas no consumo. *Nesse sentido, o trabalho perdeu sua centralidade na medida em que uma nova ética, consumista, emergiu.*

DESMONTAGEM DO TRABALHO E SUAS CONSEQÜÊNCIAS PSÍQUICAS

Três autores em particular merecem aqui um tratamento à parte devido a suas análises da crise da ética tradicional do trabalho e suas conseqüências. O primeiro é Chistopher Lasch, com seu *A cultura do narcisismo* (Lasch, 1983). Neste livro, o historiador social norte-americano diagnostica as conseqüências da falência da ética tradicional do trabalho sobre os processos de subjetivação, em particular sobre a formação da identidade – pondo em linguagem psicanalítica o que viria a se tornar mais tarde uma "tradição" na análise dessa questão.

O segundo, o sociólogo, também norte-americano, Richard Sennett, cujos livros *A corrosão do caráter* (Sennett, 1999) e, mais recentemente, *A cultura do novo capitalismo* (Sennett, 2006), escritos em tom ensaístico, vêm provocando impacto não só entre acadêmicos como também entre o grande público. Nesses livros Sennett discute como as características do "novo capitalismo", tais como flexibilidade, aceleração do tempo e o declínio da ética tradicional do trabalho, têm impedido os indivíduos de construir para si uma narrativa identitária coerente e relativamente estável e como elas têm fomentado uma nefasta e alastrada dúvida sobre o próprio valor do indivíduo e do trabalho.

Por último, o terceiro autor, o filósofo Zigmund Bauman, com seu *Work, consumerism and the new poor* (Bauman, 2005), onde ele discute os problemas do trabalho quando este deixa de ser moldado nos enquadres da sociedade industrial moderna e passa a sê-lo no enquadre de uma sociedade de consumo.

Trabalho e narcisismo

Lasch (1983) vincula a existência da figura clássica do *self-made-man* à ética protestante do trabalho, matriz de muitas das idiossincrasias da cultura norte-americana, dizendo que ele, "personificação arquetípica do sonho americano, devia seu progresso a hábitos de atividade, sobriedade, moderação, autodisciplina e evitação de dívidas" (p. 79-80). Vivia para o futuro, cultuando e nutrindo uma acumulação paciente e diligente, sempre encontrando adiamento para as próprias gratificações. Lasch acrescenta que uma economia em expansão forneceu as condições necessárias para a crença de que esperar o valor dos investimentos seria algo recompensador, em vista da possibilidade futura de lucros redobrados. O *self-made-man*, assim retratado, tinha também um sentido de probidade e de orgulho com respeito ao próprio caráter, dando pouca ênfase à competição, de tal forma que via a riqueza como um valor pessoal capaz de contribuir para o bem-estar geral e para a felicidade das futuras gerações. Portanto, nessa visão, o *self-made-man* estava comprometido com família, estado, nação etc., ou seja, com muitas coisas além de si próprio. Queria mandar para impor a ordem ao mundo e tornar o mundo semelhante a seus próprios ideais (o que Lasch caracteriza como "individualismo tradicional" ou "individualista áspero").

Entretanto, Lasch contrapõe a essa descrição do *self-made-man* tradicional um novo tipo de *self-made-man* que emerge num contexto de crise da ética protestante do trabalho. Ao contrário do primeiro, este não visa a nada senão a si mesmo, não tem outra meta senão seu próprio desenvolvimento pessoal. Além do mais, ao contrário daquele, não vê a menor possibilidade de subordinar seus interesses e necessidades aos de outras pessoas, a alguém ou a alguma causa ou tradição fora dele mesmo. Enquanto indivíduo *puro*, não tem transcendência nem metafísica; não cultiva o adiamento das gratificações, em vista de um futuro ou de uma continuidade geracional. Não vive ligado ao passado nem preso às tradições grupais – em flagrante oposição ao "homem-organização" dos anos cinqüenta de Whyte.

Enfim, esse tipo de *self-made-man* individualista não se sente comprometido com nada, exceto com a vitória, com o gosto de mandar sem saber para que exatamente, pois não acredita em nada além do dinheiro, sucesso e visibilidade social. Ao contrário da versão laschiana do *self-made-man* tradicional (que se manteve viva pelo menos enquanto durou a influência da ética do trabalho), esse novo indivíduo das sociedades pós-industriais extrai sua energia e existência dentro de um cenário de competição contínua e acirrada, fazendo do outro sempre uma marca a ultrapassar ou então um ponto de confirmação da sua própria habilidade e *performance*.

Na visão de Lasch, a passagem do *self-made-man* sob a ótica da ética do trabalho para um *self-made-man* individualista ocorre em um contexto de intenso risco à sobrevivência psíquica. Entre os fenômenos que provocaram esse risco Lasch destaca o enfraquecimento da religião como moldura organizadora da sociedade; o esgarçamento da tradição e da autoridade; o enfraquecimento do sentido de continuidade histórica; o enfraquecimento da família; o agravamento e hostilidade das condições de vida; e as mudanças operadas no papel da política nas sociedades atuais (por exemplo, na falência ou revisão do modelo do Estado de Bem-estar social).

Em suma, a crise da ética do trabalho, para Lasch, é concomitante à crise dos valores tradicionais da sociedade norte-americana e, por extensão, de outras sociedades capitalistas avançadas. Em linguagem pragmática, diríamos que esta crise corresponde àquela das meta-narrativas, quando os antigos sistemas morais, culturais e sociais já não conseguem mais servir como lastro, como "cola social" capaz de unir os indivíduos em torno de ideais comuns.

Em outra obra sua que se tornou conhecida, *O mínimo eu*, Lasch (1985) destaca que o "narcisismo" que observava em seus contemporâneos não era um de tipo egoísta, quando o indivíduo simplesmente pensa em si e em seus auto-interesses: trata-se antes de um narcisismo de tipo defensivo – já que não se pode contar com o outro, a única alternativa que resta é apoiar-se em si mesmo e cuidar de seus próprios dilemas. Nesse sentido, a carreira e a busca do sucesso pessoais tornam-se as vias régias à subjetivação em um momento no qual as questões públicas perderam sua capacidade de atrair a atenção e o interesse dos indivíduos.

A metáfora do "mínimo eu" busca apreender esse novo humor cultural em que o indivíduo diminui suas identificações com o outro, valendo-se de uma estratégia de sobrevivência pautada pela leveza, pela fluidez e pela aderência ao consumo como forma de satisfação de necessidades a-políticas. O narcisismo, para Lasch, tem antes a ver com a perda da autoridade tradicional (família e estado, por exemplo), que reconhecia os indivíduos mediante instituições e a defesa de ideais comuns, do que com o amor exagerado por si mesmo. É o temor da perda de si mesmo na diluição nas grandes corporações e burocracias impessoais que Lasch tem em mente quando escreve suas idéias sobre a subjetividade contemporânea, um tipo de medo já identificado antes por Mills (1956) e Whyte (1956), como vimos anteriormente neste capítulo.

Ética protestante e caráter

O primeiro ensaio de Richard Sennett sobre o trabalho, *A corrosão do caráter* (Sennett, 1999), exerceu grande influência na análise de como o novo capitalismo tem gerado conseqüências negativas sobre o caráter dos indivíduos. Sennett explora como a flexibilidade, a aceleração do tempo, os novos arranjos de emprego e o aumento do risco têm provocado uma erosão nas narrativas identitárias e dificuldades para os indivíduos construírem para si mesmos uma biografia coerente e significativa.

Em particular no que diz respeito à ética do trabalho, Sennett (1999) considera que um de seus principais efeitos foi dar surgimento a um "homem motivado" pelo dever de provar seu valor moral mediante o trabalho. Trata-se de alguém pressionado pelo dever de trabalhar, sem, no entanto, estar autorizado a gozar do que ganha. Sua vida, lembra Sennett, torna-se uma interminável busca de reconhecimento dos outros e de auto-estima.

Baseando-se na interpretação de Max Weber de *A ética protestante e o espírito do capitalismo*, Sennett realça o aspecto disciplinar desta ética e questiona-se sobre a que ponto não seria uma vantagem, no novo capitalismo, que aquela tenha se enfraquecido. De fato, a ânsia contemporânea pelo consumo faz com que o elemento de adiamento e postergação do prazer contido na ética protestante tradicional torne-se uma relíquia do passado. No capitalismo flexível, lembra-nos o autor, o que vale é o desfrute momentâneo do prazer.

No entanto, Sennett não pára simplesmente na análise dos possíveis aspectos positivos da erosão da ética tradicional do trabalho. Analisando o que se entende hoje por trabalho em equipe, o autor menciona que a ausência de autoridade implicitamente fomentada nas equipes sem-chefe (ou auto-gerenciadas) produz um vácuo de reconhecimento. Sob a ética tradicional, o indivíduo tinha de justificar-se perante uma autoridade que lhe legitimaria as escolhas feitas e o trabalho realizado – dizendo se elas estavam corretas ou não. A consciência do indivíduo protestante necessitava, a todo momento, de um juiz externo capaz de validar o caminho percorrido e aplacar a consciência da possibilidade de erro.

A conseqüência das atuais práticas de equipes sem autoridade é o surgimento de um caráter irônico – aqui Sennett faz uma interpretação própria do conceito de "personalidade irônica" proposta por Rorty (1989). Muito diferente do ideal do "homem motivado" da ética protestante, o homem irônico já não se leva tão a sério. Vivendo em momento de intensa superficialidade, fragmentação, flexibilidade e ausência de uma autoridade que se responsabilize, em primeira pessoa, pelo poder que exerce, esse homem relaciona-se consigo mesmo como se fosse um tipo de "ficção".

Na ausência de uma autoridade que nos reconheça o valor, é o estado de deriva psicológica que, na visão de Sennett, emerge. Desse modo, nem a ética protestante tradicional, com sua jaula de ferro, nem a nova ética do trabalho em equipe, com sua vacuidade de autoridade legitimadora, ajudam os indivíduos a responder a uma insistente pergunta: como conduzir a própria vida, como moldá-la da melhor maneira possível? Num caso, na ética tradicional, a resposta era limitada por uma disciplina rígida e implacável; na atualidade, por um mundo tão aberto que, no final, nada reconhece, tudo permite.

Cultura e trabalho no novo capitalismo

Sennett amplia suas idéias sobre a falência da ética tradicional do trabalho em um estudo recentemente publicado, *A cultura do novo capitalismo* (2006). O mesmo estilo de comparar o "antes" e o "depois" pode ser ali encontrado, com a diferença de que agora Sennett compara as antigas formas de instituição (empresas) com as práticas atuais de desburocratização e enfraquecimento institucional.

Mesmo admitindo que ainda persistam algumas visões tradicionais do trabalho – como seu valor central em relação à família e à comunidade –, o que atualmente parece ser cada vez mais o caso é uma perda de prestígio associado ao trabalho estável. É a estabilidade como valor e ideal moral que Sennett vê profundamente atacada em setores de ponta no "novo capitalismo".

Os membros da classe média, mais provavelmente afetados pelo discurso corrente da ausência de estabilidade no universo do emprego, estão sendo socializados em uma cultura que faz a apologia ao risco e a um caráter inconstante. Para as pessoas mais abaixo na escala social, no entanto, essa situação é vivida com dificuldade. As condições de tempo presentes nos setores de ponta da economia, onde a fragmentação e impermanência são mais praticados, absorvidos e contidos, contribuem com sua parte para minar a ética protestante.

Sennett (2006) faz uma leitura da crise dessa ética no âmbito de uma crise maior, a saber, a das instituições modernas. Para ele, dois pilares dessa ética são atacados no fenômeno da desburocratização: a postergação das gratificações e a dificuldade de planejamento estratégico pessoal.

Quanto à primeira, a idéia é semelhante àquela desenvolvida em *A corrosão do caráter*: a ética tradicional do trabalho, baseada na grade de ferro da disciplina e da postergação do gozo, exige instituições suficientemente estáveis para proporcionar (ou garantir) a gratificação futura projetada no tempo pelo indivíduo, bem como demanda gestores dispostos a reconhecer o desempenho do indivíduo (a agirem como "juízes"). Ambas essas exigências não se mantêm no novo paradigma institucional, que valoriza o curto prazo e priva de prestígio moral o hábito de auto-disciplina pessoal.

No que diz respeito à dificuldade de planejamento pessoal, as idéias podem ser um pouco mais estimulantes. Para

Sennett, gerações anteriores de jovens profissionais, em particular formados na década de 1970, tinham uma narrativa de ambição profissional mais focada e precisa do que a da geração formada nos anos de 1990. Os primeiros davam ênfase ao planejamento e à progressão em longo prazo; os últimos, além de possuírem dificuldade de planejamento (talvez como resposta adaptativa ao novo ambiente institucional em que vivem), também não conseguem formular com exatidão suas ambições e desejos. Reagem de maneira amorfa às circunstâncias, estando mais interessados ou mais habilitados a responder a "possibilidades" do que a progressos efetivamente estipulados.

Sennett (2006) menciona que há diferenças quando comparamos as classes – os que estão mais acima na pirâmide social têm maior acesso ao capital social, munindo-se contra a possibilidade de fracasso, quando comparados aos filhos da massa. Estes dependem mais das instituições. Quer dizer, se sob a ética protestante o estímulo ao planejamento pessoal era acompanhado de ambiente institucional, hoje esse estímulo depende de quanto o indivíduo pode ou não contar com capital social. Quanto mais ralo for esse capital, maior será sua necessidade de auto-planejamento e pensamento estratégico individual.

Do ponto de vista da crise da ética tradicional do trabalho – e, portanto, do sentido do trabalho nela baseada –, ambos os estudos de Sennett podem nos ajudar com alguns *insights*. A ética do trabalho, que atribuía a este último um valor moral associado ao dever e ao desenvolvimento pessoal de longo prazo, cede espaço em nome de novos valores (novas "éticas"?) que dependem de as pessoas aceitarem a impermanência e o risco.

Trabalhar continua importante, embora não o trabalho estável, acolhido e desenvolvido no seio de instituições estáveis: o trabalho que importa (que brinda de prestígio o indivíduo) nos novos nichos organizacionais é um de tipo auto-dirigido, com gratificação presente e ausência de planejamento estratégico a longo prazo (todas características da ética tradicional). Como resultado, esse tipo de trabalho ampara-se em uma nova política de desigualdade – ou seja, em diferentes formas de acesso ao capital social, às redes sociais de apoio em contexto de fragilização institucional.

Desse modo, as instituições estão sendo substituídas por redes sociais. Não é necessário postergar a gratificação quando se dispõe dessas redes, pois elas estão a postos para apoiar o indivíduo em momento de dificuldade, independentemente da organização em que esteja trabalhando. Ele pode então "dar-se ao luxo" de usufruir gratificações no curto prazo e indispor de planejamento estratégico pessoal.

Ética protestante como processo civilizador

Em seu livro sobre o trabalho, o filósofo Zigmund Bauman (2005) discute como seu significado, construído sob a ética do trabalho, está sendo transformado em um contexto de estetização da existência impulsionado pelo consumo. Bauman defende tese semelhante à de Anthony (1977) quanto à finalidade da ética tradicional do trabalho: de que ela faz parte de uma cruzada para a introdução do trabalho como uma atividade com elevado valor moral precisamente num momento em que suas condições "objetivas" (industrialização, divisão de tarefas, perda de autonomia do trabalhador) tinham plenas condições para despi-lo de qualquer significado intrínseco. Quer dizer, Bauman argumenta que os proponentes da ética do trabalho desejavam ressuscitar atitudes pré-industriais em relação ao trabalho em um novo contexto institucional, visando ao engajamento dos indivíduos nas grandes fábricas e nas linhas de montagem.

Para Bauman, a principal característica da ética tradicional do trabalho era minar qualquer vestígio de liberdade do trabalhador. Para esse tipo de ética vingar, prossegue ele, era preciso limitar ou simplesmente excluir as possibilidades de escolha dos indivíduos, tornando-os submissos e os submetendo a vigorosas estruturas de controle e disciplina. Em acréscimo ao cerceamento da liberdade, seria igualmente necessário desconectar a vida produtiva dos esforços humanos para a satisfação de suas próprias necessidades.

Quer dizer, em condições pré-industriais, os indivíduos trabalhavam basicamente em função de suas necessidades. Uma vez satisfeitas, o trabalho era interrompido. Em condições industriais, um regime baseado na necessidade individual não seria compatível com as demandas de trabalho da indústria – não se deveria trabalhar para satisfazer necessidades particulares, mas para "fazer o que tinha de ser feito", uma espécie de imperativo categórico universal. Em termos marxianos, o trabalho em condições industriais deveria estar a serviço da acumulação do capital, da mais-valia, e não das necessidades particulares dos trabalhadores.

Concebida como um "processo civilizador" a ética do trabalho foi uma primeira e vigorosa resposta à tradição. Nesta, o trabalho era motivado por uma imagem fixa sobre as necessidades materiais dos próprios trabalhadores. Havia, nesse sentido, uma espécie de limite natural ao trabalho, ficando o restante do tempo investido em atividades lúdicas, no lazer e em diversão. Nessa perspectiva tradicional, nem *status*, nem prestígio, nem principalmente o senso de identidade do indivíduo dependia de sua inserção no mercado de trabalho. Conforme destaca Bauman, para os reformadores modernos a tradição era um mundo obscuro e lascivo; seria preciso uma nova pedagogia que introduzisse uma mentalidade produtivista, em que "o mais" se sobreporia "ao melhor". A ética do trabalho, nesse sentido, combateria a mediocridade dos desejos humanos que não pareciam querer outra coisa que não seguir o dito *carpem diem*.

A ética do trabalho, como processo civilizador, teve de inventar o sujeito do trabalho. E este último, na era clássica da sociedade industrial, foi eleito, simultaneamente, o pivô da vida individual, da ordem social e da capacidade de reprodução sistêmica da sociedade como um todo. Conforme descreve o autor:

> "O trabalho era o principal fator da localização social de um indivíduo, assim como de sua própria auto-avaliação: para todas as pessoas – exceto para aquelas que, graças a uma riqueza hereditária ou adquirida, combinavam uma vida de lazer com auto-suficiência – a questão 'quem é você' era respondida apontando para a empresa na qual o indivíduo era empregado e para a capacidade que ele tinha nela empregado" (p. 17).

Especificamente, a carreira foi eleita a via principal para a definição da identidade de uma pessoa, bem como o critério pelo qual os outros poderiam avaliar se seu itinerário havia sido, retrospectivamente, bem ou mal-sucedido: "a carreira tornou-se a principal fonte de auto-confiança e incerteza, de auto-satisfação e de auto-reprovação, orgulho e vergonha" (p. 17).

O trabalho era uma espécie de centro de gravidade da identidade, a partir do qual seguiam todos os outros investimentos do indivíduo. Já no que diz respeito ao papel social do trabalho, este envolvia basicamente a produção de sujeitos dóceis e disciplinados que perpetuariam a ordem estabelecida.

As empresas, destaca Bauman na linha do que propôs Foucault a propósito das instituições asilares, foram as grandes responsáveis pela manutenção do *status quo* e da subordinação exigida pelo estado moderno. A reprodução social ocorria na forma de uma comoditização do capital e do trabalho. Este último, como força de trabalho, era uma das principais origens do valor – tal como analisamos no capítulo anterior. Nesse sentido, tanto o crescimento econômico quanto a geração de empregos eram dois alvos inequívocos dos políticos, e o sucesso dos partidos políticos era avaliado de acordo com sua capacidade de aumentar o poder do capital e o engajamento da população nas atividades produtivas. Em síntese, esse era o modelo dos Estados de Bem-estar Social.

Contudo, o arranjo montado pela ética do trabalho começou a entrar em declínio e é interessante acompanhar o raciocínio de Bauman a respeito de suas causas. Em primeiro lugar, a ética do trabalho foi realmente um instrumento para fomentar e garantir a adesão dos indivíduos em um novo regime de trabalho. Mais especificamente, foi um processo moralizante e subjetivante ao mesmo tempo, dando vida a uma figura nova, o sujeito do trabalho – regido por intensa disciplina, senso de dever e obrigação e por uma estrutura social que lhe atribuía visibilidade e concedia prestígio desde que ele seguisse rigorosamente suas regras.

Ocorre que, como princípio moral, a ética do trabalho tinha um efeito incerto e errático. Bauman mostra que a rotina das fábricas exigia mais do que sentimentos ou responsabilidade morais – exigia ação, envolvimento em atividades físicas monótonas, extenuantes e constantes. Daí que a grande preocupação das organizações modernas era tornar os sentimentos morais irrelevantes para as ações dos trabalhadores, de modo que essas ações fossem previsíveis e regulares de uma tal forma que um simples sentimento moral não poderia assegurar.

Na verdade, Bauman está apontando para uma desconexão entre discurso e prática nas organizações modernas. O discurso, sem mecanismos de aplicação concretos, não funcionaria – ou pelo menos não com a força necessária. Ele manifesta-se, ou vem acompanhado de, ações concretas: por exemplo, de uma engenharia de "tempos e movimentos" como a proposta por Taylor. Adicionalmente, prossegue Bauman, a mentalidade regida pela ética do trabalho é antes uma invenção européia do que, por exemplo, norte-americana.

Nos EUA o trabalho foi, desde o início, concebido pelos norte-americanos desbravadores como um "meio", e não uma atividade-fim. Na leitura feita por Bauman, os norte-americanos tinham como meta se tornar cada vez mais ricos e, por esse motivo, mais independentes; paradoxalmente, desejavam trabalhar para não ter de mais trabalhar para terceiros. Evidência disso pode ser encontrada no valor atribuído à ciência da administração naquele país – o que revela o combate norte-americano contra os domínios "não confiáveis" da moral. O incentivo primário ao trabalho era antes de natureza egoísta, basicamente financeira.

Todavia, se o sentido do trabalho e as razões para trabalhar estavam cada vez mais se desconectando da dimensão ético-moral, questiona-se Bauman, seria preciso encontrar um novo motivo para sustentar as possíveis virtudes do trabalho. E o quadro não era promissor, haja vista que os trabalhadores não acreditavam mais que uma vida de trabalho duro para outra pessoa, numa empresa, levaria à terra prometida da autonomia e da riqueza.

Bauman destaca que, de fato, novos motivos para se trabalhar foram encontrados não só nos EUA, como também em outras partes do globo, e o principal referia-se a seus incentivos materiais. Quer dizer, recompensas vinculadas à realização diligente do trabalho no ambiente disciplinar das organizações. Conforme conclui o autor: "Em vez de enunciar que o esforço de trabalho é uma via para um estilo de vida moralmente superior, era agora dito que o trabalho era um meio de *ganhar mais dinheiro*. Não importa o 'cada vez melhor' [da ética tradicional do trabalho], mas sim o 'cada vez mais'" (p. 21). Doravante seria a capacidade de ganhar dinheiro, e não a retidão ética, que determinaria o valor social do indivíduo e suas chances de progresso e prestígio.

Trabalho, consumo e identidade

Na visão de Bauman, essa transformação dos princípios morais, pela qual o dinheiro torna-se a grande força motriz da ação, não apenas determinou a tendência atual de avaliar o valor e a dignidade humanos a partir de recompensas monetárias, como também, e principalmente, deslocou a subjetividade para a esfera do consumo. Esse processo é decisivo no golpe final que destituiu a ética do trabalho e sua visão correspondente do valor do trabalho e do indivíduo que trabalha. Em perspectiva mais ampla, trata-se da passagem do que o autor denomina de sociedade de produtores para uma sociedade de consumidores. Quais as principais características dessa passagem? Como elas influenciam no modo como concebemos o trabalho?

Sociedade de produtores é uma em que os indivíduos são integrados socialmente sobretudo a partir de sua capacidade de produzir; numa sociedade de consumo, por seu turno, é a imagem dos indivíduos como consumidores que conta. Se a ética tradicional do trabalho baseava-se no cerceamento radical da liberdade individual, de sua autonomia em escolher e decidir, na sociedade do consumo o imperativo categórico é a liberdade. Trata-se, agora, de produzir um sujeito do consumo, e não mais um sujeito do trabalho.

A principal transformação, no entanto, refere-se a uma mudança nos referentes da identidade, que deixam de estar associados ao trabalho. A identidade, assim como outros bens de consumo, tem de ser apropriada e possuída em um processo que o autor chama de "líquido": adquire-se uma identidade que é logo descartada e novamente apropriada e assim por diante, sendo levada por duas forças motrizes: os fluxos de imagens e a busca de sensações. A conquista de uma identidade, como um processo de consumo, segue as rotas voláteis e infinitamente erráticas do mercado. O papel central outrora desempenhado pelo trabalho é nesse momento desempenhado pelo consumo. Conforme diz Bauman:

> "Inicialmente, o trabalho era apresentado como a ferramenta principal para lidar com esse novo dever [o dever de construir uma vida por si só, assumindo integral responsabilidade pela própria auto-construção]. O diligente e cuida-

doso processo de construção da identidade social baseava-se nas habilidades de trabalho, no esquema de emprego e de carreira associado ao emprego e a seus determinantes maiores. A identidade, uma vez selecionada, tinha de ser construída de uma vez para sempre, para a vida toda, e assim ocorria, em princípio, com o emprego, a vocação, a vida de trabalho. A construção da identidade tinha de ser algo firme e consistente, evoluindo por meio de uma sucessão de estágios claramente definidos (não é à toa que a metáfora da 'construção' tenha sido escolhida para exprimir a natureza da 'identidade-trabalho' a ser feita), e assim ocorria com a carreira de trabalho. O itinerário fixo da carreira de trabalho e os pré-requisitos da construção da identidade por toda a vida coincidiam perfeitamente entre si. *Uma carreira de trabalho firme, durável e contínua, logicamente coerente e estreitamente estruturada, não é mais, todavia, uma opção amplamente disponível*" (p. 27 – grifos meus).

Bauman conclui que esse tipo de identidade estável, para a vida inteira, fortemente conectada com o trabalho realizado, já não é mais possível. Ao comentar exatamente essa passagem do texto de Bauman, Gay (2005) menciona estar aquele autor preso a um tipo de "reivindicação de época" segundo a qual o passado é mitificado. De acordo com Gay esse tipo de postura é compartilhada por outros autores que comentam a situação atual do trabalho, tais como os acadêmicos Richard Sennett, Manuel Castells e Ulrich Beck, juntamente com tantos outros mais ligados à literatura gerencialista, como Charles Leadbeater e Tom Peters. Em comum, eles têm a crença de que a identidade e a identidade ligada ao trabalho sofreram profundas transformações ao longo das últimas décadas, e de que, em período pós-moderno, é difícil, senão impossível, falar de estabilidade no terreno da subjetividade. Ainda assim, acreditamos que a análise proposta por Bauman seja instigante o suficiente para servir como uma referência para entendermos o processo de desmontagem do trabalho na pós-modernidade.

Bauman destaca uma desconexão crescente entre a identidade e o trabalho realizado pelo indivíduo. A razão dessa desconexão é a precariedade do vínculo empregatício. Na impossibilidade de relações a longo prazo no trabalho resta ao indivíduo re-construir permanente sua identidade em outras esferas da existência: por exemplo, na esfera do consumo. O que este oferece de atração para a "identidade líquida"?

O consumo oferece ao indivíduo a promessa da individualidade de escolha, isto é, acesso livre. Uma "boa vida" é definida com base no padrão de consumo a que o indivíduo tem acesso. O consumo oferece a possibilidade de se "ter uma experiência" – numa sociedade em que os indivíduos estão em busca de sensações, o importante é gratificar desejos imediatos e não, como no caso da ética tradicional do trabalho, postergá-los para as próximas gerações. Em síntese, "é a estética do consumo que agora estabelece as regras que antes eram estabelecidas pela ética do trabalho" (p. 32). E conclui Bauman:

> "Como outras atividades da vida, o trabalho agora surge, primeiro e antes de tudo, a partir do escrutínio estético. Seu valor é julgado por sua capacidade de gerar uma experiência prazerosa. Um trabalho desprovido de tal capacidade – que não ofereça uma 'satisfação intrínseca' – é também um trabalho desprovido de valor. Outro critério (também seu impacto moral supostamente enobrecedor) não pode competir e ser poderoso o bastante para salvar o trabalho da condenação como inútil ou sem sentido para o colecionador de sensações esteticamente guiado" (p. 33).

Entre as conclusões às quais poderíamos chegar com esse texto de Bauman, gostaríamos de ressaltar duas. Primeira, com a emergência da sociedade do consumo, o conteúdo ético do trabalho cede em benefício de um conteúdo estético. Trabalhar é aparecer. Seu valor não seria mais determinado pelo quanto ele consegue gerar de capital (mais-valia), mas pela visibilidade que ele é capaz de oferecer ao indivíduo que o realiza. Sob a ética tradicional do trabalho, qualquer trabalho era dignificante, dado que o mais significativo era o cumprimento da obrigação de trabalhar. O senso de missão e compromisso com a tarefa era superior a qualquer outra gratificação que pudesse vir associar-se ao trabalho. Sob o escrutínio estético da sociedade de consumo, dependendo do tipo de trabalho isso pode dar maior ou menor *status* ao indivíduo.

Segunda, o trabalho não deixa, necessariamente, de ser uma atividade importante: é antes o contrário o que ocorre. O que muda é a razão pela qual se trabalha ou pela qual ele é importante – não pelo dever ou pelo chamado (vocação), e sim pela quantidade de prazer que ele pode oferecer por meio do consumo. A "vocação", nesse novo cenário, lembra Bauman, é escolhida pelo indivíduo, é "privatizada", a cujo acesso as pessoas têm cada vez mais dificuldade (já que, nessa nova versão, a vocação não é algo distribuído "democraticamente" por Deus mas sim algo "conquistado"). As "melhores" vocações são aquelas que aumentam as chances de um trabalho que ofereça satisfação, desafios e valores estéticos.

CAPÍTULO 12

REVENDO A ALIENAÇÃO E O SENTIDO DO TRABALHO

Neste capítulo vamos discutir como o conceito de alienação foi tratado em algumas das teorias sobre o valor do trabalho no século vinte. Em um primeiro momento, analisaremos como alguns autores do campo *psi* tentaram defender a centralidade do trabalho mediante re-apropriação do conceito de alienação tal como definido e usado por Marx alguns séculos atrás; em um segundo momento, veremos como outros autores, ao contrário, têm sinalizado o declínio do valor heurístico desse conceito em um momento em que o trabalho parece definitivamente estar perdendo sua centralidade no universo de valores das novas classes sociais – principalmente para a classe média; e, por fim, discutiremos como a psicologia social do trabalho, sobretudo a influenciada pelo interacionismo simbólico, desloca o problema da alienação do trabalho para o do sentido ou significado do trabalho e de que forma isso contribuiu para a redescrição do sentido e do valor do trabalho no decorrer da segunda metade do século vinte.

ALIENAÇÃO NO PENSAMENTO "FREUDO-MARXISTA"

Erich Fromm, em *Sane and society* (Fromm, 1956), utiliza uma combinação de referenciais marxianos e psicanalíticos para analisar como a divisão do trabalho pode levar a um trabalho desprovido de significado. Em uma tal situação, adverte Fromm, a vida torna-se desprovida de sentido e o resultado disso, em termos gerais, é uma sociedade insana. O conceito-chave que o autor obtém do marxismo é o de alienação. Para ele, sempre que o indivíduo sinta que alguma coisa não está sendo como deveria ser, isso caracteriza um indício de alienação. Em seu construto analítico, a alienação compõe um quadro junto com outros termos como amor, pensamento, esperança, relação do homem com o mundo, cultura e sociedade contemporâneas, consumo e produção.

Fromm atribui importância central ao trabalho na vida do homem. Diz o autor: "O trabalho não é somente uma necessidade inescapável para o homem. É também o que o liberta da natureza, aquilo que o constitui como um ser social e independente. No processo de trabalho, ou seja, no processo de moldagem e de transformação da natureza externa a si, o homem molda e transforma a si mesmo (...). Quanto mais o trabalho se desenvolve, mais sua individualidade se desenvolve" (1956, p. 177).

Já no que diz respeito à psicanálise, Fromm baseia-se nas idéias de Freud sobre a psicopatologia da vida cotidiana. A descrição de Fromm sobre o estado patológico da sociedade contemporânea é amplamente enunciado em termos freudianos. Especificamente, ele tenta operacionalizar uma abordagem psicanalítica com o intuito de responder a questões sobre se os indivíduos estão, de fato, insatisfeitos com seu trabalho.

Para responder a isso, prossegue Fromm, "devemos diferenciar entre o que as pessoas conscientemente pensam sobre sua satisfação e o que elas sentem inconscientemente" (p. 296). Conforme lembra Anthony (1977), o principal elemento da abordagem de Fromm é que ele parece realçar a importância de algum tipo de congruência entre expectativa e realidade no campo do trabalho. Contudo, como ainda sugere aquele autor, a própria condição do trabalho (fragmentação, separação de tarefas e responsabilidades) impede "congenitamente" uma tal congruência.

Entretanto, Fromm parece reconhecer o caráter histórico da construção do sentido do trabalho. Para que as sociedades modernas, industriais, se desenvolvessem, diz o autor,

> "O homem teve de ser moldado em uma pessoa que aceitasse gastar a maior parte de sua energia para os propósitos do trabalho, que adquirisse disciplina, particularmente um senso de ordem e pontualidade, num nível desconhecido na maior parte das culturas (...). A necessidade do trabalho, de pontualidade e ordem, teve de ser transformada em uma força interna para esses propósitos. Isso significa que a sociedade teve de produzir um caráter social em que esses embates fossem inerentes" (p. 80).

Outro autor que prolonga o conceito marxiano de alienação na análise da situação contemporânea do trabalho é G. Friedman, em *The anatomy of work* (Friedman, 1961). Nesta obra, ele enfatiza "a importância do trabalho na manutenção ou no restabelecimento do equilíbrio da personalidade" (p. 135). Quando analisamos os efeitos que Friedman atribui à perda do trabalho, fica claro o valor deste último no pensamento desse autor.

> "A pessoa sem emprego mostra sinais de uma instabilidade emocional que aumenta de forma mais ou menos rápida e intensa de acordo com sua história ocupacional e os sucessos ou os fracassos que ele experimentou previamente em sua vida profissional (...) depois de um primeiro momento de choque, quando a personalidade resiste e permanece quase inalterada, advém um segundo em que há mais ou menos uma procura ativa pelo trabalho, quando as demandas do trabalhador decrescem até que qualquer tipo de trabalho pago é aceito. Finalmente, segue um estado de depressão. A perda de uma rede estabelecida propiciada pelo trabalho e sua rotina diária, combinada com uma consciência debilitada sobre a passagem do tempo e um tipo de atitude apática com relação a ela, somada à complicações familiares, produzem no homem sem emprego um crescente e estranho complexo com relação aos membros de sua família, particularmente entre sua esposa e filhos" (p. 135).

A conclusão de Friedman é que a perda do trabalho produz uma "condição tóxica" que contamina toda a vida do indivíduo – seu senso de identidade, seu relacionamento com amigos, seu vínculo com a família e a comunidade. Conforme avalia Anthony (1977), autores como Fromm e Friedman testemunham um instigante paradoxo em relação ao trabalho: ao mesmo tempo em que ele desmoraliza o ser humano devido à sua divisão na estrutura de produção em massa e, conseqüentemente, à alienação implicada, sua ausência também desmoraliza.

O paradoxo, defende Anthony, é explicado pelo exagero da importância ideológica do trabalho – uma expectativa que, dada as condições concretas do trabalho, não poderá ser satisfeita. As "patologias" associadas à alienação do trabalho são então um subproduto da construção ideológica que o erigiu como modelo máximo de uma subjetividade "normal". Como veremos na seqüência, na medida em que o conceito de alienação é colocado na berlinda, é toda uma visão de sujeito do trabalho que é igualmente ameaçada.

ALIENAÇÃO SOB SUSPEITA

Encontramos ao menos duas formas de abordar o problema da alienação na literatura: primeira, analisando o contexto estrutural, quer dizer, as condições *objetivas* de produção e as dinâmicas do processo de trabalho. Braverman, com seu *Labor and monopoly capital* (Braverman, 1974), é talvez o principal representante desta abordagem. O autor critica as análises "subjetivas" do problema da alienação, de acordo com as quais esta última seria um fenômeno que está *no* indivíduo e não nas estruturas de classe.

A tese de Braverman é de que o capitalismo provocou um processo de desqualificação (*deskilling*) dos trabalhadores, destruindo suas habilidades e conhecimentos e os tornando peças da engrenagem da produção industrial. A alienação, portanto, tem uma natureza objetiva, tem a ver com a estrutura e não com o sujeito. É a primeira que determina a expressão deste, e não o contrário. Braverman não acredita que a alienação possa ser erradicada simplesmente por meio de mecanismos específicos, como os programas de "enriquecimento do trabalho"; se as condições materiais não forem alteradas, dificilmente o trabalhador deixará de ser alienado.

Uma segunda forma de abordar o problema da alienação é dando destaque a seus aspectos "subjetivos". O propósito desta abordagem é escapar ao "determinismo objetivista" dos autores de inspiração marxiana, para os quais o sujeito e a ação devem estar subordinados à estrutura objetiva dos processos de produção e das relações de trabalho. Encontramos um dos principais representantes desta abordagem em uma equipe de sociólogos ingleses que, no final da década de sessenta, foram os responsáveis por colocar em questão o conceito "objetivo" de alienação.

Seguindo um esquema de referência neo-weberiano, J. Goldthorpe, D. Lockwood, F. Bechhofer e J. Platt levaram a cabo o projeto *The affluent worker*, que resultou em duas publicações, *The affluent worker: industrial attitudes and behavior* (1968) e *The affluent worker in the class structure* (1969). Conforme sugerem os autores nesta última obra, sua abordagem foi pensada como um tipo de reação contra os analistas marxianos ortodoxos e sua forma de entender a problemática da alienação. As análises desses autores sobre o relacionamento entre identidade e trabalho são importantes neste livro porque põem em perspectiva precisamente o sentido do trabalho embutido no conceito ortodoxo (marxiano) de alienação. Vejamos, na seqüência, os principais achados do projeto *affluent worker*.

O propósito central do referido projeto foi confirmar, empiricamente, a hipótese de que as classes trabalhadoras inglesas do fim dos anos de 1950 e início dos anos de 1960 estavam se tornando cada vez mais classes médias – quer dizer, os pesquisadores buscavam identificar a questão do emburguesamento, já que, naquela época, vários autores defendiam que, com o aumento da afluência econômica, os operários estavam transformando-se em classe média, absorvendo seus hábitos de consumo e seu comportamento.

O projeto *affluent worker* chegou a duas conclusões importantes, as quais contrariam dois modelos ideais típicos sobre a "imagem de sociedade" que os trabalhadores formam para si: de um lado, aquela imagem ligada a um modelo tradicional determinado pela consciência de pertencimento de classe e pela solidariedade correspondente; de outro, o modelo burocrático, no qual a aquisição de status e prestígio ocorre mediante a ocupação de determinadas posições na estrutura hierárquica das empresas. Primeira conclusão: o trabalhador descoberto por Goldthorpe e colaboradores (1968; 1969) não pensa como um "nós", não se identifica com a empresa e tampouco acha seu trabalho intrinsecamente significativo.

Segunda conclusão: ele é orientado, prioritariamente, pela aquisição de um bom salário e prefere dividir suas melhores horas, como as de consumo e lazer, no espaço privatizado da família, e não com os membros de sua classe ou com colegas trabalhadores. Os trabalhadores afluentes acreditam haver um contrato entre eles e as organizações e que este contrato é regido por uma lógica puramente econômica ou transacional. O trabalho pode não ter sentido, sendo exigente ou desgastante, conquanto propicie uma alta renda.

De acordo com Goldthorpe e colaboradores (1968), os trabalhadores afluentes possuíam uma "orientação instrumental" ao trabalho. Nessa perspectiva, este último é avaliado em sua dimensão econômica e o trabalhador privatizado e instrumentalizado é considerado um representante prototípico do homem econômico smithiano. Ele concebia o trabalho como um *meio* para um fim econômico e não o investia com um sentido grupal ou comunal (ético) – em suma, não dividia com outros trabalhadores uma identidade ocupacional, uma identidade social baseada em um trabalho partilhado. Isso, na visão dos referidos pesquisadores, representava um aspecto social mais amplo: a sociedade, ela própria, era concebida em um modelo monetário, cujas formas de estratificação não se davam mediante a consciência de pertencer a uma mesma classe, mas pela capacidade monetária do indivíduo em adquirir mercadorias.

O estudo do grupo de Goldthorpe (1968; 1969) mostrou que um estilo de vida tipicamente privatizado, baseado no consumo e centrado na família, era o principal fator que explicava a falta de identidade e as atitudes dos trabalhadores face ao trabalho – que realizavam para sobreviver. A partir desta conclusão os pesquisadores põem em questão o conceito tradicional de alienação: o indivíduo só pode sentir-se alienado em seu trabalho quando este possui um elevado e central valor em sua vida. A "orientação instrumental" exibida pelos entrevistados em relação a seu trabalho sugeria fortemente que tal centralidade não existia. As "necessidades" dos trabalhadores afluentes não surgiam de sua relação com o trabalho.

Na medida em que as "necessidades" se formam fora do âmbito estrito do trabalho, este não pode ser mais considerado um padrão central para a definição das condutas. Para Goldthorpe e colaboradores a origem da alienação tem agora de ser buscada, se o tem de alguma forma, em outros lugares, como nas estruturas sociais e culturais que geram novos padrões de consumo e o que é entendido como uma base mínima de posses para o indivíduo construir sua família e realizar seus projetos privados.

Em síntese, tratar o problema subjetivo da alienação implica em aceitar que o valor do trabalho e sua importância são construídos em situações sociais, culturais e psicológicas específicas, sendo altamente questionável generalizar "objetivamente" o problema de sua falta de sentido para todos – isso equivaleria a tratar o trabalho como uma espécie de "imperativo categórico" que explica todos os nossos males e também as nossas felicidades.

O SELF E O SENTIDO DO TRABALHO

No âmbito da psicologia social, conforme lembra Gill (1999), o trabalho é analisado a partir de esquemas e modelos conceituais e empíricos que fazem referência a questões de sentido e significado. Na história da disciplina, a influência do interacionismo simbólico certamente contribuiu para essa ênfase no significado, sobretudo neste como prática social.

Para o interacionismo simbólico, uma corrente influenciada pelo pragmatismo, o significado de um ato é determinado pelas interações sociais que ocorrem dentro dos vários grupos a que pertencem os indivíduos e não por meta-categorias a-históricas e transcendentais. Cada ato recebe uma interpretação, a qual é dada em um processo lingüístico e discursivo compartilhado.

Outra noção importante do interacionismo é a de *self*, entendido como o auto-conceito que o indivíduo faz de si mesmo no contexto daqueles mesmos processos interativos. Essa perspectiva é anti-representacionalista e anti-essencialista na medida em que o *self* não é concebido como uma "propriedade" intrínseca dos indivíduos, mas como uma construção social (Gergen, 1999; Gergen & Davis, 1985).

Com respeito ao trabalho, prossegue Gill (1999), algumas correntes da psicologia partem do princípio de que existem necessidades que só podem ser atendidas ou satisfeitas mediante ele e que é possível observar conseqüências psicológicas negativas decorrentes de sua privação – como vimos acima no caso de Friedman. Tal privação pode ocorrer ao menos de duas maneiras, considerando-se a realidade do emprego nas atuais condições do mercado de trabalho: primeira, óbvia e direta, o desemprego; segunda, quando o indivíduo atua em trabalhos desprovidos de significado – quer dizer, trabalhos cuja natureza da ocupação e das tarefas realizadas não propiciam as condições para a satisfação daquelas necessidades.

De acordo com isso, um trabalho "ideal" é aquele em que o melhor desenho de tarefas é capaz de satisfazer um grande número de funções vitais ao bem-estar psicológico, à satisfação e motivação dos indivíduos. Alternativamente, quando o trabalho é mal-concebido ou quando suas condições são restritivas o que se pode esperar é um perigoso efeito negativo sobre a identidade, a saúde psíquica ou mental e a qualidade de vida geral dos indivíduos, fato observado nas diversas patologias do trabalho documentadas na literatura psicológica acumulada nas últimas décadas.

De um lado, ao realçar a questão do sentido do trabalho, a psicologia do trabalho contribui para afirmar sua centralidade. Isso pode ser observado em obras como as de Deci e Ryan (1985), Feather (1989), Gini e Sullivan (1987), Jahoda (1982) e Warr (1987). Para Jahoda, por exemplo, o trabalho não é apenas uma atividade econômica destinada à produção de valor, mas sobretudo uma instituição social. Essa autora entende que uma importante transformação social fez com que outras instituições sociais, como a Igreja por exemplo, não conseguissem mais cumprir o papel de suprir necessidades psicológicas básicas. Agora é o trabalho o único capaz de assumir esse papel.

Ao mesmo tempo em que oferece ao indivíduo uma renda, fundamental para a sobrevivência e a obtenção de *status*, o trabalho oferece rotinas, organiza o tempo, estabelece relacionamentos e oferece aos indivíduos um senso de pertencimento a projetos de valor e reconhecimento sociais. A não-atividade, quer dizer, o não-trabalho, passa a ser associada a possíveis desequilíbrios psíquicos, depressão, dificuldade de determinar a auto-identidade e outros transtornos similares.

Sendo assim, usando um vocabulário composto de palavras como necessidade, satisfação, motivação, *self* e auto-realização, a psicologia ajuda no desenvolvimento de uma trama conceitual e empírica dentro da qual o trabalho ocupa lugar de destaque na construção do sentido que damos à nossa existência. Por conseguinte, parece difícil dissociar o problema da alienação da questão do sentido do trabalho. Marx, há mais de um século, chamava-nos a atenção para os problemas decorrentes de uma situação de trabalho em que os indivíduos são impedidos de expressar suas potencialidades, interesses e liberdade. Já em Marx o problema da alienação era um de natureza psicológica, e não econômica. Este passa a ser um problema econômico na medida em que se acredita na baixa *performance* do indivíduo decorrente de uma situação ocupacional empobrecida.

Quer dizer, no momento em que a perda do sentido do trabalho põe criticamente em risco o desempenho organizacional, torna-se vital desenvolver alternativas que restabeleçam as condições ideais para a satisfação das necessidades psicológicas. Parece não restar dúvidas de que a agenda dos teóricos da chamada "reforma do trabalho" (Mayo, Argyris, Herzberg, Maslow, entre outros) continha uma proposta de re-instituir o sentido essencial do trabalho que estava sendo perdido nas condições do capitalismo do início do século vinte (intensa burocratização, destruição dos conhecimentos especializados pela produção em massa etc.).

De outro lado, a psicologia social do trabalho, sobretudo nas correntes influenciadas pelo interacionismo simbólico, soldou o trabalho à identidade, ao *self*. Com uma particularidade: o sentido do trabalho não depende de orientações *a priori*, como era o caso no marxismo – trabalho como categoria universal; trabalhadores como uma categoria universal –, mas do modo como esse *self*, de como a personalidade, relacionam-se com o trabalho. Então, o conceito de alienação é também aqui paradoxalmente posto em questão: um trabalho "alienante" não o é porque determinadas características "universais", objetivas, do trabalho não estão sendo satisfeitas, mas porque o indivíduo que o realiza não está encontrando o sentido mais conforme às suas necessidades intimamente pessoais ou então à sua visão de mundo particular (determinada por sua própria história de vida).

A alienação, pressupondo, como vimos, a elevação do trabalho, é um conceito objetivo e "social", ao passo que a "falta de sentido" para o trabalho, na versão psicológica do *self*, é um problema sobretudo de foro íntimo, às vezes fruto de uma ocasional incompatibilidade entre a personalidade e o cargo ocupado ou as tarefas realizadas.

Desse modo, o sentido do trabalho sofre uma importante modificação mediante o vocabulário psicológico influenciado pelo interacionismo simbólico: a importância do trabalho, sua "centralidade", depende menos de seu caráter universal e objetivo, de sua compulsoriedade devida à "natureza humana", do que das idiossincrasias psicológicas dos atores em questão. É o *self* que determina a orientação que o indivíduo terá em relação ao trabalho (Drenth, 1991).

Ou seja, mesmo que esse *self* seja definido, ao mesmo tempo, como auto-reflexivo (um "eu") e como um objeto social (um "mim"), o sentido do trabalho, por conseguinte sua centralidade dependerá da construção que o ator for capaz de fazer *a partir* dos sentidos sociais divulgados sobre o trabalho. O ator terá de singularizar sua experiência com o trabalho de tal sorte que ele pode *ou não* considerar o trabalho numa perspectiva central. Assim, a importância do trabalho, seu sentido ("o que é trabalho?"), dependerá cada vez mais da biografia desse *self* e de seu lugar no repertório de identidades sociais desse mesmo *self*.

REVENDO O SENTIDO DO TRABALHO EM UMA PERSPECTIVA EMPÍRICA (O CASO DA PSICOLOGIA SOCIAL EMPÍRICA)

No final dos anos de 1980, uma equipe de cientistas sociais conduziu o que talvez seja uma das mais ambiciosas e reveladoras pesquisas empíricas sobre o sentido do trabalho nas sociedades modernas no século vinte. O projeto, denominado de *Meaning of Working International Research Program – MOW* (1987) –, consistiu de um *survey* realizado em oito países com mais de quinze mil respondentes entre os anos de

1978-1984. O projeto, cujos resultados foram publicados em 1987, apresenta ainda um importante modelo heurístico de pesquisa no qual se busca definir e operacionalizar o que se entende por "sentido do trabalho".

Para os autores do referido projeto, o sentido do trabalho é composto por quatro áreas: primeira, a área da "centralidade do trabalho" propriamente dita. Esta área é mensurada mediante dois índices, um objetivo e outro relativo, respectivamente: quanto o trabalho é importante na vida dos indivíduos e qual sua importância quando comparado a outras áreas da vida (família, religião, lazer e comunidade). Segunda, pela área denominada de "normas sociais", que consiste de uma série de índices que buscam medir quais os direitos e deveres que os indivíduos consideram estar associados ao trabalho. Terceira, a área dos "objetivos do trabalho", referindo-se à importância de se respeitar determinados valores, satisfazer determinadas necessidades e realizar determinadas preferências mediante o trabalho. E a quarta área refere-se ao modo como os indivíduos entendem o que é trabalho, quer dizer, a identificação de critérios e razões pelas quais eles decidem se uma atividade pode ou não ser considerada trabalho.

Apreciados em conjunto, os resultados do MOW reforçam o argumento de que o trabalho, apesar de representar dimensão importante na vida dos indivíduos, não constitui uma força homogênea. Em outras palavras, sua importância depende da situação, do tipo de atividade, das preferências e visão de mundo dos indivíduos bem como de seu grau de identificação com ele. Especificamente, os resultados do MOW mostram que ele é a segunda principal atividade em termos de importância para os entrevistados, perdendo para a família mas ganhando do lazer (MOW, 1987).

Já o sentido do que seja "trabalho" varia, levando pesquisadores como Heller (1991) a sugerir que, mesmo não tendo a importância que possuía sob a ética protestante, isso se deve ao fato de o trabalho ser *apenas um subsistema* de um conjunto maior de atividades que incluem educação, lazer e ações voluntárias. Heller define trabalho em sentido estrito como atividade paga, a remuneração pelo exercício de uma atividade num contexto específico (a empresa, o mercado) e para finalidades específicas (sobrevivência, aquisição de bens etc.). Por seu turno, England (1990) observa que o trabalho é definido principalmente como uma *atividade concreta*, isto é, realizada tendo em vista a obtenção de um salário, num contexto específico (a empresa), durante um determinado período (jornada de trabalho) e também porque é algo que *precisa* ser feito.

Revisto como *atividade*, o trabalho tem importância relativa, tornando-se dependente de aspectos como a possibilidade de o indivíduo realizar tarefas enriquecedoras, variadas, auto-orientadas, que requeiram desenvolvimento de habilidades especiais e ofereçam relativa autonomia. Quanto maior a pluralidade, riqueza e identificação com as *atividades* realizadas (dentro das quais o trabalho é uma parte), maior a centralidade do trabalho. Quer dizer, a centralidade do trabalho depende de um conjunto de atividades ser reunido – ou entendido pelo indivíduo – sob o título de trabalho e então ser estipulado como tão ou mais importante do que outras atividades de sua vida.

Dito de outra maneira, a centralidade do trabalho depende do *sentido* do trabalho para as pessoas (Morin, 2006). Heller (1991) conclui que uma baixa centralidade do trabalho, como a encontrada em diversos países pesquisados no MOW, deve-se ao fato de os indivíduos valorizarem outro conjunto de atividades que não as estritamente associadas ao trabalho. Heller nos adverte de que, dessa forma, evitamos considerar o trabalho uma categoria tão abrangente a ponto de incluir todos os âmbitos de atividades humanas. Mais fundamental, essa correção terminológica relativiza ou matiza o sentido do trabalho como uma atividade-chave na definição da identidade – pois isso só pode acontecer se o trabalho for definido de modo exageradamente amplo e onipresente, algo que acreditamos encontrar na obra de Marx.

Empiricamente, o trabalho não será uma atividade "central" quando estipulado de fora, quando imposto ao indivíduo ou então quando não representar, de seu ponto de vista, um núcleo de atividades significativas. Na atualidade, é muito provável que indivíduos que trabalham em ocupações restritivas e empobrecidas talvez prefiram investir em outras atividades como seu centro de identidade, como na família, por exemplo. Embora não seja nosso propósito aqui, essa afirmação poderia ser confirmada indiretamente pelas investigações sobre identidade social empreendidas pelos psicólogos sociais, especialmente por Henri Tajfel e John Turner (Tajfel & Turner, 1986).

O mais importante, para os propósitos deste livro, é destacar que os resultados do MOW, ao pôr em perspectiva comparativa a importância do trabalho, matiza seu peso fazendo-o depender de variações sócio-históricas e, principalmente, individuais. Em segundo lugar, seus resultados mostram que o trabalho está competindo hoje com outras instâncias da vida – família, entretenimento, lazer passivo e ativo etc. – e que seus referentes semânticos sofrem grande diversidade e variação dependendo das culturas e dos vocabulários disponíveis.

Tais referentes variam também de acordo com as atitudes em relação ao trabalho. Wrzesniewski, McCauley, Rozin e Schwartz (1997), por exemplo, mostram que há três tipos de atitudes: atitudes de quem interpreta o trabalho como emprego, como carreira ou como vocação. A atitude de tratar o trabalho como emprego leva as pessoas a se envolver com ele apenas instrumentalmente, quer dizer, em nome do salário. Como carreira, o propósito é usá-lo para atingir os propósitos profissionais (usar o trabalho como meio). Já como vocação o trabalho figura como uma atividade essencial pela qual o indivíduo obtém prazer e gratificação. Naturalmente, apenas neste último tipo de atitude poderíamos falar de centralidade do trabalho.

Outro ponto que consideramos especialmente revelador é que os resultados do MOW parecem confirmar empiricamente uma tendência de "culturalização" do trabalho provocada pelo deslocamento do que autores como D. Bell, em *The cultural contradiction of capitalism* (Bell, 1979) e R. Inglehardt, em *Culture shift* (Inglehardt, 1990), chamam de emergência de uma cultura pós-materialista, onde valores como qualidade de vida, preservação ambiental, participação política e auto-realização competem com valores tradicionais ligados à produção de bens (sociedade de produtores), crescimento econômico, poupança, disciplina e preocupação com o futuro.

Quatro anos mais tarde à publicação dos primeiros achados do MOW, em 1991, em edição especial do *European Work and Organizational Psychologist* dedicada ao projeto, os pesquisadores que participaram do estudo original buscam revalidar ou não as hipóteses originais acerca das transformações na importância do trabalho.

Por exemplo, Quintanilla e Wilpert (1991), comparando os resultados do MOW de 1987 com uma nova amostra de trabalhadores alemães, chegaram à conclusão de que o trabalho vem perdendo espaço em detrimento do lazer naquele país, e de que a orientação econômica do trabalho ("objetivos do trabalho") também decresceu em relação à sua dimensão expressiva, quer dizer, dependendo da situação os indivíduos preferem trabalhar em troca de algo gratificante (por exemplo, onde sintam que podem se auto-realizar) do que de dinheiro (salário) simplesmente.

Em outro estudo, England (1991), coordenador do MOW, constata que, entre duas amostras de trabalhadores norte-americanos, uma pesquisada em 1982 e outra em 1989, a importância do trabalho (centralidade) tem diminuído, sobretudo entre os mais jovens (não socializados na ética protestante do trabalho).

CAPÍTULO 13

A DESINSTITUCIONALIZAÇÃO DO TRABALHO

A última linha sobre o que estamos aqui denominando de desmontagem do trabalho engloba dois autores, ambos focados em uma mesma interrogação: o que ocorre com o indivíduo quando as formas tradicionais de contrato social dão mostras de transformação intensa? Escolhemos abordar aqui as respostas dadas pelos sociólogos Ulrich Beck em seu *The brave new world of work* (Beck, 2000), e, com Elisabeth Beck-Gernsheim, em seu *Individualization* (Beck & Beck-Gernsheim, 2002), e Alain Ehrenberg em seus *Le culte de la performance* (Ehrenberg, 1991), *L'individu incertain* (Ehrenberg, 1995) e *La fatigue d'être soi* (Ehrenberg, 1998).

Esses autores defendem que, em um momento no qual os projetos coletivos, como o trabalho, não são mais garantidos por um contrato social forte – pela tradição, no caso de Beck, ou pelo Estado de Bem-estar Social, no de Ehrenberg –, resta aos indivíduos a tarefa de conduzir seu próprio projeto de vida profissional assumindo todos os riscos implicados nesse tipo de tarefa.

Para Ehrenberg, a conseqüência é uma ampliação das responsabilidades individuais que tem levado a estados de anomia pessoal, como depressão – em uma leitura que lembra muito Durkheim; para Beck, ao contrário, a situação pode trazer novas oportunidades aos indivíduos que, uma vez libertos da tradição e de suas amarras – ou "jaula de ferro", como diria Weber –, podem levar uma vida com relativa autonomia e liberdade, mas ao preço de risco e incertezas.

Para Beck, a falência dos contratos sociais tradicionais abre espaço para a reapropriação de projetos de vida singulares; para Ehrenberg, o cenário é menos promissor, na medida em que talvez os indivíduos não tenham recursos próprios para lidar com o novo ambiente de intensa privatização de responsabilidades, incerteza e ambigüidade. Na seqüência, analisamos as principais idéias desses dois autores sobre as mudanças contratuais particularmente no campo do trabalho, buscando entender como elas ajudam no processo de mudança do sentido e da importância do trabalho na construção das subjetividades próximo ao final do século vinte.

INDIVIDUALIZAÇÃO, LIBERDADE E RISCO

Não há, no ocidente contemporâneo, um desejo mais forte e marcante do que o de "levar uma vida própria". Beck e Beck-Gernsheim (2002) analisam a emergência de uma sensibilidade de época que considera os valores costumeiramente associados a grandes narrativas, como as do Estado-nação, da etnicidade, da família tradicional e da classe social e do trabalho para a vida toda, cada vez menos capazes de determinar as condutas individuais. Esses autores dão o nome de "individualização" a esse processo e na seqüência desta seção analisamos seu significado.

Em primeiro lugar, a individualização ocorre no contexto do que Beck (2000) e Beck e Beck-Gernsheim (2002) identificam como a passagem da primeira para a segunda modernidade. Aquela era constituída, no plano político, pela sociedade do Estado-nação e, no plano cultural, pelas identidades coletivas dadas *a priori*, como as classes sociais, as etnias e a família. No plano econômico, pelo pleno-emprego e um modo de produção baseado na exploração da natureza física.

Três transformações minaram essa primeira configuração da modernidade: primeiro, o fenômeno da "globalização" (econômica, sociológica e cultural); segundo, o desemprego ou o subemprego estrutural; e, terceiro, a crise ecológica. Essas transformações nos trouxeram à segunda modernidade, caracterizada por mudanças nos relacionamentos pessoais (crise da instituição matrimonial tal como compreendida como *pater família* e o restante dos membros satelizando tal autoridade), por diferentes formas de produção e por uma pluralização dos estilos de vida. Nesta segunda modernidade o indivíduo é resgatado como unidade ativa da política liberal.

É na segunda modernidade que o indivíduo encontra seu pleno espaço de florescimento. É aqui também que se forja uma nova ética, uma para a qual a individualização pressupõe uma consciência e um processo reflexivo de socialização. O indivíduo tem agora de inventar os termos de sua própria *subjetividade*, e isso fora das instituições globais da primeira modernidade. No centro desta nova ética reside uma noção muito forte de "qualidade de vida", que implica no direito ao próprio "tempo" pessoal, no direito de desfrutar de novos lazeres e de novas formas de relacionamento consigo mesmo. O tempo, aqui, é o que abre as portas para os tesouros prometidos pela época da vida auto-determinada: diálogo, amizade, diversão, "ser si mesmo", compromisso subpolítico – compromisso que é organizado em torno da alimentação, do corpo, da sexualidade, da identidade e da defesa da liberdade política.

A individualização é baseada no princípio do "dever consigo próprio". Isso, afirmam Beck e Beck-Gernsheim, não necessariamente é sinônimo de "egoísmo", mas de uma transformação nos vínculos do indivíduo consigo próprio e com a sociedade. Há, na individualização, um foco na auto-libertação como um processo *ativo* focado na busca por novos laços na família, no mercado e na política. O indivíduo *reinventa a ordem social*. Assim, o potencial político da nova esfera privada reside na realização que possibilita um grau de auto-amoldamento da vida das pessoas e que, por meio do ato direto de fazer as coisas de *modo diferente e semelhante* ao mesmo tempo, desafia e supera as crenças culturais profundamente enraizadas.

Beck e Beck-Gernsheim contrapõem à ordem da "primeira modernidade" (onde predominava a "soberania do povo e da disciplina"), calcada na tradição e mecanismos fortemente encaixados no plano social (família patriarcal, mercado de trabalho regulado na forma do assalariamento e da jornada de trabalho), uma *individualização com poder micropolítico* capaz de imputar um ato criativo na transformação e na bricolagem de símbolos, significados e valores passíveis de reinvenção permanente e de experimentação livre.

Beck e Beck-Gernsheim chamam esse contexto do *individualismo criativo* de uma "auto-cultura", que, segundo eles, "significa destradicionalização, liberação das certezas e suportes dados de antemão. Sua vida se torna, em princípio, uma risco-aventura. Uma história de vida normal se torna uma vida eletiva, uma biografia de risco, no sentido de que tudo é uma questão de decisão" (p. 48).

A tomada de decisão é feita em um ambiente em que se assumem as conseqüências pessoais que deste ato podem derivar. Uma condição estrutural do presente momento histórico é que *a incerteza é produzida no próprio ato decisório*. No entanto, quando um indivíduo sente que está assumindo um peso maior que sua capacidade de sustentação, a reação é *desespero e angústia*. É aqui que a compulsão à construção e fabricação de si se tornam um grave problema de saúde pessoal. O problema, encerram os autores, não é que a tradição tenha enfraquecido, mas que uma carga cada vez maior desaba sobre pessoas que, por essa razão, se tornam vulneráveis e fragilizadas.

Individualização e sentido do trabalho

O que pode ser dito do impacto do processo de individualização sobre o trabalho? Em primeiro lugar, o trabalho se torna uma narrativa pessoal, associado à biografia escrita pelo próprio indivíduo e pela qual ele organiza *seu* projeto de vida. Isso é bem diferente da visão tradicional sobre o emprego: este pertence à empresa e o indivíduo se limitava a seguir o que era exigido por ela. Na concepção de Beck e Beck-Gernsheim (2002), o movimento de individualização no campo do trabalho abre espaço para a realização de desejos que manifestam as escolhas e o estilo do indivíduo. O desejo de levar uma vida própria, ao chegar no campo do trabalho, põe em evidência o desejo de possuir e de cultivar uma carreira e nesse sentido o mercado funciona como poderosa força propulsora à individualização, pois realça a competitividade entre os indivíduos – só é possível competir quando se consideram as diferenças entre eles.

A "vida própria" é uma vida que Beck e Beck-Gernsheim chamam de *reflexiva*. A reflexividade é hoje condição para se viver singularmente, pois implica em se apropriar dos efeitos que a própria ação tem sobre a consciência. Uma "administração ativa" é necessária para a condução da vida num contexto de demandas conflitantes e num espaço de incerteza global. Torna-se normal o teste de diferentes histórias; várias identidades que se sobrepõem vão sendo descobertas e uma vida é construída graças a sua combinação.

Como podemos pensar o sentido e a importância do trabalho em um contexto de individualização da experiência com ele? Em nossa leitura do texto de Beck e Beck-Gernsheim observamos que estes admitem que o cenário subjetivo contemporâneo é povoado de oportunidades de acesso à identidade que não se restringem prioritariamente ao trabalho (como "grande narrativa"). Na linha do que refletem esses dois autores, as vias de acesso à singularização teriam se ampliado e diversificado. Claro que o trabalho continua como uma dessas vias, mas não como referente único do sujeito – mas na forma de "fator de individualização".

A escolha da carreira é um dos exemplos mais notórios desse desejo contemporâneo de individualizar a experiência com o trabalho. A carreira reflete, no imaginário atual, muito mais do que um emprego, quer dizer, a tutela a uma organização: reflete o próprio caráter do indivíduo, seu estilo, suas preferências e o tipo de visibilidade social que lhe é devida por sua trajetória bem-sucedida. Na mitologia moderna do mundo dos negócios é possível reconstruir a biografia de um indivíduo a partir dos incidentes críticos que marcaram sua carreira.

Podemos dizer o sentido do trabalho é agora apresentado a partir da introdução do elemento "risco". Quer dizer, o trabalho até pode ser uma base importante para a construção da identidade; no entanto, quanto mais alguém depender dele para construir sua identidade, mais deverá estar cônscio de que sua biografia profissional poderá ser, a qualquer momento (mesmo que se "prepare" da melhor forma possível), interrompida.

O conceito de individualização e risco introduzidos por Ulrich Beck podem nos ajudar a determinar os pesos e as medidas na experiência atual com o trabalho. Na "essência" da idéia de carreira reside, pois, a possibilidade de ascensão ou queda. Na visão de Ehrenberg, como veremos abaixo, nem sempre os indivíduos estão dispostos ou são capazes de responder à pressão dos riscos e das incertezas desse tipo de identidade.

O trabalho e o culto da performance

Em suas três principais obras, o sociólogo francês Alain Ehrenberg (1991; 1995; 1998) discute idéias que se aproximam muito das encontradas no estudo de Beck e Beck-Gernsheim (2002). Da mesma forma que estes, Ehrenberg defende que a falência progressiva da capacidade política do Estado em fornecer modelos legítimos de ação e referências sociais aos indivíduos tem dado margem a um movimento de individualização caracterizado pela valorização do indivíduo móvel, autônomo, independente, capaz de encontrar, por si mesmo, suas referências na existência e de se realizar por meio de sua ação pessoal.

Há, na perspectiva de Ehrenberg, uma tendência de fundo nas sociedades democráticas avançadas: a *indeterminação*, que "é um modo de existência de massa do qual o indivíduo conquistador e o indivíduo sofrente desenham as bordas e as inexoráveis tensões" (Ehrenberg, 1991, p. 18). A indeterminação implica um futuro incerto e o enfraquecimento da confiança numa sociedade que se responsabiliza pelas ações dos indivíduos e por projetos e ideais publicamente sustentados. Como diz Ehrenberg (1991): "A vida era vivida pela maior parte das pessoas como um destino coletivo; hoje, ela é uma história pessoal. Cada um, de agora em diante, indubitavelmente confrontado com o incerto, precisa apoiar-se sobre si mesmo para inventar sua vida, lhe dar um sentido e se engajar na ação" (p. 18). A maneira de responder a esse estado de incerteza é recorrendo ao que Ehrenberg chama de "culto da performance".

Tal culto se caracteriza pela junção de três tipos de discursos: o esportivo, o do consumo e o empresarial. No início dos anos 1980, relembra Ehrenberg, a rápida ascensão do individualismo se construiu, ao mesmo tempo, como símbolo da valorização das iniciativas da sociedade civil e da crise da representação política: "O que a política já não podia fazer, o econômico ia se ocupar: a empresa, nova solução miraculosa, se tornava cidadã" (Ehrenberg, 1991, p. 16).

Nesse ambiente, altera-se a representação social da empresa, a qual deixa de ser percebida como instrumento de dominação dos grandes sobre os pequenos para funcionar como modelo ideal de conduta para o indivíduo, já que ela é símbolo de eficácia e de iniciativas ousadas num contexto turbulento. Ela abandona o terreno econômico *stricto sensu* e fornece modelos de subjetivação para a grande massa da população. A empresa é a fornecedora oficial de um tipo muito particular de singularização: a *performance*.

Uma espécie de *aventura empresarial* passa a ocupar o lugar deixado vazio pelo declínio dos modelos de política que produziam o repouso do indivíduo sobre instituições que agiam em seu lugar e falavam em seu nome. Ao tornar-se uma "comunidade de pertencimento" a empresa prolonga na vida pública a mitologia da autorealização que antes (até a década de 1980) era promovida no exclusivo registro da vida privada, mediante o consumo. Quando a privacidade se torna o suporte para um desprendimento de um destino fixo em proveito da liberdade de escolher a própria vida, e quando há uma abertura e um aumento das oportunidades dadas à iniciativa pessoal, ocorre uma mudança radical na forma de representar a individualidade: ela passa a significar uma trajetória de realização e desenvolvimento pessoais, calcada principalmente na busca e manutenção do próprio bem-estar psíquico e físico. É exatamente nesse contexto de introdução e germinação de uma nova configuração da individualidade que ganha destaque o discurso empresarial, pois ele promete funcionar como uma alavanca poderosa na construção de uma singularidade pautada pelo desejo de eficácia e de ascensão pessoais.

Uma condição fundamental para a instalação massiva do discurso empresarial como forma privilegiada de singularização é o que Ehrenberg (1991) classifica como "inflexão da sensibilidade igualitária". O autor apresenta dois momentos da referida sensibilidade. Num primeiro momento, havia o cuidado para se manter nitidamente separadas as noções de concorrência e justiça. Tanto o Estado-Providência, com suas políticas de assistência social, quanto o ideal de uma sociedade sem classes, atuaram como soluções globais aos problemas colocados pela oposição entre concorrência e justiça.

Em ambos os casos, aponta Ehrenberg (1991), tinha-se em vista a tarefa, tanto de proteger o cidadão dos efeitos da concorrência quanto, se possível, de aboli-la de vez. Num caso como no outro, porém, era preservada a oposição entre ambas. Com a crise do Estado-Providência e das políticas de assistência social tal oposição começa a desfazer-se por completo. Ehrenberg (1991) afirma que o segundo momento da sensibilidade igualitária, justamente aquele que estaria em ação hoje em dia, se anuncia quando as relações sociais passam a ser reorganizadas à luz de uma concorrência generalizada.

A inflexão da sensibilidade igualitária atual consiste em não mais opor concorrência e justiça, mas, pelo contrário, em fazer da justiça um produto direto da concorrência. *Essa é a significação do novo regime empresarial.* Hoje, afirma Ehrenberg, a singularização do indivíduo não é possível a não ser num estilo de relações sociais marcadas pela comparação permanente que atinge a maior parte dos domínios da existência.

O culto da performance contribuiu para uma nova definição do ator de massa: alguém que se singulariza mediante a apropriação de um discurso ultra-concorrencial. Como diz Ehrenberg (1991): "A profissionalização da vida sob os auspícios da empresa seria, doravante, a única via para conquistar sua autonomia, se referenciar na existência e definir sua identidade social. Nós somos, de agora em diante, intimados a nos tornar *os empresários de nossas próprias vidas*" (p. 16 - grifado no original).

Trabalho como "trabalho sobre si"

Essa popularização do modelo empresarial nos domínios da subjetividade abre, em definitivo, uma "multiplicação de vias de acesso à individualidade" (p. 216). O culto da performance, nesse sentido, aproxima o universo empresarial, com suas figuras e estereótipos, do universo heróico, cujo motor central é a crença na autonomia individual irrestrita, na tomada de riscos e numa ação pessoal sobre si mesmo, um *trabalho* sobre si mesmo, numa relação que põe em cena a concorrência *como produto da justiça*.

A ação individual é uma ação destinada a *forjar* e a *inventar* o indivíduo dentro da dupla narratividade do heroísmo (via esporte) e do empreendedorismo (discurso empresarial). A aventura empresarial, fundida pelos discursos do consumo (do bem-estar) e do esporte (tomada de riscos, trabalho sobre si), caracteriza um regime de mudança num contexto instável, cheio de incertezas e de riscos.

No culto da performance o indivíduo, qualquer que seja seu lugar na hierarquia social, é impulsionado a ocupar uma posição que torne visível sua única subjetividade, ou melhor, o que torna cada um, simultaneamente, único e semelhante. O governo de si, as atividades *em nome de si mesmo*, tornam crível, para qualquer pessoa, a possibilidade de chegar sempre em primeiro lugar, desde que seja capaz de se governar sem a necessidade da presença de uma autoridade que lhe mostre o caminho certo. "Cada indivíduo deve, então, *se inventar* a si mesmo no presente, singularizando-se por sua ação pessoal" (Ehrenberg, 1991, p. 17 – grifado no original). Mas, como se poderia decompor os elementos que constituem o discurso empresarial?

Em primeiro lugar, analisando a disseminação da competição no seio da sociedade. E, ao contrário do que se poderia imaginar, a credibilidade da mitologia concorrencial foi possível mediante a apropriação de um modelo de concorrência típico das provas esportivas, e não de um modelo extraído do mercado. O esporte sempre caracterizou um tipo de excelência social e um tipo de sensibilidade igualitária onde há uma *justa* concorrência, visto que todos estão na mesma referência às normas e regulamentos *estáveis*. A concorrência esportiva ocorre obedecendo a uma institucionalização de *justas desigualdades*, ou seja, vence aquele que se desempenhou melhor, comparativamente aos outros. Nesse sentido, a apropriação do modelo da competição esportiva "permite à concorrência sair do mercado e se livrar das figuras de injustiça. O que é uma justa concorrência? Uma competição" (Ehrenberg, 1991, p. 18).

O culto da performance emprestou à competição esportiva seu critério de justa concorrência ao fazê-la passar de uma justa concorrência esportiva privada (restrita aos estádios e eventos esportivos), para uma norma na vida pública, aliada à temática da realização pessoal, antes oferecida pelo consumo privado de bens (sobretudo entre as camadas médias da população). Logo, "a prática esportiva e a linguagem do esporte penetraram a tal ponto nos poros da sociedade que está em vias de se tornar o lugar de passagem obrigatório dos valores da ação" (Ehrenberg, 1991, p. 172).

Hoje, reforça Ehrenberg, só conta a ação do indivíduo que dependa dele mesmo, calcado no modelo heróico e "radical" do esporte "fora do estádio". A figura do empresário e os modos de ação empresarial se tornaram a encarnação mais visível do heroísmo contemporâneo porque resumem um estilo de vida que põe em ação a tomada de riscos numa sociedade que faz da concorrência inter-individual uma *justa* concorrência. Além disso, o empresário simboliza a encarnação do homem voltado para o futuro, que consegue ver num ambiente incerto e turbulento, subverte as hierarquias instituídas, abre novos mercados e lança novos produtos. Diante dessa *aventura empresarial* em que se tornou a sociedade, o modelo organizacional deixa de ser retratado como um mero dispositivo administrativo para se tornar uma relação com a existência, um sistema de condutas de si, consistindo na implicação do indivíduo na formação de sua autonomia e de sua responsabilidade.

"Empresa", portanto, designa não mais uma acumulação de capital, mas uma maneira de se conduzir, ou melhor, o fato de se "empreender" qualquer coisa: "Ela simboliza uma criação pessoal, uma aventura *possível para todos*" (Ehrenberg, 1991, p. 198 – grifado no original). Colocada nesse nível familiar, os "vencedores" dessa nova aventura empresarial nos fazem ficar mais próximos dos "heróis", ideal tentador, como se isso estivesse ao nosso alcance, bastando-nos, apenas, querer ganhar e vencer.

Segundo Ehrenberg (1991), se a empresa é um modelo para toda a sociedade, o "ganhador" estende um ideal de performance individual para todas as camadas sociais. O *show* empresarial, continua o autor, tem pelo menos duas conseqüências importantes e solidárias uma à outra, ilustrando a ampliação considerável do acesso à individualidade e constituindo as condições indispensáveis para que ela seja um ideal de massa acreditável.

Em primeiro lugar, uma desierarquização das atividades sociais e econômicas. Vencer não importa onde, em qualquer campo, em qualquer esfera, em qualquer lugar e dimensão. "Os chefes de empresa simbolizam, de qualquer modo, uma performance inteiramente terrena, na medida em que seu campo de atividades não tem nenhum limite" (p. 210). Em segundo lugar, uma generalização dos públicos da vitória.

Aqui entram os infindáveis manuais, as inumeráveis revistas, magazines, os livros, reportagens, filmes, comentários, workshops, seminários, eventos, simpósios etc., consagrados a dar poder e conteúdo às práticas de conquista e vitória, de sucesso social. Como diz Ehrenberg, "hoje cada indivíduo teria *na cabeça* a possibilidade de se tornar um líder" (p. 210). Está na "cabeça", já que a nova literatura sobre o assunto afirma que vencer, se dar bem, é mais uma questão interna, de mentalidade e disposições, do que meramente um instrumento técnico ou "externo".

PARTE IV

DECLÍNIO DO TRABALHO E NOVOS DILEMAS IDENTITÁRIOS

Na parte anterior, nosso alvo de análise foram as quatro linhas sobre a desmontagem ou enfraquecimento do trabalho na segunda metade do século vinte. Em cada uma delas o trabalho é questionado nos termos em que originalmente foi concebido, isto é, como fonte do valor econômico, como objeto de uma ética específica, como principal meio de definição da subjetividade e como contrato social.

Essa desmontagem pode ser observada na pluralidade de sentidos e na posição ambígua do trabalho na atualidade, particularmente no que diz respeito na sua associação com a identidade. Nosso pressuposto é de que, na medida em que aquelas bases são abaladas, diminuem as chances de o trabalho ser a forma privilegiada de os indivíduos descreverem-se a si mesmos. As chances diminuem, primeiro, porque o trabalho objetivamente mudou e um dos sinais mais claros, como discutimos ao longo deste livro, é a mudança em sua base institucional, agora frágeis. Segundo, porque os processos de construção de identidade também mudaram: em nossa época, elas devem ser construídas na ausência de "outros fortes", ou seja, privadas certezas definitivas – por exemplo, as certezas que haviam em torno do trabalho.

Defendemos nesta última parte do livro que para melhor apreendermos as características do enfraquecimento da relação trabalho-identidade convém nos debruçarmos antes sobre uma discussão acerca do significado mesmo de identidade no âmbito do projeto pós-moderno. Insistiremos no fato de a pós-modernidade consistir de uma época em que os principais conceitos modernos são colocados em questão, dentre eles o de sujeito moderno.

Como discutiremos no Capítulo 14, o sujeito moderno é uma instância de natureza metafísica criada para legitimar, fundar e garantir o conhecimento verdadeiro da realidade. Por sua vez, a noção de identidade foi forjada essencialmente no campo das ciências sociais, notadamente pela psicologia e sociologia para explicar os fenômenos contingentes e empíricos com os quais essas ciências haviam de se ocupar. Entretanto, tais ciências construíram seu conceito de identidade à luz dos princípios metafísicos do sujeito moderno, sobretudo nos de continuidade, permanência e fundamentação – quer dizer, insistindo na "necessidade" de elementos e referenciais sólidos nos quais basear a identidade (e, como vimos, esse papel foi preenchido pelo trabalho durante quase dois séculos).

À medida que o projeto pós-moderno avança é a individualidade moderna tal como ela foi concebida às sombras do sujeito moderno que é questionada, abrindo margem para uma rediscussão do conceito mesmo de identidade. Em um ambiente pretensamente pós-metafísico, a identidade começa a ser pensada no plural. O fato de um mesmo indivíduo apoiar-se, em sua lida diária com seu ambiente, em várias "identidades" já não parece ser, no novo imaginário cultural focado na crença da "morte da mesmice", um problema à primeira vista. No Capítulo 14 sugerimos uma abordagem ao conceito de identidade como uma *narrativa* que o indivíduo constrói para dar sentido à sua existência e que tal narrativa se desdobra em vários níveis sobrepostos – narrativas individuais, grupais, científicas e em grandes narrativas históricas.

Assim, é no contexto de uma discussão sobre *narrativas identitárias* no escopo do projeto pós-moderno que vamos, no Capítulo 15, refletir sobre o sentido do trabalho em nosso tempo. Especificamente, mostraremos nesse capítulo que o sentido do trabalho é hoje apresentado por meio de *pequenas narrativas*, ou *ethos*, e não mais, como no passado, por uma "grande narrativa" (ou metanarrativa) cuja peculiaridade era afirmar sua centralidade e onipresença no imaginário coletivo, nas instituições sociais e, conseqüentemente, nos processos de construção da identidade.

No Capítulo 15 identificamos e discutimos cinco dos que consideramos os principais *ethos* do trabalho na atualidade. Em primeiro lugar, o *ethos* moral-disciplinar, no qual encontramos elementos da antiga ética protestante do trabalho e de visões normativas sobre por que e de que modo desempenhá-lo; o romântico-expressivo, influenciado pela herança humanista segundo a qual o trabalho possui valor intrínseco, à semelhança do que discutimos no Capítulo 3 sobre a ética do artesão; o instrumental, baseado em descrições econômicas e funcionais do trabalho; o consumista, no qual o trabalho é descrito como meio para o acesso à aquisição de mercadorias; e o gerencialista, um *ethos* formado por uma *bricolage* de sentidos do trabalho formados ao longo da tradição ocidental, mas que realça a dimensão privada, existencial, do trabalho em seu formato de *carreira*.

Na medida em que a sustentação do trabalho por instituições sociais torna-se dúbia, ou seja, na medida em que sua dimensão objetiva é enfraquecida, tornando seus arranjos ambíguos e freqüentemente contraditórios, a coexistência de cada um desses *ethos* leva a uma privatização da experiência com o trabalho: os indivíduos têm acesso apenas a narrativas sobre o valor e o sentido do trabalho dependendo do contato singular que estabelecem com um ou mais desses *ethos* e das situações práticas a que são chamados a justificar.

Adicionalmente, o que esses vários *ethos* mostram é que há um desalinhamento entre instituições sociais, expectativas sociais e individuais em relação ao trabalho. Exemplificando: na sociedade industrial de pleno-emprego, as instituições estavam alinhadas: o Estado podia "confiar" no trabalho e em suas políticas de inserção social por meio dele; as empresas ofereciam o pleno-emprego e podiam "confiar" que a produção reverteria em lucratividade (havia, como sabemos, um equilíbrio "forçado" entre oferta e procura); as escolas podiam "confiar" que o conhecimento transmitido seria usado; e os indivíduos também podiam "confiar" que teriam trabalho e que poderiam nele se basearem para determinar seu próprio valor diante de si mesmo e dos outros. Todo esse arranjo era cimentado, do ponto de vista discursivo e ideológico, pela *metanarrativa* do trabalho. Essa metanarrativa oferecia as justificativas necessárias para que esse arranjo funcionasse coerentemente.

Como veremos no Capítulo 15, as pequenas narrativas do trabalho ou *ethos* não partilham hoje de um quadro institucional, social e individual integrado. As empresas não garantem mais o emprego estável; o Estado vê reduzida sua margem de manobra nas políticas de inserção via trabalho; as escolas educam muitas vezes para o desemprego; as práticas culturais pós-modernas insistem na ausência de fundamentos últimos para a identidade, de tal maneira que outras preocupações vêm ocupando o lugar deixado aberto pelo trabalho, por exemplo: as envolvidas com o consumo, lazer e entretenimento, as novas formas de relacionamento, os cuidados com a saúde e o corpo, entre outras.

Essa situação gera ambigüidade, pois ao mesmo tempo em que há uma pluralidade de sentidos para o trabalho, há também possibilidade de focos de ansiedade e tensão devido às sobreposições e divergências entre os vários *ethos* em um contexto caracterizado pelo que denominaremos aqui de *rareamento institucional* e solicitação de ação individual sem assistência. Os *ethos* não são sustentados pelas *mesmas* instituições, cabendo ao indivíduo o papel de transitar por eles e lidar com a ambigüidade daí resultante.

No Capítulo 15 analisamos ainda como essa ambigüidade está por sua vez relacionada a um fenômeno de *insegurança ontológica*, o qual pode atingir número crescente de indivíduos submetidos às sobreposições desses *ethos* e cerceados, pelo meio social institucionalmente restrito, em sua capacidade de ação individual. Vamos analisar em que exatamente consiste tal insegurança e, no Capítulo 16, quais as respostas que podem ser – ou são – utilizadas para aplacá-la.

Discutiremos, a partir da análise do fenômeno da insegurança ontológica, a questão de se realmente somos pós-modernos em matéria de trabalho, ou seja, se somos capazes de lidar, apoiando-nos quase que exclusivamente em nós mesmos, com um ambiente incerto, inseguro, no qual a "garantia de emprego" tornou-se sinônimo de estagnação, limitação e obsolescência. Encerramos o livro questionando se o desejo pós-moderno da perda dos fundamentos não seria recebido com dificuldade e relutância por indivíduos subjetivados em uma tradição *ainda* composta de resquícios metafísicos.

CAPÍTULO 14

NARRATIVAS
IDENTITÁRIAS E TRABALHO

No século vinte o trabalho parece ter se tornado um "problema". A sua intensa presença nos debates políticos que tiveram vez no decorrer de todo o século talvez ajude na demarcação de sua extensão: redução da carga de trabalho; distribuição de renda; políticas de inserção e integração social; desemprego em massa estiveram na pauta. Encontramos argumentos, em diversas escolas das ciências sociais – como na "nova" Escola de Frankfurt, por exemplo, por Clauss Offe (Offe, 1985) –, no sentido de os contemporâneos não esperam mais derivar sua identidade do trabalho.

Já nos idos de 1960, Peter Berger, autor responsável por um importante e lúcido ensaio sobre as mutações pelas quais passava o trabalho (Berger, 1964), sensibilizava-se com o problema do trabalho em sua época, um problema referente à precariedade de seu significado, sentido ou papel na definição da identidade. Berger talvez tenha sido um dos primeiros a nomear o fenômeno que aqui chamamos de desmontagem do trabalho. Outros como ele, no decorrer dos últimos trinta anos, seguiram linha semelhante e podem ser associados a um mesmo ponto comum: a conexão trabalho-identidade tem sofrido importantes transformações.

Por mais díspares que sejam as linhas de pensamento sobre o problema do trabalho no decorrer do último século, elas parecem convergir em torno de um mesmo ponto: *a perda de centralidade do trabalho*. Analisamos, nos capítulos que compuseram a parte anterior deste livro, as que consideramos as principais *linhas acadêmicas* de discussão sobre o problema do trabalho no século vinte: primeira, a linha que defende a crise do valor-trabalho; segunda, a linha que defende o declínio ou a transformação no sentido da ética tradicional, protestante, do trabalho; terceira, a que analisa os problemas associados à perda de sentido do trabalho, ao problema da alienação, em suma, a linha que acompanha a crise (filosófica e sociológica) do sujeito do trabalho; e, por fim, a linha que discute as transformações na importância e no papel do trabalho como contrato social, concomitante à emergência dos movimentos de individualização e ao surgimento do que se denomina cultura do espetáculo e da *performance*, nas quais a questão da auto-responsabilização parece fundamental.

Vistas em conjunto, essas linhas apontam para uma redescrição do sentido moderno do trabalho. Este agora compete com outros discursos, com outras narrativas identitárias que, psicológica, social e institucionalmente estão desconectadas da esfera do trabalho tal como este era compreendido no início do século vinte. Como conseqüência, é a *ambigüidade* que parece marcar a experiência atual com o trabalho. Que quer dizer essa ambigüidade?

Numa palavra, que toda a bagagem ocidental sobre o trabalho, na qual sua centralidade foi construída, tem de conviver hoje com uma realidade complexa e fragmentada, um declínio em seus modelos tradicionalmente instituídos (o trabalho para a vida toda, com carteira assinada, contratualmente estável) e com novas ofertas de construção da subjetividade (novas ofertas de sentido, por exemplo, o do consumo, do corpo/beleza, da moda etc.). Mais importante para os propósitos deste livro, essa ambigüidade significa que o sentido moderno do trabalho, enquanto *metanarrativa pública* na qual se associavam fidedignamente trabalho e identidade, está decomposto em vários *ethos*, cada um defendendo uma visão particular sobre *o que é* e *por que* trabalhar e qual a influência disso sobre a construção da identidade. Esses *ethos*, iremos argumentar, operam como pequenas narrativas sobre o sentido e o valor do trabalho, bem como sobre a relação dele com a construção da identidade.

Entretanto, antes de seguir com a análise desses *ethos*, com a qual nos ocuparemos no próximo capítulo, precisamos entender como a metanarrativa pública da centralidade do trabalho associava, de maneira fidedigna, trabalho e identidade. Para isso, achamos proveitoso discutir as mutações no conceito de identidade na transição da modernidade para a pós-modernidade.

A EMERGÊNCIA DO CONCEITO DE IDENTIDADE

O tema da identidade tem ocupado a psicologia há várias décadas. Não temos condições de fazer aqui uma retrospectiva ampla das diversas abordagens do termo dentro dessa ciência e das várias "psicologias". Nossa perspectiva é de corte filosófico. De acordo com ela, a identidade *como questão legítima de interesse investigativo*, depende do surgimento mesmo da modernidade. Em particular, da modernidade enquanto um fenômeno social, econômico e filosófico.

Do ponto de vista social, a identidade emerge quando as pessoas começam a se perceber e se descrever como *indivíduos* todo à parte dos grupos ou comunidades onde antes eram tratadas como seres indiferenciados de regras, valores e hábitos coletivos. O individualismo moderno depende da criação social de um espaço íntimo, isolado e de uma gestão singular da existência. Pensar-se como dotado de um eu, como um "si mesmo", é conseqüência de um processo de socialização no qual os valores ligados ao indivíduo são superiores aos valores ligados à sociedade, tais como o de autonomia, auto-aperfeiçoamento e a valorização da intimidade.

Do ponto de vista econômico, outra força importante para o surgimento do indivíduo e de seu conceito correlato, de identidade, é a burguesia e seu sistema de produção, o capitalismo. Insurgindo-se contra a cultura e sociedade aristocráticas, a burguesia tinha como princípio a livre iniciativa individual. A agência econômica deslocou-se de feudos e comunidades socialmente integradas para indivíduos capazes de romper com suas tradições e inserções fixas por meio de pequenos negócios e pela capacidade de assumir riscos. Respaldados pelo Iluminismo, como uma ideologia de suporte, e pelo crescimento das cidades e pela formalização de um sistema econômico – com a economia ganhando o *status* de esfera central e socialmente diferenciada do conjunto da vida social – os burgueses introduziram um novo imaginário social baseado em valores como iniciativa, ambição, risco e empreendimento.

O capitalismo, por sua vez, à medida que expandia e se consolidava como sistema econômico e produtivo, contribuiu à sua maneira para o nascimento do indivíduo, como na divisão e racionalização do trabalho, na demanda pela compra e venda de força de trabalho individualizada (o indivíduo era livre para vender-se em qualquer mercado, independentemente de seus vínculos atuais com a comunidade) e no impacto segregacional que gerou nos sistemas familiares de produção até então vigentes – quer dizer, ao impor a necessidade de trabalho em empresas ou espaços coletivos (onde estavam os meios de produção).

Com o capitalismo emerge ainda a idéia de trabalho que se tornaria dominante no ocidente, uma idéia que já de início colocava o trabalho como central do ponto de vista econômico e também ideológico. Ideológico porque, antes de sua aparição, o trabalho era uma atividade inteiramente dependente de regulação comunitária e social e, sobretudo, vinculada ao ciclo de necessidades básicas de sobrevivência e não, como seria fundamental à existência do novo sistema, ao desejo de acumulação. A transformação do trabalho em algo social e ideologicamente importante dependeu, pois, de um poderoso processo de civilização – no sentido de um recurso de erradicação de práticas e hábitos localizados, dispersos e fora de controle para um conjunto coordenado, governável e disciplinado de práticas e discursos.

METAFÍSICA, SUJEITO E IDENTIDADE

Contudo, é a dimensão filosófica da modernidade que mais nos interessa aqui. A modernidade se consolida e, junto com ela, a noção social de indivíduo e identidade, quando seu suporte filosófico é erigido em torno de uma instância até então inexistente, o *sujeito*. Esta é, provavelmente, a instância que melhor define a própria modernidade. E o que é o sujeito? Simplificando ao máximo, o sujeito é uma categoria ou forma construída pelo entendimento para servir, durante algum tempo, como uma disposição transcendental que esteja acima ou além da multiplicidade de sensações, sentimentos e das experiências contingentes. Descartes foi o filósofo que batizou essa instância.

Descartes vivia em um período de grandes turbulências, com antigas verdades sendo postas de lado, como as grandes verdades dadas no sistema religioso até então dominante. Descartes receava que a desordem pudesse pôr em perigo não só a convivência humana como também o campo abstrato das ciências e da filosofia. O sujeito, o *subjectum*, aquilo que subjaz, seria uma garantia metafísica, ou seja, segura e invariável, para que a diversidade da experiência não ameaçasse a unidade.

Descartes se impôs a missão de conciliar a dimensão subjetiva da verdade, dependente do ponto de vista de cada indivíduo e, portanto, perigosamente divergente, caótica e variável, com o caráter objetivo de verdade (Ghiraldelli Jr., 2006). Neste seu último sentido, seria possível determinar *o que é realmente verdade*, no sentido de verdadeiro e falso, distinguindo-a de mera crença, opinião ou fé. A tradição seguinte a Descartes estenderia a idéia do verdadeiro e do falso à de certo e errado no campo moral – ou seja, construindo um sujeito político, responsável pela vigilância do correto, do certo e do justo; e, para isso, teria de estar ao lado da "verdade".

Na prática, Descartes queria impedir que a verdade se tornasse um "problema de consciência" de cada um, do tipo: "isso é verdade dependendo do ponto de vista". Ele quis resgatar a tradição filosófica que se iniciou na Grécia com Platão, segundo a qual podemos acessar, para além das aparências, a essência mesma da verdade. Contudo, ele também sabia que a verdade só podia ser acessada pela razão e esta era uma propriedade dos indivíduos. O problema que ele tinha então de resolver era o de como levar em conta as diferenças individuais, subjetivas, particulares a cada um, e a necessidade de garantir a dimensão universal, objetiva, da verdade primeira.

A solução que Descartes encontrou foi elevar o sujeito a uma categoria universal, transformando a *subjetividade* no critério de certeza sobre a verdade. Ou seja, não obstante as diferenças individuais, todos os homens partilhavam de algo universal e comum, a razão – e seria esta que garantiria o acesso único à verdade. Daí que Descartes realiza o que ficou conhecido como a *virada subjetiva* na filosofia, fazendo da verdade uma propriedade da subjetividade – a realidade é conhecida na medida em que *re*-apresentada ao sujeito, ganhando verdade aí nesse espaço da razão e da "mente".

Com o passar do tempo a tradição filosófica do sujeito foi sendo incrementada. Depois de Descartes, Kant deu sua contribuição para tornar mais complexa a idéia do sujeito, para o qual este se encarregava da síntese entre a intuição cega e o conceito vazio por meio do entendimento. Ao mesmo tempo, a filosofia do sujeito migrou para a cultura em geral e para as ciências sociais e humanas em particular, influenciando no conceito de indivíduo, a pessoa empírica incrustada num tempo e espaço específicos e estudado por essas ciências.

E aqui o aspecto mais importante que nos ajuda a compreender grande parte dos debates sobre identidade: o sujeito era a instância que deveria orientar os processos de individualização. Como nos lembra Dufour (2005), "a história aparece então como uma seqüência de assujeitamentos a grandes figuras instaladas no centro de configurações simbólicas cuja lista podemos facilmente fazer" (p. 39). A lista inclui o assujeitamento a Deus, no monoteísmo; ao Povo, na República; à Raça, no Nazismo; à Razão, na Filosofia e de resto na modernidade ocidental; ao Proletariado, no comunismo; e, trazendo a discussão para nosso campo de problemáticas, ao Trabalho, na Sociedade Industrial.

Isso quer dizer que o indivíduo empírico teve, ao longo da modernidade, de assujeitar-se ao ideal de sujeito em questão. O sujeito, como nos lembra Ghiraldelli Jr. (2006), é o que age sobre o objeto, o que é consciente de seus pensamentos e responsável por suas ações. Ele organiza as experiências, dando aos indivíduos (ou "pequenos sujeitos") algo a que apelar, a que recorrer na tentativa de criar para si mesmo uma existência ou de dar a si mesmo uma identidade. É a associação do indivíduo com o sujeito que permite àquele ser *verdadeiro* – ou então *normal, ajustado, equilibrado, não-desviante* e assim por diante, dependendo da praxe corporativa em questão (se psicológica, sociológica, gerencial, filosófica). Essa é a maneira com a qual a modernidade funda um espaço filosófico para pensarmos no sujeito, no indivíduo e na identidade.

Assim, o sujeito se relaciona com a identidade da seguinte forma: ele oferece o fundamento, a matéria-prima, o substrato para sua construção. Levada ao campo da psicologia, a identidade se refere, pois, à manifestação individual do sujeito. O acesso à simbolização dos indivíduos empíricos ocorre pela oferta de um enredo, *uma metanarrativa*, por parte de um sujeito (Dufour, 2005). Não é por menos que grande parte dos trabalhos de filósofos sociais pós-estruturalistas, como os de Foucault (1969; 1971; 1982), visam à crítica de como os indivíduos foram *assujeitados* e disciplinados na *metanarrativa* do sujeito.

SUJEITO DO TRABALHO

Em um dado momento da história do ocidente o trabalho foi escolhido como *sujeito*. Nessa posição ele oferecia uma *metanarrativa* social sobre seu valor e sentido, seja para os indivíduos quanto para as instituições. Como *sujeito*, nesse sentido filosófico, o trabalho era a instância pela qual os indivíduos se tornavam quem eles eram. O sujeito racional de Descartes é então substituído pelo *sujeito do trabalho* de Marx. A verdade se desloca do "eu consciente", perscrutador e investigador para o "eu trabalhador", capaz de agir sobre o mundo e de se externalizar mediante sua obra. O Iluminismo de Descartes é substituído pelo Romantismo de Marx, e nessa substituição é a imagem mesma do sujeito que muda, juntamente com as instituições sociais, os ideais e os valores.

Contudo, esse "sujeito" foi sendo pouco a pouco desmontado no decorrer da segunda metade do século vinte. Como analisamos na parte precedente deste livro, esse desmonte assumiu duas formas principais: um desmonte objetivo, a partir do qual os modelos de trabalho modernamente instituídos são revistos, e um desmonte subjetivo. É este segundo tipo de desmontagem que, em nossa perspectiva, afeta diretamente a questão da identidade. Isso porque ela ocorre na esteira de uma crítica pós-moderna e pós-metafísica à filosofia do sujeito e a seu modelo de subjetividade. Essa crítica leva ao extremo a idéia de que o sujeito está "morto" e de que, por esse motivo, a identidade não precisa mais se vincular a uma instância metafísica, a uma certeza absoluta, a um fundamento.

Sem "sujeito", a identidade torna-se plural: não existe apenas uma única identidade, soldada a um sujeito dominante, mas várias e, no limite, nenhuma. A crença de que a época das certezas chegou ao fim com a transição para a pós-modernidade refere-se, pois, a uma constatação filosófica: a crença no enfraquecimento da metafísica do sujeito. Nietzsche tornou célebre essa crença ao denunciar que "Deus está morto". Deus foi certamente um dos principais "sujeitos" (ou O Sujeito) da civilização ocidental – em relação a ele os indivíduos podiam se constituir com relativa margem de segurança ontológica; com seu desaparecimento, são confrontados consigo mesmos na forma de um inescapável projeto de autoconstrução. Sem referência ao "Outro", os indivíduos devem encontrar seus próprios ideais e neles se basear.

Na seqüência analisaremos uma outra abordagem à questão da identidade. Por meio dela, a identidade é definida não em sentido fixo, uma identidade única que deveria ser "trabalhada" ao longo da vida do indivíduo, tal como ocorria na filosofia do sujeito; por outro lado, também não é definida em perspectiva "diluidora", "líquida", como ocorre nos discursos pós-modernos, inclusive no discurso pós-moderno sobre a "morte" do trabalho e o fim das expectativas envolvidas com sua participação na definição de quem somos. Trata-se da abordagem das narrativas identitárias. Depois de apresentá-la, fecharemos o capítulo com uma análise de como essa abordagem pode nos ajudar a entender a relação pós-moderna entre trabalho e identidade.

NARRATIVAS IDENTITÁRIAS

Podemos considerar uma identidade como uma narrativa construída ao longo do tempo de vida de um indivíduo. A finalidade dessa narrativa é fornecer uma linguagem coerente que os indivíduos podem usar a fim de construir e organizar o sentido de sua existência no tempo-espaço e de lidar com seus relacionamentos sociais.

Conforme lembra Pahl (1997), a noção de Paul Ricoeur segundo a qual a constituição da identidade se resume essencialmente a uma operação narrativa foi fundamental para introduzir a questão da narratividade nas discussões sobre o tema. Em sua esteira, autores como Somers e Gibson (1994) afirmam que as narrativas nos ajudam a construir nossas identidades na medida em que nos oferecem vocabulários e roteiros de descrição de si mesmo, os quais possuem, ao mesmo tempo, uma dimensão pessoal, social e histórica. Em seu profícuo estudo, aqueles autores identificam quatro dimensões da narratividade identitária.

Um primeiro tipo de narrativa é a *narrativa ontológica*. Elas nos ajudam a saber quem somos, por que e como fazemos as coisas que fazemos. São histórias que os atores sociais usam para dar sentido a suas vidas. O pressuposto dessas narrativas é de que a identidade se constrói na medida em que o indivíduo concebe sua vida como mais do que meramente uma série de eventos dispersos e sem relação causal uns com os outros. As narrativas ontológicas processam esses eventos de modo a torná-los episódios e enredos articulados causalmente no tempo e no espaço. Conforme dizem Somers e Gibson (1994), "a principal característica da narrativa é oferecer uma compreensão unicamente pela conexão (embora instável) das partes em uma configuração construída ou em uma rede social (embora incoerente ou inexeqüível), compostas de práticas simbólicas, institucionais e materiais" (p. 59).

A questão é que as narrativas ontológicas ajudam os indivíduos a desenvolver e sustentar a própria identidade, pois estes se conhecem na medida em que usam expressões lingüísticas para se auto-justificarem e na medida que outros também as usam para referirem-se a eles. Uma narrativa ontológica é construída em primeira pessoa e se expressa em relatos justificadores que aos poucos se diluem em roteiros relativamente consistentes e legíveis. O processo depende, obviamente, de seleção racional por parte do indivíduo, que escolhe os fatos e os reconstroem a uma luz favorável.

Contudo, conforme salientam oportunamente Somers (1994) e Somers e Gibson (1994), as narrativas ontológicas não se constroem no vácuo, mas sim em um dado enquadre temporal, geográfico e de uma estrutura social. Esse enquadre oferece roteiros e significados públicos aos indivíduos que servem como pano de fundo para aquela construção. Daí a necessidade de distinguir outra dimensão do processo narrativo.

Narrativas públicas são um segundo tipo de narratividade identificada por Somers e Gibson (1994). Associam-se a formações culturais e institucionais mais amplas do que a individualidade. Os indivíduos podem recorrer a esse tipo de narrativa quando se sentirem coagidos a legitimar ações ou experiências particulares, fazendo-as ganhar sentido dentro de uma determinada rede intersubjetiva e institucional. Incluem estereótipos culturais, explicações midiáticas, narrativas de igrejas, partidos, famílias, governos e nação.

Essas narrativas se aproximam do conceito de cultura – um conjunto de crenças, valores e visão de mundo compartilhada, podendo ser amplas ou mesmo locais. Não dependem, para sua existência, da construção de conhecimentos formais ou científicos, mas do modo como os atores sociais interpretam suas experiências cotidianas. Neste último sentido, aproximam-se, em nosso modo de ver, também do conceito de representações sociais desenvolvido por Serge Moscovici (Moscovici, 2003).

O terceiro tipo são as *narrativas conceituais*. Consistem de conceitos e explicações construídos principalmente pelos especialistas (cientistas sociais) em sua tentativa de explicar fenômenos cotidianos – por exemplo, por que existe desemprego ou como evitá-lo. Conforme destaca Somers (1994), o desafio desse tipo de narrativa é "oferecer um vocabulário que possamos utilizar para reconstruir e categorizar ao longo do tempo e do espaço as narrativas ontológicas e os relacionamentos dos atores sociais, as narrativas públicas e culturais que informam suas vidas e a intersecção crucial entre essas narrativas com outras forças sociais relevantes" (p. 620).

Por fim, um quarto tipo de narratividade são as *metanarrativas*. Para Somers e Gibson (1994) tais narrativas têm a característica de serem grandes esquemas conceituais abstratos que visam a ligar as narrativas conceituais e os atores sociais na perspectiva história ampla. Por exemplo, vários dos termos usados por cientistas sociais são informados por essas metanarrativas, como a do Progresso, Modernidade, Pós-modernidade, Capitalismo, Sociedade pós-industrial, Iluminismo, Marxismo. Globalização entre outras.

Essas metanarrativas deveriam propiciar um quadro legível em que as narrativas conceituais pudessem encaixar-se. Na atualidade, conforme destaca Pahl (1997), há uma disjunção entre essas duas formas de narrativa que caberia aos sociólogos harmonizar, embora não estejam conseguindo.

A CRISE DA METANARRATIVA IDENTITÁRIA DO TRABALHO

Podemos agora examinar o enfraquecimento pós-moderno do trabalho (como sujeito) à luz da distinção feita acima entre formas distintas de narratividade e sua associação com a construção da identidade. Na modernidade, o sentido e o valor do trabalho eram apresentados por meio de uma *metanarrativa social* que influenciava as *narrativas ontológicas* de modo a fazê-las depender fortemente de sua expressão por meio do trabalho. Essa metanarrativa, como vimos nos capítulos da segunda parte deste livro, exprimia a centralidade econômica, moral, filosófica, ideológica e contratual do trabalho, sendo sustentada pelas diversas instituições da sociedade industrial e seus representantes.

A ética do trabalho talvez tenha sido uma das mais importantes metanarrativas públicas sobre o valor do trabalho. Quando, por meio dela, se postulava o princípio moral de que trabalhar era um dever espiritual e de que uma vida reta de atividades, orientada ao futuro e comprometida com as próximas gerações, era sinal de respeito e obediência à graça divina – claramente uma narrativa pública – a identidade tinha elementos externos sobre os quais se referenciar. Se questionado por que trabalhava, o indivíduo recorreria à narrativa pública sobre o valor do trabalho e seu sentido, mesclando-a com suas próprias inclinações pessoais. O grupo ao qual pertencia, moldado sob a mesma matéria ética, servia como apoio externo à narrativa pessoal.

Já a metanarrativa do sujeito do trabalho soldava de forma ainda mais estreita o trabalho e a narrativa ontológica. Na prática, isso podia ser observado na solidariedade social em torno do trabalho (como reflexo da divisão do trabalho); na organização do tempo social em torno do trabalho (as rotinas envolvidas com o trabalho institucionalizado na empresa); e na obtenção de valor moral por meio dele (o caráter, numa sociedade de trabalhadores, deriva parte de sua substância da valorização social do trabalho).

Adicionalmente, essa metanarrativa encontrava apoio em uma consistente rede institucional: a relativa estabilidade das empresas, a coordenação de esforços institucionais para inculcar nos jovens a importância do trabalho e para adestrá-los em termos de habilidades profissionais legíveis e relativamente seguras, bem como iniciativas políticas que buscavam assegurar o trabalho como um direito de todos.

A desmontagem da metanarrativa do trabalho inclui portanto um ataque a essa sua base institucional. Quando o trabalho esmaece em sua função de gerador de valor econômico, os arranjos institucionais alteraram-se apropriadamente. Depois da onda de reestruturação das empresas dos anos de 1980 para cá, particularmente nos países desenvolvidos, a que muitos chamam de "fim da era das grandes corporações" e pela qual o emprego foi enxugado em quase todos os setores industriais, tornou-se difícil continuar com a narrativa da importância "essencial" do trabalho – sobretudo para os administradores "médios". Some-se a isso o desarranjo político do trabalho, especialmente observado na crise dos chamados Estados de Bem-estar Social, e a narrativa ontológica terá ainda mais dificuldade em se manter inteiramente colada à metanarrativa do trabalho.

Os indivíduos passam a apelar para outras narrativas para a construção de suas identidades, como as de gênero, qualidade de vida, lazer, relacionamentos afetivos, cuidados com o corpo, consumo em geral. O trabalho foi privatizado, tendo de disputar com outros elementos do novo repertório de identidades sociais "pós-modernas". Foi esse fenômeno que Berger (1964) diagnosticou sem seu tempo. Mais de vinte anos depois, em 1989, pesquisadores britânicos confirmaram a mesma intuição de Berger: de que os administradores dos anos de 1960 pareciam bem diferentes daqueles dos anos de 1980 relativamente ao privilégio atribuído ao emprego e à sua dependência psicológica dele (Scase & Goffee, 1989).

No caso britânico, as razões tinham a ver com o desarranjo institucional pós-crise do petróleo (em 1973) e com as reformas do governo Thatcher (que tomou posse em 1979). Daí em diante cresceria em todo o mundo ocidental a constatação de que a identidade desconectara-se de algum modo do emprego. No Brasil, o fenômeno se acentuou principalmente na década de 1990 com a abertura econômica do governo Fernando Collor e com a intensificação da adoção de processos de gestão por resultado e meritocraticamente orientados pelas empresas brasileiras.

No próximo capítulo mostraremos que são *várias* as narrativas sociais do trabalho na atualidade e que nenhuma delas garante uma palavra final sobre o papel do trabalho na construção da subjetividade e da identidade. Na medida em que o trabalho não é mais um "sujeito", cabe aos indivíduos a tarefa de coletar os sentidos capazes de justificar o valor do trabalho em suas vidas, empreendimento que não raro é acompanhado de insegurança e perplexidade.

CAPÍTULO 15

NOVOS *ETHOS* DO TRABALHO, AMBIGÜIDADE E INSEGURANÇA

No capítulo anterior, buscamos recolocar a discussão sobre o sentido do trabalho na perspectiva da abordagem da narratividade identitária. Sugerimos que ele, na modernidade, se apresentava por meio de uma metanarrativa pública que alinhava indivíduos e instituições. Enquanto metanarrativa, o trabalho desempenhava por sua vez um papel central nas narrativas identitárias, fazendo-as dela depender.

Contrariamente, na pós-modernidade, com seu amplo questionamento ao projeto moderno do sujeito e sua metanarrativa, o trabalho torna-se *uma narrativa entre outras*. Seu elo com a identidade é enfraquecido, embora não desaparecido. Neste capítulo mostramos que são cinco as narrativas públicas acerca do sentido e do valor do trabalho na atualidade. Em cada uma dessas narrativas, ou *ethos*, o sentido do trabalho varia em termos de sua importância na definição da identidade. São eles o *ethos* moral-disciplinar, o romântico-expressivo, o liberal; o consumista, e o *ethos* gerencialista.

Após apresentar cada um desses *ethos*, discutimos como sua sobreposição pode levar à emergência de um fenômeno de insegurança ontológica. Como veremos, esse tipo de insegurança caracteriza-se, de um lado, por um enfraquecimento institucional e, de outro, pela pressão cada vez maior para que os indivíduos ajam sem qualquer assistência pessoal, ou seja, para que sua ação dependa exclusivamente de si mesmos. Neste caso, a identidade pessoal no trabalho deve ser construída sem referência a "outros significativos": sem instituições sociais de apoio e sem uma metanarrativa (um sentido socialmente partilhado e legitimado) sobre como melhor conceber a si mesmo – por exemplo, como um sujeito do trabalho.

O *ethos* moral-disciplinar

Esse *ethos* é composto pelos resíduos da antiga ética protestante do trabalho e por doutrinas moralistas tradicionais (ao estilo das "doutrinas patronais" discutidas no Capítulo 7) que enfatizam o *dever* de trabalhar e os aspectos normativos dessa atividade. Isto é, nesse *ethos* é realçado o caráter reprodutivo e o sentido social do trabalho.

Podemos associar esse *ethos* às gerações anteriores, talvez as que hoje tenham filhos na casa dos trinta anos. Para aquelas, o importante no trabalho é o cumprimento diligente do dever; seu ideal consiste em chegar no horário, obedecer às normas, respeitar o chefe, cumprir com os rituais exigidos pela organização ou pela ocupação. Esta é a ética do homem-organização estudada por Whyte (1956), de acordo com a qual os valores do grupo se sobrepõem à iniciativa individual e aos valores pessoais. O indivíduo parece aceitar que os ideais estejam fora de si, incrustados em instituições e vigiado por elas.

Nesse *ethos* parece haver uma separação entre prazer e trabalho. Este último tem a ver com dever, com responsabilidade, com caráter no sentido social deste termo – como uma representação pública, um papel social que responde e atende às expectativas alheias. Tem a ver ainda com tarefas sendo realizadas por que têm de ser realizadas, independentemente de trazerem ou não satisfação, de trazerem ou não prazer. No caso de não trazerem, o indivíduo pode justificar-se pela narrativa pública de seu grupo, como sendo alguém que está "cumprindo sua parte", educando seus filhos, poupando e pensando no futuro, construindo sua casa e mantendo-se como um bom pai e profissional. Não é à toa que seja um *ethos* tipicamente masculino, podendo estar ainda baseado em rígida separação entre papéis de acordo com a identidade sexual: pai-provedor e mãe-dona de casa.

O *ethos* moral-disciplinar parece ter feito eco recentemente no livro da alemã Judith Mair (Mair, 2005). A autora, sócia de uma agência de publicidade na Alemanha, causou uma polêmica mundial entre os profissionais de recursos humanos ao denunciar que as práticas atuais de trabalho em equipe, teletrabalho, participação nas decisões e busca de satisfação (prazer) no trabalho mais geram problemas do que melhorias.

A tese de Mair é de que o trabalho deveria voltar a ser tratado apenas como trabalho, ou seja, como uma atividade que os indivíduos têm de realizar na empresa e não em casa ou nos espaços não-profissionais. Quer dizer, ela insiste sobre a dimensão puramente disciplinar do trabalho, a qual foi perdida com o apagamento das fronteiras que separaram trabalho e vida privada. Uma das regras que Mair pratica em sua agência é expressa pela frase "trabalho não é diversão", ou então "você não vem à empresa para ter prazer, mas para trabalhar". Assim se refere Mair ao modo como o trabalho era tratado em outros tempos:

> "Antigamente bastava cumprir o seu dia de trabalho e esperar o fim do expediente. Em geral, o tempo disponível para tanto estava estipulado em oito horas; o fim de semana era fim de semana e, executado o trabalho, no programa dos empregados e dos empresários constava um simples e comovente 'fim do expediente'. Essas regras eram aplicadas por quase todas as empresas e fábricas e dificilmente alguém teria a idéia de questioná-las. Muito pelo contrário. Elas constituíam uma rotina familiar e estruturavam o dia de trabalho, freqüentemente sem graça e cinzento, marcando seu começo obrigatório, o término visível e a pausa entre os dois blocos" (p. 31).

Nessa caracterização fica muito claro a noção de trabalho como disciplina e como algo separado do prazer. Trabalho, neste *ethos*, é atividade pública; prazer pertence à esfera privada. Trabalho é trabalho, apenas isso. Do ponto de vista da identidade, vemos duas possibilidades neste *ethos*: primeira, a identidade não está associada ao trabalho, não no sentido de identidade íntima, o verdadeiro eu do indivíduo. Mas o trabalho é um papel social que deve ser cumprido e, nesse sentido, o indivíduo que o realiza aparece aos olhos dos demais como um "bom homem" ou uma "boa mulher" que está fazendo nada mais do que sua obrigação. O espaço da identidade ficaria então reservado a outras áreas da vida, como à família. Não há certamente uma associação intrínseca entre trabalho e identidade, tal como existe no *ethos* gerencialista, por exemplo; assim, talvez faça mais sentido falar em *caráter* do que em identidade neste *ethos*.

O *ethos* romântico-expressivo

Herdeiro da ética do artesão estudada no Capítulo 3, esse *ethos* realça a natureza expressiva do trabalho, seu potencial de concretizar a verdadeira essência humana por meio do domínio sobre a *obra*. Aqui a ênfase é na dimensão "pericial" do trabalho, isto é, em algo que alguém domina e executa com maestria.

A principal característica desse *ethos*, e que o diferencia do restante, é sua ênfase no trabalho como fim em si mesmo. Esse tipo de ética remonta, é provável, ao ideal grego de boa vida, definido por Aristóteles como uma vida vivida por si mesma, sem necessidades de referências extrínsecas. Para aquele filósofo, o trabalho realizado em prol de outra pessoa era símbolo de privação da própria essência da liberdade.

Uma outra característica de distinção desse *ethos* é a ênfase no trabalho como reconhecimento pela maestria com que uma obra ou atividade são feitas, e não pelo reconhecimento extrínseco, seja na forma de salário, *status*, prestígio ou capacidade de consumo, como veremos no *ethos* instrumental, a seguir. Quando alguém trabalha por si mesmo e para si mesmo é menos importante o reconhecimento dos outros. Claro que esse tipo de ética funciona num regime de *perícia*, ou seja, quando o indivíduo tem um "dom" e o talha paciente e diligentemente até que ele beire à perfeição. Talento, perícia e obra compõem assim um único conjunto; se o nome dado a esse arranjo é "trabalho", então ele sem dúvida desempenha um papel importante na expressão do próprio indivíduo.

Neste *ethos*, onde o trabalho é visto como criação, o prazer é inegavelmente importante. Mas, ao contrário do *ethos* consumista, onde o prazer também deve ocorrer, aqui o prazer deriva do fato de o trabalhador-artista "consumir" sua própria obra na medida em que ele a traz à vida. Isso porque parte importante do prazer está associada ao consumo. Talvez o *ethos* romântico do trabalho tenha influenciado o *ethos* consumista; isso é bem provável tendo em vista esse seu caráter de "consumir a si mesmo" e de obter prazer disso. Campbell (2001), por exemplo, demonstra magistralmente como o romantismo influenciou na emergência da sociedade de consumo.

Seja como for, nesse *ethos* o trabalho é importante para a definição da identidade na medida em que ele é, por assim dizer, a identidade-em-construção, em plena atividade. O problema é que, na atualidade, isso pode ser dificultado, primeiro, pela dificuldade de alguém dedicar-se a um "dom", a um talento e a uma perícia (é preciso, hoje, fazer tudo ao mesmo tempo); segundo, pela voracidade consumista que atinge em cheio o núcleo deste *ethos*, redescrevendo o sentido e o valor do prazer e da satisfação dele decorrentes com a finalidade de pôr a roda do consumo e da economia de mercado em pleno funcionamento.

O *ethos* instrumental

O *ethos* instrumental enfatiza a dimensão liberal do trabalho, quer dizer, sua característica de emprego; pode-se dizer que este *ethos* é resultado da matriz de pensamento econômica na qual trabalho é uma *troca*, submetido à lógica capitalista de eficiência e produtividade. Do ponto de vista da empresa, o trabalho é uma relação na qual esta espera o máximo de desempenho do indivíduo no desempenho de suas funções. Nesse sentido, ele depende do crescimento do próprio negócio, de variáveis externas de mercado (como ciclos econômicos, constrições e expansões setoriais, nível de intensidade do trabalho-capital necessário etc.), das competências do indivíduo (no sentido de capacidade de realização), de processos, estruturas e tecnologias.

Nesse *ethos* o trabalho não é uma certeza, mas um vínculo instável; não são valorizadas ou focadas suas características subjetivas, como percepção sobre seu sentido, seu valor ou importância do ponto de vista dos indivíduos envolvidos; tampouco se preza aqui sua associação com a identidade, a menos que essa associação redunde em geração de valor econômico, como quando um vendedor "empresta" sua personalidade para seduzir o cliente, se necessário for, quanto à qualidade do produto em questão. O fenômeno é sensivelmente identificado por Allain de Botton:

> "Independentemente da camaradagem que possa ser formada entre empregador e empregado, independentemente da boa vontade que os trabalhadores possam demonstrar e apesar dos muitos anos que possam dedicar ao trabalho, eles devem viver com o conhecimento e a angústia concomitante de que seu status não é garantido – pois continua dependendo tanto de seu desempenho como do bem-estar econômico da organização onde trabalha – que são portanto um meio para o lucro e nunca, embora possam ansiar inabalavelmente por isso no nível emocional, um fim em si mesmos" (Botton, 2005, p. 110).

A frase acima pode soar demasiado crua em um momento no qual se valoriza tanto o capital humano das empresas. No entanto, ela não chega a ser uma novidade. Como apropriadamente nos lembra Botton, Karl Marx já havia captado essa condição do trabalho quando, em 1848, em seu *Manifesto comunista*, descrevia o triunfo da visão econômica sobre as tradições comunais anteriores ao capitalismo. A ascensão da burguesia e de seu novo aparato ideológico destroem os laços tradicionais baseados no altruísmo e na "identificação com o próximo" cristã. Em seu lugar, coloca o interesse econômico. Marx coloca assim a questão: "[A economia] só conhece o trabalhador como um animal de trabalho – como uma besta reduzida às necessidades corporais mais estritas". Ou então: "[os empregados eram] como o óleo aplicado às rodas para mantê-las girando. O verdadeiro propósito do trabalho não é mais o homem, mas o dinheiro" (*apud* Botton, 2005, p. 108-109).

No entanto, a visão de um capitalismo egoísta e financeiramente orientado encontra seu apoio ideológico na clássica e célebre proposição da teoria do amor-próprio de Adam Smith, a qual citamos em detalhes no Capítulo 5. Para Smith, como vimos, a eficiência do trabalho poderia ser controlada e manipulada por meio de sua divisão e organização. Nas mãos de Smith, o trabalho vira uma espécie de *commodity* (o "fetiche da mercadoria" marxiano), cujo valor pode ser determinado em horas e situado dentro de um sistema econômico de trocas. E o fundamento motivacional dessas trocas era o interesse por si mesmo. Obviamente, a teoria do amor-próprio é um corolário da teoria da divisão e especialização do trabalho: na medida em que o indivíduo não controla mais a totalidade dos meios que lhe permitem satisfazer suas necessidades, deve então depender de outros e estes dele. Economia e moral nascem fundidas na obra de Adam Smith.

Nesse *ethos*, portanto, o que está em questão é o valor social do trabalho. E devemos entender por valor social a capacidade produtiva do trabalho, seja ele medido em horas ou em "conhecimento". Pois afinal a chamada "economia do conhecimento" não aboliu o trabalho; pelo contrário, recolocou-o em novos circuitos de produção no qual são valorizados outros aspectos que apenas o tempo de trabalho *strictu sensu*.

Gostaríamos de acrescentar três outros aspectos desse *ethos*. Em primeiro lugar, ele realça a dimensão meritocrática do trabalho; em segundo, o trabalho é aqui um meio de obtenção de *renda;* e, em terceiro lugar, de *status*. Vejamos cada um desses aspectos a seguir.

Meritocracia. O sistema meritocrático é uma invenção moderna e ocidental. Quando socializados em seus princípios, os indivíduos podem não se dar conta de que outras formas de *justiça* já foram tentadas ao longo da humanidade. Pois é disso que se trata: quais os critérios *justos* para diferenciar os indivíduos (a própria palavra "indivíduo" já é um sistema desses!)? Como uma sociedade pode fundamentar, justificar, seus critérios de alocação de recursos? Em termos nem tão econômicos: como uma sociedade pode tranqüilizar seus indivíduos, justificar seus sistemas de controle e, ao mesmo tempo, transmitir uma mensagem de justiça e "procedência"?

Talvez um dos primeiros sistemas de estabelecimento de justiça nas categorizações sociais tenha sido o religioso. Na mentalidade cristã, por exemplo, é claro quem merece as recompensas do céu e quem não as merece; o justo será salvo, enquanto o pecador, condenado. Sociedades inteiras viveram à luz desse sistema de justiça. Poucos eram os que questionavam o sistema, por exemplo, se alguém deveria ou não ir para o céu. Os que tentaram *questionar* foram mortos ou marginalizados, como o atesta a Inquisição. Um segundo sistema de justiça foi o aristocrático. Ligado à propriedade (terra), tal sistema determinava quem poderia ser "nobre" ou "plebeu". Em tal sistema, as desigualdades eram *justas* na medida em que uns tinham a posse da estirpe e da terra e outros não.

Com o surgimento da burguesia o sistema de justiça tal como o conhecemos hoje em sua essência começou a ganhar forma. A *meritocracia* é um sistema no qual a justiça advém do mérito. E o que é mérito? Em primeiro lugar, mérito é uma qualidade, por assim dizer, de indivíduos. Alguém tem mérito quando, individualmente, realiza algum feito considerado notável num determinado sistema de crenças sociais. Em segundo lugar, e como conseqüência, o mérito, por contraposição à posse de uma propriedade, é uma *realização*. Em terceiro lugar, como nos lembra Sennett (2005), o mérito se subordinava ao *gênio*, por exemplo, de um artista. Com o passar do tempo, foi equiparado à *talento* – acrescentamos nós, a um talento realizado no campo do trabalho. O próprio trabalho pode ser pensado como uma atividade na qual se expressam valores meritocráticos, pois ele permite a exposição e diferenciação dos talentos individuais.

Renda. No *ethos* instrumental essa dimensão do trabalho aparece com notória força, pois ele ganha seu valor como instrumento na medida em que permite a aquisição de um salário. Fizemos uma discussão anteriormente neste capítulo sobre o cerco burguês ao trabalho: privado de seus valores ético-religiosos, resta-lhe apenas apelar para sua capacidade de geração de renda e, conseqüentemente, de sobrevivência. O paradoxo, discutimos, é que, ao mesmo tempo em que vivemos numa sociedade de consumo, com suas pressões e insinuações para aquisição e descarte contínuo de mercadorias, precisamos de renda para consumir. Exceto em casos excepcionais, como heranças ou outras formas de fortuna (!), é ao trabalho que todos têm de recorrer para pôr a roda do consumo para girar. E, naturalmente, o meio de fazer isso é pela renda. Quando maior o desejo de consumir, maior a renda necessária e, conseqüentemente, a *necessidade* de trabalhar.

Há exatos cinqüenta anos Mills (1956) diagnosticava o problema. Para ele, o trabalho havia deixado de ter qualquer valor intrínseco – como vimos acima na discussão do *ethos* romântico-expressivo – e sobrevivido apenas graças a sua "despersonalização simbólica" e capacidade de permitir acesso à renda. Mills foi genial ao perceber que é a ansiedade e o medo do fracasso que funcionam como as molas propulsoras ao trabalho, e não o valor intrínseco de auto-realização, algo tão caro à ética do artesão de que trata Mills.

Nesse sentido, neste *ethos* não se trata propriamente de uma centralidade psicológica do trabalho, o fato de ele representar a personalidade de alguém, sua identidade; antes, trata-se de uma centralidade econômica, do medo de ser inútil economicamente numa sociedade que coloca seus ideais identificatórios na capacidade de consumir. É quase impossível o trabalho sobreviver com algum valor intrínseco numa sociedade de consumo.

Status. Por fim um comentário breve sobre a terceira característica desse *ethos*, sua ênfase no trabalho como fonte de *status*. Em sociedades altamente diferenciadas e individualizadas como as nossas, os laços que ligam um indivíduo a outro se estreitaram em torno de poucos pontos comuns de contato. O amor, a família e o trabalho de longe são os predominantes. Pessoas solitárias em grandes cidades não têm muitos espaços de acolhimento exceto em empresas e nos círculos de amizade por elas propiciados. Além disso, o envolvimento com um objetivo comum (por exemplo, "vencer um adversário", "lançar um novo produto") faz com que diferenças críticas sejam minimizadas e haja uma disposição ao contato que de outra forma talvez não existisse.

Talvez Durkheim ainda esteja certo quando coloca no trabalho uma fonte importante de solidariedade. Claro que as condições mudaram muito desde quando ele escreveu *Da divisão social do trabalho*. No entanto, mesmo com suas intensas fragmentações e instabilidades, o trabalho é, do ponto de vista do indivíduo, fonte de reconhecimento social e estabelecimento de rotinas (mínimas, todavia). Mas, de novo, isso não significa centralidade ou valor intrínseco ao trabalho: significa que os indivíduos a ele recorrem para não desaparecer socialmente. Como disse certa vez Nietzsche, na epígrafe com a qual abrimos este livro, a "adoração ao trabalho" tem a ver com o medo da individualidade.

Por fim, o trabalho permite a obtenção de *status* em sentido amplo: socialmente se acredita que indivíduos com elevados cargos nas organizações, ganhando um bom salário e morando em casas suntuosas sejam pessoas bem-sucedidas. Ao menos essa é a visão comum disseminada nesse *ethos*. O valor do indivíduo é determinado pelo quanto ele ganha e pelo tipo de visibilidade que lhe permite sua carreira. Quer dizer, não é movido por *auto-realização* que o indivíduo às vezes escolhe seu trabalho, mas por *desejo de status*, para usar o título de um livro de Alain de Botton.

O *ethos* consumista

Nesse *ethos* o trabalho é descrito como meio para obtenção de *satisfação*. Esse termo tornou-se comum nas atuais práticas de gestão de pessoas. Acredita-se que, quanto maior a satisfação, maior a chance de o profissional alcançar altos níveis de desempenho e produtividade. Adicionalmente, com a introdução do discurso da qualidade de vida e da responsabilidade social (para não mencionar de outros, como o da governança corporativa e "melhores lugares para se trabalhar"), as empresas passaram a se interessar mais detidamente pelos aspectos motivacionais envolvidos na relação de trabalho. Independentemente de se levadas por causas humanistas ou meramente por interesses de maior rentabilidade, o fato é que a gestão da satisfação entrou para a pauta das prioridades da área de RH e de resto de toda a empresa.

Consta que, no campo da psicologia, no qual a questão da *satisfação* está mais diretamente envolvida, tenha sido Elton Mayo quem primeiro a associou ao trabalho. Seus famosos estudos de Hawthorne com grupos de trabalho na década de 1930 fundamentaram a necessidade de os gestores preocuparem-se com os aspectos sociais do ambiente de trabalho e não, como era o padrão da época, apenas com os aspectos racionais, produtivos ou operacionais – algo em que Taylor e sua administração científica de tempos e movimentos deixaram sua inegável contribuição. A partir de então foi crescendo a sensibilidade quanto aos aspectos sócio-técnicos do trabalho.

A maneira de pensar a satisfação tem a ver com o aparecimento das teorias comportamentais sobre a motivação e das teorias cognitivas. Para as primeiras, o comportamento, a ação, resultam do desejo de eliminar uma necessidade – uma carência ou falta do indivíduo, que pode ser de ordem biológica, social ou mais elevada. Em geral, as teorias comportamentais insistem sobre os aspectos extrínsecos da motivação. Ou seja, acreditam que é preciso haver motivos externos para os indivíduos se comportarem: por exemplo, um bom salário. O indivíduo, nessa perspectiva, só se satisfaria quando o ambiente externo lhe permitisse isso.

Já as teorias cognitivas focalizam nas atividades mentais e nas percepções pelas quais as pessoas determinam se estão ou não satisfeitas. Importa para essas teorias o modo como o indivíduo interpreta sua situação em um dado momento e em relação a um determinado trabalho. A satisfação é então definida como um sentimento pessoal, qualitativo, singular que depende do aparato cognitivo do indivíduo, de suas memórias afetivas e de seus mapas mentais de decodificação da realidade. A conseqüência prática dessa reapresentação do tema é a preocupação em as empresas entenderem o que seus funcionários estão sentido ou como avaliam seu vínculo de trabalho. Daí as pesquisas de satisfação que se tornaram comum atualmente, por meio das quais os funcionários são solicitados a expressar sua percepção sobre aspectos organizacionais críticos, como ambiente de trabalho, relação com a liderança, relacionamento interpessoal, processos de comunicação e assim por diante.

Ao mesmo tempo, a preocupação em identificar níveis de satisfação alastrou-se para fora do campo estritamente psicológico. E talvez a mais notória forma de como isso aconteceu tenha sido no campo do relacionamento entre empresa e seus consumidores. A cultura de serviços que se consolidou nas últimas décadas trouxe para a ordem do dia o lema "satisfação do cliente". Não apenas a área de RH tem de se haver com o gerenciamento do nível de satisfação dos funcionários como também a empresa toda, especialmente seu departamento de *marketing*, tem de saber a quantas anda a satisfação de seus clientes. Cliente insatisfeito é sinal claro de perigo, pois ele pode simplesmente deixar de consumir. Podemos dizer que uma espécie de *paranóia de satisfação* tomou conta da cultura de consumo ocidental.

Mas de que forma a problemática da satisfação nos ajuda a entender o *ethos* consumista do trabalho? Neste *ethos* o trabalho deve proporcionar satisfação. Como avaliar um bom trabalho? Veja se ele traz satisfação a quem o realiza. Trata-se de uma mentalidade idêntica à que existe na relação cliente-produto: se a experiência não gerar prazer, se ela não satisfazer (aplacar) alguma necessidade, real ou imaginária, do cliente, ela não é bem-sucedida. Dizendo de forma mais exata: se não houver satisfação não há geração de valor econômico, pois este depende de um reconhecimento por parte do cliente. Reconhecimento, nesse caso, significa consentimento, aprovação e, sobretudo, fidelidade. A "cola" que liga produto-empresa-cliente é, portanto, a satisfação.

No trabalho o processo tem de ser o mesmo. Se a empresa; se o cargo; se a carreira; se os colegas de trabalho; enfim, se todos os "*stakeholders*" que estão em contato com o indivíduo não o satisfizer, ele "estará fora", como se diz. Contudo, às vezes nem sempre é possível "cair fora". Nesse caso, a conseqüência é insatisfação e, com ela, todos os males associados: baixo comprometimento com o trabalho, nível medíocre de desempenho, alto nível de stress, reclamações e assim por diante. Chamam-nos a atenção, nesse particular, resultados de várias pesquisas sobre satisfação no ambiente de trabalho. Por exemplo, em uma, divulgada pela revista Você S.a. em sua edição de agosto de 2004, de 626 executivos pesquisados de 400 empresas, a insatisfação é mencionada por 75% deles. As causas? Mau relacionamento com a chefia e o excesso de tarefas são citadas como as mais graves.

Pesquisas semelhantes são divulgadas a todo momento. Independentemente do rigor, da metodologia e dos critérios nos quais elas se baseiam e da "edição" que não raro sofrem, a mensagem é clara: a satisfação no trabalho é um problema. E por que é um problema? Além de pelas razões já dadas, uma outra pode ser acrescentada: porque o *ethos* do consumo alastrou-se por toda a sociedade, agindo como uma poderosa força normativa que estimula os indivíduos a ficarem mais sensíveis às características da relação de trabalho em que estão. Tal *ethos* é baseado numa ética do prazer na qual as frustrações, por menor que sejam, já são suficientes para abalar a estrutura motivacional do indivíduo. Sua extensão ao campo do trabalho é apenas uma manifestação adicional da mentalidade de descarte que caracteriza tal ética: se o "produto" não agradar, se ele não trouxer prazer, sensações prazerosas e satisfação, ele é imediatamente descartado. E se, por razões da realidade, ele não puder ser, então o indivíduo o "tolera" em nome de dinheiro e *status* ou simplesmente por ter medo.

Para finalizar, gostaríamos de mencionar, ainda que esquematicamente, algumas outras características do *ethos* consumista do trabalho. Primeira, a ética do prazer e a *paranóia de satisfação* funcionam como padrões de medida pelos quais o indivíduo toma decisões de carreira. A regra é maximizar o prazer e minimizar o desconforto. Segunda, nesse *ethos* a constituição da identidade depende do quanto o trabalho em questão "agrega" de prazer; terá mais chances de expressar a identidade aquele trabalho menos conflitivo e exigente em termos de renúncias e necessidade de adiamentos. Terceira, a identidade é pensada num circuito de consumo: assume-se uma identidade dependendo do quanto ela traga de visibilidade, *status* e prestígio, bem como de coerência com os ideais identificatórios do sujeito (ideais de consumo). Quarta, nesse *ethos* o prazer está em realizar alguma coisa por si mesmo, e não para outro: alguém trabalha para si mesmo e seus ideais, e não por uma ética coletiva ou ideal coletivo. No extremo, a preocupação é com o nível de renda e poder aquisitivo para permitir o *acesso* ao mercado de bens de consumo – ou então ao *mercado de sensações*. Quer dizer, o trabalho, neste *ethos*, é apenas um *meio* para a obtenção do prazer e da satisfação que ele traz.

O *ethos* gerencialista

Esse *ethos* está intimamente ligado aos discursos do *management* ou gestão empresarial. Tratam-se das crenças disseminadas por consultores, empreendedores, gestores de recursos humanos, escolas de negócio ou administração, "gurus" empresariais, pela literatura de gestão e pela mídia geral de negócios. É o dialeto usado nos meios corporativos para explicar os fenômenos ali observados ou então para legitimar as ações ali praticadas. De acordo com Wood e Paes de Paula (2002), o campo da gestão empresarial superou a definição simples de área de conhecimento, ganhando o *status* de setor de negócios, em suma, de uma indústria.

Estudiosos do discurso gerencialista levantaram algumas características-chave desse tipo de literatura. Por exemplo, Wood e Paula (2002) destacam que ela nasce de uma interseção entre oferta de panacéias gerenciais, busca ansiosa de soluções fáceis para todos os males da gestão e um clima de turbulências e grandes mudanças. Transformadas em modas e modismos gerenciais, elas são aplicadas e implementadas sem um discernimento substancial sobre suas premissas e finalidades, o que acaba transformando as intervenções em soluções inconsistentes e paliativas.

Contudo, apesar das possíveis inconsistências e futilidades que podem ser imputadas a essa literatura, estudos como os de Furusten (1999) e Epstein (2001), por exemplo, destacam que ela tem influenciado decisivamente na consolidação de um ideário gerencialista, no qual termos como excelência, *performance*, eficiência e competências têm se popularizado no discurso de gestores e profissionais no contexto corporativo. Afirmações semelhantes são feitas a propósito da imprensa popular de gestão por Mazza e Alvarez (2000), que verificaram a influência dessa mídia nas práticas gerenciais italianas.

O *ethos gerencialista* nasce da confluência de quatro transformações. Primeira, do que Deeks (1993) chama de cultura de negócios. Entre as principais premissas dessa cultura estão um crescente poder de influência e decisão das empresas na vida social em geral; a atribuição dos mais elevados *status* sociais a personalidades do mundo corporativo, como os executivos ou homens e mulheres de negócio; crescente papel decisório das empresas no sistema educacional, em termos de quais habilidades desenvolver e quais cursos fazer; e uma invasão da cultura de negócios por meio da mídia geral, o que se observa em termos não só materiais, como intelectuais e espirituais.

A segunda transformação está associada ao movimento gerencialista, surgido na década de 1980 em países como Inglaterra e Estados Unidos. Na Inglaterra, o movimento tem início com a ascensão do Governo Thatcher, que introduziu na agenda política uma série de reformas de cunho gerencial destinadas a incrementar a eficiência das instituições públicas. De acordo com Gay (1996; 1997), o projeto thatcheriano envolveu não só uma cruzada econômica, mas também moral. Desenvolveu-se em solo britânico uma cultura de empresa generalizada, na qual eram exibidas e extensamente valorizadas qualidades empreendedoras como autoconfiança, responsabilidade pessoal, desempenho, disposição em assumir riscos e perseguição focada de objetivos. O braço socializatório dessa cultura de empresa eram os discursos, programas e tecnologias gerenciais desenvolvidos dentro e, principalmente, fora do âmbito político-governamental.

A terceira transformação é o que, nos Estados Unidos, foi chamado de culto da excelência. A principal finalidade desse culto foi transformar os indivíduos em empreendedores de si mesmos. De acordo com Gay (1996; 1997), o projeto de transformar a sociedade em uma sociedade de empreendedores ou pequenas empresas envolveu diretrizes, ao mesmo tempo, morais e econômicas. Assim como as antigas doutrinas patronais do século dezenove estavam interessadas em transformar hábitos e modos concomitantemente à transformação econômica associada à industrialização, a mesma coisa aconteceu na década de 1980 com o culto da excelência: um projeto moral no qual os indivíduos são levados a se redescrever a partir do espírito de empresa. A "cultura" de empresa é então um projeto de transformação cultural que reintroduz no centro dos ideários de valor a mentalidade da empresa.

A quarta transformação tem a ver com o que o Ehrenberg (1991) chama de culto da performance (ver Capítulo 13). Ele mostra como, nas décadas de 1980 e 1990, a França assistiu à emergência de um novo humor cultural no qual se celebra a veneração de vencedores, esportistas e empreendedores. É como se tivesse havido uma "ressurreição" do ideal de país-empresa proposto há mais de um século por Saint-Simon (ver Capítulo 7). A cultura da *performance* havia se entrelaçado com a cultura popular francesa e dado origem a uma nova mitologia de deuses, semideuses e super-heróis que exibiam um misto de gosto por aventura, desejo de consumo, vontade de competir e desejo de ascensão pessoal.

Essa quarta transformação pode ainda ser associada ao que Wood e Paes de Paula (2002) chamam de *cultura do management*. Segundo esses autores, tal cultura possui como características a crença em uma sociedade de mercado livre; uma visão do indivíduo como um empreendedor individual; o culto da excelência como forma de aperfeiçoamento individual e coletivo; o culto de figuras emblemáticas, como os gerentes-heróis e os gurus empresariais; e a crença em tecnologias gerenciais que permitem racionalizar as atividades organizadas grupais. No Brasil, esse culto disseminou-se a partir do início da década de 1990, quando o país iniciou abertura mais agressiva de suas fronteiras ao mercado internacional, deixando-se invadir pela mentalidade de negócios típica da cultura gerencialista que já havia se consolidado nos países centrais décadas antes.

O *ethos* gerencialista e o trabalho

Qual a concepção de trabalho no *ethos* gerencialista? Em primeiro lugar, esse *ethos* insiste sobre as características individuais do profissional. Portanto, o que está em evidência aqui é a individualidade, suas preferências, interesses e necessidades. Em segundo lugar, é um *ethos* inteiramente moldado pelas premissas do gerencialismo, entre elas o culto da excelência, da performance e pela cultura do *management*. Em terceiro lugar, está associado também à cultura do empreendedorismo e à sua idéia de que o indivíduo deve constituir uma empresa de si mesmo, sem dependência de instituições, apenas confiante em seu próprio capital social, humano ou intelectual. Com essas três observações, podemos passar na seqüência a uma apresentação das principais premissas desse *ethos* sobre o que é trabalho, seu sentido e seu papel na definição da identidade.

Para ilustrar nossas afirmações, vamos tomar como exemplo trechos de artigos publicados em uma das principais revistas populares de negócio do Brasil, a Você S.a. Circulando desde 1998, essa revista é um desmembramento da revista *Exame*, ambas da editora Abril. Especializou-se, editorialmente, no segmento de formação executiva, lançando um exemplar por mês, no qual se discutem temas como trabalho, carreira, perspectivas profissionais, tendências no mercado, erros e acertos de profissionais considerados bem-sucedidos, regras e dicas de etiqueta geral, instruções sobre processos seletivos, entre outros temas ligados à gestão de pessoas e estratégias profissionais.

A morte do trabalho

A primeira crença disseminada nesse *ethos* é a de que os indivíduos não devem mais buscar empregos. Quer dizer, o trabalho não existe mais, não pelo menos na forma como existia antes: carteira assinada, estabilidade, vínculo relativamente estável com a organização, progressão linear na hierarquia dependendo do tempo de casa. No lugar da estabilidade, a incerteza; no lugar da carteira assinada, a empregabilidade. Mas, se um tipo de institucionalização do trabalho, o emprego, está morto, o que então devemos colocar em seu lugar? – afinal, as pessoas continuam tendo de trabalhar, e muito.

A resposta é: encontrar um trabalho que dê prazer e reflita a personalidade do indivíduo. Sobre esse ponto, encontramos na Você S.a.: "As companhias de alta performance, as mais competitivas, querem pessoas que enxerguem o trabalho como uma forma de realização pessoal – não apenas profissional" (julho de 1999, p. 45). E escolher um trabalho no qual o indivíduo se sinta o mais realizado e com o qual se identifique o possível. Como se diz na Você S.a.:

> "Quando dizemos que o trabalho é pessoal, o significado é: o que importa mais para nós como indivíduos? Qual será nossa contribuição? O que levamos de especial ao mundo do trabalho? Ao invés de dizer: 'sou impotente, preciso de uma empresa que me diga o que fazer', agora você diz: 'Tenho um conjunto enorme de habilidades e dons que posso levar até uma organização e fazer diferença ali. Meu trabalho é escolher onde devo levar essa bagagem, para obter o máximo possível de resultado" (outubro de 1998, p. 60).

O conceito de emprego é substituído pelo de projeto. Trabalhar é, portanto, ter um projeto pessoal no qual o profissional reflita seus gostos, necessidades, desejos, competências e potenciais. Como lemos novamente na Você S.a.: "Hoje, é fundamental que você tenha um grande projeto – um projeto que seja importante, que faça diferença, que dê resultado e que transforme você numa estrela" (agosto de 1999, p. 34). O projeto torna-se aqui sinônimo do próprio "eu", da própria identidade. "*'he brand called you'*: a marca chamada Você. Seu projeto e sua marca caminham juntos: ambos dependem da habilidade que você tem para vender a si mesmo como projeto" (id. Ibidem, p. 41). A continuidade do emprego é substituída pela idéia de fluidez dos projetos: "Você aprendeu a mover-se de projeto em projeto em um mundo onde o trabalho é definido por projetos. Você aprendeu a nova equação do mundo do trabalho: você = seus projetos" (id. Ibidem, p. 44).

No *ethos* gerencialista, o trabalho é privatizado, entra para a órbita da personalidade de cada indivíduo. É interessante notar que trabalho não é mais descrito como uma atividade remunerada, feita em troca de algo (salário), mas como uma das faces estéticas do eu, como sua expressão e consubstanciação. Quer dizer, trabalho se torna trabalho-vida. Nesse sentido o gerencialismo parece refletir tanto a perspectiva de Marx sobre o trabalho como exteriorização do sujeito quanto a perspectiva puritana ou protestante do trabalho como vocação. Obviamente o conceito religioso é substituído por outros termos laicos, como sucesso, projeto de vida e coincidência entre o eu e o trabalho que realiza. Não é difícil encontrar ainda nessa descrição do trabalho influências do *ethos romântico-expressivo*, na medida em que se enfatiza o caráter estético do trabalho, seu papel na construção da obra individual.

Indivíduo Você S.a. Essa talvez seja uma das principais crenças do *ethos* gerencialista. De acordo com ela, o trabalho, a carreira, o sucesso bem como o fracasso, tudo depende do próprio indivíduo, que tem de se ver como uma empresa, como um empreendedor de si mesmo. Suas preocupações devem estar voltadas para estratégias de como valer mais perante o mercado, de como desenvolver seus talentos e suas potencialidades. O profissional se torna um prestador de serviços que só deve fidelidade a si mesmo. Quer dizer, a mensagem é para que o profissional assuma integralmente o controle de sua vida, sabendo claramente qual o tipo de trabalho que mais lhe dá prazer; onde ele deseja trabalhar; com quem quer se relacionar no trabalho.

Várias são as atribuições do *Indivíduo Você S.a.* Primeira, ele deve se autoconhecer para descobrir quais são seus talentos, suas aspirações, seus parâmetros de auto-realização e de onde extrair motivação, energia ou força para dedicar-se a uma causa, isto é, a um trabalho. Segunda, ele não deve esperar que a empresa lhe diga o que fazer. Ambas as atribuições podem ser observadas em duas passagens de um artigo publicado na Você S.a. de abril de 1998, o primeiro número da revista e escrito pelo "guru" Tom Peters:

> "As coisas dependem de mim. No fim, são minhas escolhas que contam. Libertação? Isto é o máximo em libertação: ver-se no espelho, só você e a ninguém mais. Egoísmo? É claro! Mas também significa independência em relação às folhas de pagamento de grandes empresas. Responsabilidade. Fazer as coisas. Servir. Criar. Crescer. Todos os dias (p. 37).

> O Novo Profissional resgata sua própria vida das mãos 'deles'... ele retorna a um valor básico... ignorado nos últimos 70 anos, durante o reinado da Grande Empresa Burocrática (GEB). Isto é... ele retorna ao valor da autoconfiança. Também chamo esta abordagem de 'Eu Ltda'. Você é o Presidente / Principal Executivo / Empreendedor-Chefe da sua própria firma de serviços profissionais, mesmo que esteja na folha de pagamento de alguém... no momento. Egoísta... o que mais você pode ser, diante da 'redução de quadros / reengenharia'? E altruísta... Eu Ltda. Só será uma 'empresa' de sucesso se os clientes forem bem atendidos" (p. 41).

Ambas as frases descrevem a crença de que as instituições são substituídas por um novo regime no qual a ação individual deve ocorrer sem assistência, quer dizer, pela capacidade de o indivíduo agir sozinho. O entorno desse tipo de premissa é um estado de insegurança muito grande. Na ausência de instituições, ou na despreocupação ou incapacidade delas para garantir um lugar ao indivíduo, resta apenas a si mesmo para apelar.

Curiosamente, essa característica incerta e insegura do mundo corporativo atual é freqüentemente destacada na literatura gerencial, incluindo a própria revista Você S.a. aqui mencionada. Usando artefatos lingüísticos como a voz imperativa, bem como figuras de linguagem que atribuem a seres inanimados como empresa e mercado características humanas ("o mercado não quer mais profissionais antigos"; "as empresas querem gente capaz de aprender"), esse tipo de literatura sugere a ação de forças fora do controle humano, portanto, forças inquestionáveis. O efeito disso é aumentar ainda mais no leitor a sensação de incerteza.

Trabalho e carreira. Outra crença amplamente sustentada no *ethos* gerencialista é de que a carreira, assim como o projeto, substituem o conceito antigo de trabalho-como-emprego. Da mesma maneira que o trabalho reflete um projeto de vida, a carreira também é submetida ao mesmo desinflacionamento institucional: ela não é o cargo na empresa, mas a própria vida do indivíduo. Diz-nos a Você S.a.: "Desde que as empresas entregaram às pessoas o comando de suas carreiras, é como se também tivessem entregue o comando de suas vidas" (agosto de 1999, p. 50).

Trabalho e mudança. No *ethos* gerencialista a mudança é uma das palavras de ordem mais repetidas. A idéia é de que vivemos em um mundo no qual nada permanece no lugar, de que não é mais recomendável ou possível apegar-se às coisas ou à rotina. Ao em vez disso, o comando é mudar, transformar-se perpetuamente, sair do lugar. O trabalho é definido a partir da ótica da troca de projetos e da troca de rotinas até que o indivíduo encontre seu verdadeiro ideal. A Você S.a. novamente nos dá o tom dessa crença.

> "Se você vive num estado de perpétua mudança e grandes descontinuidades – e esse cenário tende a se acentuar –, as velhas regras não servem mais. É preciso romper com elas, ter coragem de criar coisas novas hoje e de abandoná-las amanhã se for preciso. A experiência terá cada vez menos valor, porque as companhias precisam de pessoas com novos conhecimentos, novos conceitos e novas idéias. Para ser uma estrela no trabalho no próximo milênio, você precisará – porque as empresas vão precisar – ser capaz de criar valor em cada função que ocupar. Você só vai se dar bem se souber cultivar um forte senso de análise, se tiver capacidade de adaptação, se puder formar opiniões rápidas e executar mudanças. Ah! E se conseguir aprender sempre" (novembro de 1998, p. 39).

O que chama a atenção nessa frase é a desvalorização da experiência. A ênfase na geração de resultado independe de apegar-se a experiências passadas, que não necessariamente geram novos resultados. O profissional deve orientar-se para o futuro e adquirir habilidades genéricas e aplicáveis a quaisquer contextos, sendo sobretudo capaz de desapego. O tipo de caráter pressuposto no gerencialismo é um capaz de desprender-se de toda memória, tradição – um caráter orientado para o futuro, no entanto acossado pela incerteza de se os resultados futuros serão melhores do que os passados. Se não há garantia, a única saída é a vigilância constante e a submissão ao imaginário da mudança contínua.

Anti-institucionalismo. Uma outra crença desse *ethos* é o que gostaríamos de denominar de anti-institucionalismo, ou seja, uma espécie de aversão do gerencialismo à estabilidade institucional. Ora, a crença do indivíduo Você S.a. é de que ele não depende inteira e integralmente de empresas para ser bem-sucedido. Pelo contrário, o indivíduo Você S.a. torna-se sua principal fonte de reconhecimento e legitimidade. Com um discurso pseudo-científico carregado de psicologismos, o *ethos* gerencialista insiste em que o indivíduo encontre em si mesmo tudo de que precisa para ser um bom profissional e para ter valor.

Por essa razão, parece um corolário lógico a invenção do conceito de capital social. Capital, no seu conceito econômico tradicional, referia-se à detenção dos meios de produção. Num primeiro momento, o principal meio de produção era a terra; depois, as máquinas e os equipamentos concentrados pelos capitalistas; agora, o capital se torna dinheiro, fluxo de movimentações financeiras planetárias. Mas torna-se também uma propriedade dos indivíduos – por exemplo, sua personalidade, seus conhecimentos, suas redes sociais. Mills (1956) já observava no final da década de 1960 a importância que a personalidade passou a ter nas relações comerciais, sobretudo no setor de serviços. Com uma economia agora predominantemente focada nesse setor, não causa espanto que o conceito de capital social ou humano tenha voltado à superfície.

Capital, portanto, é agora associado à biografia individual. Diz-nos a Você S.a.: "Qual a qualidade da sua biografia? Biografia a gente não tem, a gente constrói. Crescer e prosperar são coisas suas, não porque a empresa não cuida delas, mas porque você não deve deixar ninguém cuidar delas" (maio de 1999, p. 54). Portanto, a biografia é construída e o capital individual é incrementado na medida em que o próprio indivíduo tem consciência disso e faz algo por si mesmo, negocia com a empresa em que está, partilha decisões com amigos e aproveita o contato com seu gestor. Por fim, conclui um outro artigo da Você S.a.: "(...) o eixo da coisa é deslocado para você. Você é o ator. Você tem que se expor. Não há nada nem ninguém que possa substituí-lo no processo de construir a própria vida, fazendo suas opções" (agosto de 1999, p. 97).

Trabalho, prazer e auto-realização. A última crença que gostaríamos de destacar aqui diz respeito à insistência desse *ethos* quanto ao equilíbrio entre vida pessoal e vida profissional. Na medida em que o trabalho é redescrito como trabalho-vida ele não deve ser fonte de desprazer, pois ele *é a vida*. Diferentemente do passado, quando o trabalho era uma propriedade da empresa, o indivíduo podia exercer uma atividade e não encontrar qualquer prazer nela; ele a cumpria por obrigação. Era a ética protestante do trabalho.

Para o gerencialismo, ao contrário, o trabalho é fonte de prazer porque ele é escolhido pelo indivíduo e realizado como um meio para que este atinja seus objetivos: ter uma vida melhor, dar boas condições materiais à família, ser feliz, auto-realizar-se. Como diz a Você S.a.: "Nenhum trabalho é essencial. Ele é apenas um meio para que se consiga prazer, alegria etc. – estes, sim, essenciais. (...) Quando você encara o trabalho como essencial, surgem impasses como a falta de equilíbrio entre a carreira e a família. Vêm, também, problemas como abuso de drogas, alcoolismo e depressão, sintomas claros de ausência de prazer no trabalho" (agosto de 2004, p. 19).

Essa última crença oferece-nos alguns *insights* valiosos. Primeiro, que a centralidade do trabalho é limitada no gerencialismo pela maximização do prazer. Redescrito como prazer, fonte de auto-realização, o trabalho não pode ocupar a totalidade do tempo do indivíduo, ao preço de este adoentar ou perder o equilíbrio entre vida e trabalho – veja o caso dos *workaholics*. O sentido do trabalho, portanto, depende de seu ajustamento ao indivíduo Você S.a. Pessoas que encontraram *o seu* trabalho podem arrogar-se o privilégio de se tornarem satisfeitas. Os limites do trabalho se tornam limites de ordem psicológica: ao que parece, é preciso combater os excessos.

AMBIGÜIDADE E FRAGMENTAÇÃO DO TRABALHO

Os cincos *ethos* descritos acima têm a função de agir como redes de crenças sobre o valor e o sentido do trabalho. São vocabulários nos quais as narrativas identitárias podem se basear. O princípio é que uma identidade se constitui por *referência ao outro*, quer dizer, às narrativas sustentadas socialmente. Mas ocorre que a sustentação desses *ethos* é hoje levada a cabo em um contexto de rareamento institucional. Um *ethos*, um vocabulário, não é mantido no vácuo; ele depende de um enquadramento institucional que, por definição, normatiza, estabiliza e legitima seu conteúdo. Ao menos foi assim que a modernidade se estabeleceu: objetivando e formalizando "idéias". E quais são as instituições modernas que anteriormente sustentavam a metanarrativa do trabalho? Quais eram os mecanismos de socialização dos indivíduos em seu contato com tal metanarrativa?

O sentido moderno do trabalho, de natureza essencialista e central, podia encontrar repouso em pelo menos três instituições "sólidas": Igreja, Empresa e Estado. Quando consideramos a ética protestante, por exemplo, sua ação de socialização ocorria graças aos pregadores (evangelistas), às autoridades públicas e pelos próprios empresários. Estes, como mostrado no Capítulo 7, eram parte interessada nessa socialização devido ao caráter "dispersivo" e "pernicioso" das condutas dos trabalhadores vigentes, cuja transformação era inevitável e urgente do ponto de vista das novas necessidades do capitalismo industrialista: comprometimento e disciplina no trabalho.

O mesmo pode ser dito dos reformadores protestantes, que viam na inculcação da ética do trabalho um notável processo docilizador, tal como antes o faziam seus companheiros monges na Idade Média. E quanto ao Estado? O trabalho, ao ser eleito como principal via disciplinar, funcionou, juntamente com as políticas "higiênicas" do Estado moderno, como aliado no controle populacional e regulação do binômio produção-consumo. Quer dizer, o discurso da centralidade do trabalho funcionou como o ingrediente "ideológico" de um gigantesco projeto civilizacional. Mas e agora, o que ocorre quando este monumento está sendo desmontado, dividido em vários *ethos*?

A desmontagem do trabalho é parte de um acontecimento maior: a falência do modelo moderno de arranjar o agregado indivíduo-sociedade-estado. No campo filosófico, tal desmontagem tem a ver com uma crítica mais ampla ao ideal do sujeito moderno, cuja racionalidade lhe garantia coerência e unidade (Rorty, 1989; 1991a). Mais importante, os cinco *ethos* descritos neste estudo testemunham que a experiência com o trabalho está cindida, bem como a identidade do trabalho. O filósofo francês J.-F. Lyotard (Lyotard, 1979) considerou tal fenômeno como sendo prova do "fim das metanarrativas" modernas e o advento da pós-modernidade. Essas grandes narrativas ligavam-se a projetos amplos como o da Igreja, do Estado, do Homem e também o do Trabalho. Narrativas amplas que se apoiavam em instituições igualmente amplas e sólidas.

Mas agora as instituições não garantem mais um arranjo único da narrativa do trabalho. O *ethos* do consumo, por exemplo, é alimentado pelo mercado, ele próprio não podendo ser considerado uma instituição em sentido estrito, mas com certeza uma máquina capaz de formalizar, estabilizar e disseminar vocabulários – narrativas sobre o sentido do trabalho. O mesmo pode ser dito do *ethos* gerencialista, este sustentado por vários pilares institucionais que incluem firmas de consultoria, "gurus" e consultores empresariais, escolas de negócio e seus professores e a mídia – com sua avalanche de livros, revistas e imagens. O *ethos* instrumental, por sua vez, é usado largamente pelas empresas que, diante de um quadro de intensa pressão por resultados e lucratividade, justificam suas ações como as mais "racionais" e conformes às "regras do jogo". E quanto ao *ethos* disciplinar, estaríamos presenciando o seu fim? Certamente não. Instituições como Igreja e, principalmente, gerações anteriormente socializadas em seus princípios, ainda preservam aspectos de valor desse *ethos*, fazendo-o ter ainda alguma força de persuasão.

Ocorre que os indivíduos, em seu processo de construção de identidade no trabalho, circulam por um ou mais desses *ethos* ou são a eles expostos. Eles têm contato com suas várias narrativas e, conseqüentemente, a situação pode gerar confusão, perplexidade ou ansiedade. Em quem acreditar? No padre (ou equivalentes) que ainda afirma que o trabalho dignifica o homem? Ou no "guru" que diz ter a receita pronta para o sucesso certo e seguro, bastando assistir a seus cursos de fim de semana? Ou ainda no jornal diário que, munido de "fatos", mostra que a taxa de desemprego não faz senão ascender, endossando as assertivas do *ethos* instrumental?

Duas visões aparentemente distintas sobre como responder a essas questões podem ser obtidas nas obras dos sociólogos francês Alain Ehrenberg (Ehrenberg, 1991; 1995; 1999) e alemão Ulirch Beck (Beck, 1992; 2000; 2002), ambos estudados com detalhes no Capítulo 13. O primeiro, talvez mais cético (realista?), afirma que a ausência ou fragilidade de referências institucionais claras gera perplexidade nos indivíduos que, incapazes de encontrar recursos internos para lidar com as contradições dos vários sistemas de sentido da pós-modernidade, sucumbem à depressão. O segundo, mais otimista (esperançoso?), afirma que, com a falência do projeto moderno baseado no princípio da identidade como unidade temporalmente estável, cabe aos indivíduos gerirem seus projetos de vida dentro de um escopo de individualização com doses variadas, mas inevitáveis, de risco (de descontinuidade, ruptura, fracasso etc.). Quem estaria com a razão?

Talvez não consigamos responder diretamente à questão. Mas podemos oferecer alguns parâmetros para a reflexão: se, por um lado, Ehrenberg enfatiza uma concepção de identidade como um *processo de institucionalização social*, de outro Beck a considera uma *questão de ação individual sem assistência* (ou com muito pouca assistência *a priori*). Simplificando ao máximo, o "indivíduo" de Ehrenberg – e de outros intelectuais franceses debruçados sobre o problema (por exemplo: Castel, 1995; Dufour, 2005) – é alguém que precisa ter à sua disposição um ambiente rico em recursos sociais. O Estado de Bem-estar social, com suas políticas de acesso, ilustra muito bem esse ponto. É o Estado que *tem de* oferecer esses recursos – ou facilitá-los –, que de outro modo só dificilmente seriam adquiridos pelos indivíduos, seja devido à "complexidade do mundo contemporâneo" ou à própria limitação da individualidade.

Beck, e outros "liberais" como ele (inclusive o filósofo Richard Rorty [Rorty, 1989] e o sociólogo Anthony Giddens [Giddens, 2002]), parecem pressupor, ou tomar por certo, que o indivíduo tem responsabilidade importante no processo de constituição de si mesmo, assumindo talvez postura mais ativa em relação ao ambiente, dependendo menos de instituições. Em países ricos, de fato parece que a capacidade de ação do indivíduo é ajudada por um entorno mais favorável; em países como o Brasil, onde o capital social é, em geral, pobre e restrito a "instituições ricas" (por exemplo, empresas globais aqui instaladas que funcionam como verdadeiros canais de capital social em um ambiente externo inóspito à maioria), a ação individual sem assistência pode representar um perigo potencial.

Por exemplo: seria mais "fácil" para um desempregado *por si só* encontrar uma recolocação por aqui ou em um país com capital social não só mais rico como também mais distribuído? Em nosso contexto brasileiro, o ideal de ação sem assistência, ao pressupor grande flexibilidade e autonomia ao indivíduo, pode encontrar poderosos inimigos e forças restritivas e que, em contrapartida, é a insegurança, a ansiedade e o fracasso que podem espreitar, sobretudo em relação aos que estão mais abaixo na hierarquia de acesso ao capital social ou então àqueles mais criticamente confrontados com as sobreposições e contradições dos cinco *ethos* do trabalho aqui referenciados.

RUMO À INSEGURANÇA ONTOLÓGICA
(ou do lado negro da ambigüidade do trabalho)

A situação de *rareamento institucional*, aliada à coexistência de vários *ethos* do trabalho, pode levar parcela importante de indivíduos, sobretudo os mais expostos às sobreposições e contradições desses *ethos* – por exemplo, o gerencialista (que passa uma mensagem como: "o emprego depende de Você S.a") e o instrumental (cuja mensagem pode ser: "o corte faz parte do jogo em busca da eficiência") –, a um estado de *insegurança ontológica*. O termo, ao que consta, foi primeiramente utilizado pelo psiquiatra Robert Laing, em um texto original de 1960, para referir-se a estados mal-sucedidos de diferenciação psíquica entre o "eu" e o "outro". O autor referia-se a um processo existencial em que o indivíduo nutre uma mortífera dúvida consigo mesmo a respeito de seu valor, ou, nos termos de Laing, de sua própria "realidade".

Os sinais ou sintomas de insegurança ontológica incluem a ausência de um senso de continuidade biográfica e temporal do eu; uma preocupação excessiva com o medo dos riscos possíveis à própria existência, sobretudo considerando um ambiente exterior "objetivamente" perigoso ou cheio de mudanças; e a dificuldade de o indivíduo desenvolver e sustentar a confiança em sua auto-integridade, com a conseqüência de sentir-se moral e afetivamente "vazio" (Laing, 1963). O mesmo tema é mais tarde discutido pelo sociólogo inglês Anthony Giddens a propósito das narrativas da auto-identidade no contexto do que ele denomina de "projeto reflexivo do eu" – um no qual o eu tem de manter-se em contexto de elevada oferta de sentidos, às vezes em profunda contradição entre si (Giddens, 2002). Para Giddens, o inverso da insegurança ontológica é a confiança básica que o indivíduo tem em si mesmo, por meio da qual ele "filtra" os múltiplos perigos que podem ameaçar, cotidianamente, a integridade do eu.

Aqui usamos o conceito de insegurança ontológica para fazer referência à identidade em sua conexão com o trabalho.

Não tratamos da insegurança em sentido psíquico estrito, com repercussões clínicas (psicose, esquizofrenia, ambas analisadas por Laing no trabalho mencionado), sentida por indivíduos não diferenciados, não "individuados" mediante sua separação do outro (da mãe, em primeira instância). Usamos a metáfora, que julgamos apropriada, para analisar um processo social que dificulta o senso de segurança pessoal na experiência subjetiva com o trabalho. Qual *ethos* é o verdadeiro? Qual deles pode dar ao indivíduo segurança quanto à construção de sua identidade no trabalho? Essas são questões que provavelmente muitos fazem a si mesmos para tentar entender o que se passa com o trabalho na atualidade.

De acordo com nossa perspectiva, nenhum dos cinco *ethos* do trabalho aqui descritos *seria capaz de ou precisaria* dizer a verdade última sobre a identidade do indivíduo. Cada um deles, ao funcionar como narrativa, oferece uma determinada rede de crenças e desejos mais ou menos coerente com a imagem que o indivíduo faz de si mesmo. Assim, alguém poderia se sentir mais confortável recorrendo ao *ethos* romântico-expressivo do trabalho, ao passo que outros poderiam sentir-se melhor com as crenças oferecidas pelo *ethos* gerencialista. Pragmaticamente, o uso de um deles em detrimento de outros diz apenas respeito às justificativas encontradas para tal uso e às adequações pragmáticas das descrições com a rede de crenças e desejos predominante em dado momento na descrição que o sujeito dá de si mesmo.

Contudo, talvez essa perspectiva, que se baseia no pragmatismo filosófico de autores como Richard Rorty (Rorty, 1979; 1982; 1989; 1991a; 1991b; 1991c) e que discutiremos detidamente no próximo capítulo, pressuponha uma ruptura muito grande na maneira tradicional, moderna, de descrever o sujeito e a identidade nele baseada. A concepção de um "sujeito sem centro" fixo, apresentado como uma rede de crenças e desejos dinâmica e capaz de desprender-se pragmaticamente delas no caso de perceber sua contradição ou a incapacidade de sustentá-las (Rorty, 1991a), envolve um descompromisso radical com a imagem moderna do sujeito.

Como discutimos no capítulo precedente, o sujeito moderno é de natureza metafísica, necessitando de fundamentos que fixam a identidade em referentes invariáveis – na razão ou no trabalho, por exemplo. Todo o projeto moderno foi elaborado tendo como parâmetro um tipo de subjetividade firmada na certeza e na verdade como re-apresentação acurada da realidade no espaço interno da "mente". A modernidade é, por assim dizer, metafísica na medida em que põe os indivíduos empíricos em contato com um Sujeito que a tudo explica, que a tudo articula e unifica (Dufour, 2005).

Nessa linha de raciocínio, falar em "insegurança ontológica" pode, num primeiro momento, sugerir que o sujeito tem um centro que está sendo atacado ou perdido. Quer dizer, alguém só pode sentir que está "vazio" ou "sem identidade" na medida em que algo seu, que é genuinamente *verdadeiro* e essencial, está igualmente sendo perdido. Em contraste, o sujeito descrito pelo pragmatismo não pode "se perder" porque, a rigor, não há nada a se perder, nenhum núcleo essencial: há apenas a rede de crenças e desejos que *é* o sujeito em um dado momento.

Richard Rorty, o filósofo pragmatista que apresenta esse conceito de sujeito como rede de crenças e desejos, tem usado recentemente a expressão "centro de gravidade" (Rorty, 2001) para se referir às crenças que permanecem constantes ao longo do tempo, oferecendo um eixo provisório ao qual podemos chamar de "identidade". Semelhantemente, conforme diz Pahl (1997), a identidade refere-se à "construção de uma narrativa em nossas próprias palavras, expressas em relatos justificadores que aos poucos se diluem em roteiros consistentes ou em autobiografias e diários que, caracteristicamente, reconstituem pensamentos e ações a uma luz favorável" (p. 177).

Entretanto, num segundo momento, podemos apresentar o conceito de insegurança ontológica como um tipo de falha na descrição de si mesmo, não porque algo essencial esteja sendo perdido, mas porque o indivíduo não está sendo capaz de encontrar uma narrativa coerente, um "centro de gravidade" para poder se reconhecer e justificar suas ações, em particular em relação ao trabalho. O critério para o abandono ou manutenção de uma rede de crenças é o acordo pragmático estabelecido entre o sujeito e o ambiente que o cerca (ou, em termos psicanalíticos, entre o ideal do eu e o princípio da realidade). Em primeiro lugar, ele tem de encontrar descrições e justificativas que sejam coerentes para si mesmo. Em segundo, essa coerência interna tem de pragmaticamente ajudá-lo a lidar com o ambiente externo.

Bem entendido, uma rede de crenças não é adotada devido à correspondência correta com a realidade verdadeira, mas tendo em vista a aquisição de um novo vocabulário ou narrativa que permita ao indivíduo descrever de forma mais proveitosa seu contato com essa realidade. A pressão pelo descarte de uma dada rede é então sentida pela força do ambiente, de um lado, e pela necessidade interna de justificativas, de outro. Ocorre então insegurança ontológica quando não é possível harmonizar uma determinada descrição que seja coerente para si e para os outros significativos que cercam o indivíduo e o reconhecem – ou que com ele "conversam".

Nesse caso, o sujeito fica provisória ou extensamente privado de recorrer a uma descrição coerente de si mesmo e de suas ações. As conseqüências psíquicas, afetivas e cognitivas resultantes de insegurança na relação com o trabalho incluem a dificuldade de o indivíduo encontrar um senso de continuidade biográfica em seu contato com o trabalho, a preocupação excessiva com riscos à sua própria existência como profissional (e como pessoa inclusive, dependendo do quanto sua identidade depende do trabalho) e a falta de confiança e segurança na sua capacidade de auto-integridade pessoal. Em uma palavra, insegurança ontológica é uma situação em que o indivíduo não consegue justificar suas ações; não sabe por que as faz, e, mesmo quando sabe, não consegue reconhecer nisso um sentido, uma coerência.

A insegurança ontológica, nesse sentido, refere-se pois à falha na coordenação das várias descrições do *self* ou do eu em seu contato com as várias narrativas públicas do trabalho (o que estamos denominando de *ethos* do trabalho). Defendemos que os vários *ethos* do trabalho impõem dificuldades nesse processo de coordenação, cuja melhor ou pior solução vai depender da disposição e dos recursos do indivíduo em questão. A coexistência dos vários *ethos* do trabalho e suas diferentes práticas simbólicas, institucionais e materiais, é condição propícia para dificultar o processo de construção narrativa da identidade. Isso ocorre porque a sobreposição desses *ethos* torna especialmente difícil, para os indivíduos, "encontrar as coordenadas sociais a cujo redor possam tecer seus mapas de auto-identidade" (Pahl, 1997, p. 173).

Na perspectiva da ação sem assistência, o indivíduo é ativo no processo de leitura do ambiente social que o cerca e na resposta a ele em termos de narratividade identitária; já na perspectiva do "institucionalismo", tal como o apresentamos ao fazer menção às idéias de Alain Ehrenberg anteriormente neste capítulo, o indivíduo é sobrecarregado, hiper-estimulado e hiper-demandado na resposta ao ambiente a partir de justificativas obtidas em um ou outro *ethos*. O ambiente social, nesse caso, é visto como caótico, dispondo de referenciais (roteiros narrativos) em excesso para os indivíduos explicarem a si mesmos. Um ambiente social "ilegível" para a maioria, acrescentaríamos nós.

Nessa segunda situação, as chances de falha no processo de auto-descrição são grandes. Podem então surgir estados marcados por ansiedade, depressão, medo e, no limite, bloqueio da capacidade de ação. Como resposta a esses estados, os próprios indivíduos podem recorrer a algumas estratégias de enfrentamento. No próximo capítulo apresentamos três dessas estratégias e discutimos seus limites e potencialidades em um contexto de desmontagem, fragmentação e ambigüidade das narrativas públicas sobre o trabalho.

CAPÍTULO 16

RESPOSTAS À INSEGURANÇA DO TRABALHO

Neste capítulo analisamos três respostas à insegurança ontológica presente no relacionamento entre indivíduo e trabalho na atualidade. A primeira é a emergência do que o filósofo Richard Rorty (Rorty, 1989) chama de um "eu irônico". A segunda refere-se à emergência do eu reflexivo, termo usado por Anthony Giddens em vários de seus trabalhos sobre modernidade e identidade (Giddens, 1991; 1997; 2002). E a terceira refere-se a um processo de criação de *falso-selves* por meio dos quais o indivíduo lida com dilemas conflitantes em si mesmo e no ambiente profissional em que atua. Adaptamos neste trabalho o conceito de *falso-self* desenvolvido originalmente pelo psicanalista Donald Winnicott (Winnicott, 1982) e comentado pelo psicanalista brasileiro Júlio de Mello Filho (Mello Filho, 2003).

O EU IRÔNICO

Para Rorty (1989), o "eu irônico" é o que considera suas várias redes de crenças e desejos como relativas. Nas palavras do próprio Rorty, esse eu "jamais é capaz de levar a si mesmo a sério porque ele sempre sabe que os termos nos quais se descreve estão sujeitos à mudança, sempre está consciente da contingência e da fragilidade de seus vocabulários finais e, por extensão, de seus próprios eus" (p. 73-74). Quer dizer, o indivíduo não se apega a uma ou outra das crenças que utiliza para se descrever, nem a partes específicas da rede, mas está permanentemente disposto a abandoná-las e a adquirir outras. O critério da mudança, realça Rorty, é a busca por uma melhor definição de si, uma descrição e justificação das causas internas do próprio comportamento, das ações no ambiente e das respostas dos outros a estas mesmas ações. Em específico, Rorty (1982) acredita que nos redescrevemos para criarmos uma imagem mais coerente com o que ele chama de ideal de auto-enriquecimento e não para ficarmos mais próximos da Verdadeira realidade de quem somos ou deveríamos ser.

Não abrimos mão de nossas redes de crenças e desejos em nome da Verdade última, mas sim em nome de compromissos pragmáticos com o bem-estar e a felicidade. O próprio Rorty, em vários trabalhos (Rorty, 1991a; 1991b; 1999a), declara-se um "romântico", precisamente pelo fato de considerar a construção de nós próprios como um experimento aberto. "Experimento" no sentido dado a este termo por John Dewey: de que, pela experiência, ensaiamos a construção de novos mundos, de novas metáforas e imagens sobre nós mesmos. Rorty pressupõe uma comunidade de seres livres que se dedicam à conversação; seres que são levados a se redescrever pela persuasão das razões pragmáticas e não pela força (Rorty, 1989). Em seus ensaios sociais (Rorty, 1999a; 1999b) ele fala sobre a alteração de hábitos sociais por meio da troca ou redescrição de uma semântica cruel, discriminatória, perversa etc. por uma semântica que obedeça aos interesses sociais comunalmente acordados.

Para entendermos o que Rorty chama de eu irônico precisamos revisar alguns dos conceitos por ele utilizados. O primeiro é o de *contingência*. Para Rorty (1989), reconhecer a contingência significa admitir que os vocabulários que usamos para nos descrever não são finais, quer dizer, definitivos. São, ao contrário, construções provisórias que podem ser abandonadas quando não forem mais capazes de justificar as razões para o comportamento do falante. Na medida em que a concepção de linguagem de Rorty é a de uma caixa de ferramentas, um vocabulário pode ser trocado por outro assim que as exigências da realidade demandarem uma ferramenta em lugar de outra. O critério pragmático é o que define o uso de um ou de outro vocabulário.

O segundo conceito é o de *redescrição*. Sujeito, para Rorty, é a rede de crenças e desejos postulada como causa da ação de um falante, e não uma instância metafísica que depende de uma descrição única, privilegiada, sobre si. O princípio é de que somos sujeitos lingüísticos. Isso significa que temos um comportamento lingüístico em relação ao mundo, que usamos a linguagem não para representar a realidade mas para lidar com ela. Significa ainda que esse uso da linguagem é intencional, que nós próprios exigimos justificativas para as ações nas quais nos engajamos.

A redescrição de uma rede lingüística de crenças e desejos pressupõe a inserção de novos elementos na rede ou então da alteração de elementos existentes. Rorty (1989) afirma que a redescrição só é possível se imaginarmos que o vocabulário que usamos para nos descrever é passível de mudança sem que, com isso, coloquemos em risco nossa "verdadeira" identidade. E por quê? Porque a identidade não é vista por Rorty a partir da metafísica do sujeito, como um núcleo não-lingüístico incrustado no interior do sujeito, mas como termos lingüísticos usados pragmaticamente para nos apresentarmos ao mundo.

O terceiro conceito é o de *ironia*. Na medida em que os vocabulários de descrição de si têm o mesmo valor em termos de verdade, ou seja, cada vocabulário é justificado em si mesmo e não em referência à Verdade, todos eles podem igualmente arrogar para si credibilidade. A ironia é decorrência dessa consideração de que o vocabulário do outro (e o nosso próprio) não é, necessariamente, a última palavra sobre quem ele é ou sobre quem somos. Em outras palavras, todos os vocabulários são descartáveis.

Rorty (1989) destaca que podemos humilhar as outras pessoas na medida em que questionamos a legitimidade de seu vocabulário final. Tal humilhação não deve ser aqui entendida em sentido comum de ofensa, mas de uma crítica à falibilidade das descrições que nos são apresentadas. Rorty realça o aspecto contingente da própria verdade: não há verdade incondicional sobre quem somos ou deveríamos ser. A condição para que o projeto do ironista liberal deslanche é a liberdade garantida a todos para se expressarem no vocabulário que quiserem. A tolerância democrática é a contrapartida institucional para a expressão livre e para a convivência de diversas formas de vida e seus vocabulários ou narrativas de suporte.

Um quarto e último conceito é o de *verdade*. Qual a verdadeira identidade? Qual a verdadeira descrição de nós mesmos? A verdade, para Rorty (1998), pertence ao campo da conversação e da convenção, não ao da correspondência com a realidade tal qual ela é em si mesma, isto é, ao campo epistemológico.

Na tradição metafísica, a verdade ocorre quando os fatos correspondem exatamente às palavras e teorias que usamos para descrevê-los. Nesse sentido, verdade é algo que está além da linguagem; não depende das escolhas que fazemos dos termos pela sua convencionalidade prática e linguística, mas da imposição dos próprios fatos. Rorty insiste no "desinflacionamento" do conceito de verdade. Em vez de vê-la como correspondência, sugere algo diferente: concebê-la como um termo que usamos para aprovar determinados comportamentos ou ações em detrimento de outros.

Aplicado à sua concepção de sujeito, a verdade ocorre quando estamos justificados em nossas crenças, quer dizer, quando para nós próprios elas são coerentes, nos ajudam a lidar com a realidade e nos ajudam a conviver com os outros. O "eu verdadeiro", a "identidade verdadeira", portanto, dependem de o indivíduo conseguir justificar para si mesmo os termos nos quais se descreve, o vocabulário com o qual interage com a realidade e "conversa" com os outros.

O eu irônico e o trabalho

Como entender o conceito de "eu irônico" no campo do trabalho? Como ele pode nos ajudar a enfrentar o problema da insegurança ontológica? No campo do trabalho, o "eu irônico" seria um indivíduo capaz de desligar-se, com relativa facilidade, de instituições, empregos e, principalmente, capaz de transitar pelos vários *ethos* do trabalho sem cair em estado de paralisia de ação, ou de perplexidade. Como endossa Sennett (2006), é um indivíduo capaz de "abrir mão, permitir que o passado fique para trás (...), uma personalidade disposta a descartar-se das experiências já vivenciadas" (p. 14). Sennett acrescenta tratar-se de uma personalidade de tipo consumista que adquire e se livra de mercadorias no fluxo constante do desejo de novas aquisições como se estivesse em um hipermercado.

De certo modo, o eu irônico parece ser o caráter esperado dos indivíduos submetido às novas condições de trabalho. Evidências disso podem ser encontradas no discurso gerencialista, quer dizer, no discurso de gurus de gestão, livros de negócio e mesmo no linguajar corporativo. Nele se insiste para que o profissional esteja, por exemplo, aberto a novas aprendizagens. No discurso corrente isso significa que o profissional *não deve* se acomodar a um determinado *modus operandi*, mas estar permanentemente aberto a assumir novos desafios, a encarar novos projetos, a mudar de área, de empresa, de país, até de profissão. A mudança é a palavra de ordem. Já que "tudo muda" e que "a velocidade da mudança é frenética", então o indivíduo também deve ser capaz e estar disposto a mudar junto. Se ele não o fizer, poderá ser rotulado de ultrapassado ou lento.

Essa mentalidade parece fazer vistas grossas aos custos psicológicos associados à qualquer mudança. As pessoas desenvolvem hábitos e se estabelecem em rotinas cuja alteração não se faz da noite para o dia sem deixar seqüelas. Mas talvez isso não se aplique ao eu irônico descrito por Rorty. Para ele, talvez os custos da mudança não sejam grandes, haja vista ele não se levar a sério, não apegar-se a um vocabulário final. Não é um "eu inseguro" porque ele não acredita que haja uma narrativa única capaz de lhe garantir segurança. No campo do trabalho, sabe que as coisas não são certas e que os vínculos podem se quebrar com facilidade. Mas sua reação a isso não é de desespero ou de angústia, pois encontrará outra forma de se expressar. Não teme em abrir mão de sua experiência atual, pois acredita que outras experiências possam ser possíveis e inclusive melhores.

Uma visão irônica de si mesmo é a conseqüência lógica de se viver em um mundo flexível e sem autoridade. A afirmação é de Richard Sennett (1999). Mais importante, a idéia do eu irônico afeta as mais consolidadas intuições sociais, como a de socialização. Rorty, no mesmo trabalho em que discute a ironia e a contingência (1989), revela, a propósito do sistema educacional, sua preocupação com uma sociedade que deixa seus membros em dúvida sobre sua própria socialização. O filósofo faz uma interessante distinção entre socialização e individualização. Enquanto a primeira estabelece os parâmetros existenciais para o indivíduo, a segunda o permite ultrapassá-los. Mesmo Rorty não vê como a segunda possa ocorrer sem a primeira. Ou seja, como alguém não socializado pode individualizar-se? Contra o que ele vai "rebelar-se" ou contra qual pano de fundo vai deixar sua contribuição singular?

A recíproca é também, obviamente, verdadeira: a pura e simples socialização deposita sobre os indivíduos padrões e normas de ação que podem lhe tolher completamente a iniciativa e a criatividade. A pergunta se aplica igualmente em relação a nosso objeto de estudo: como inovar no trabalho, como ser "autônomo" e independente, sem um processo de socialização, por exemplo, boa educação, instrumentos cognitivos básicos e uma referência sobre o que é trabalho? No atual momento, o indivíduo é instado a se redescrever, a se reinventar inteiramente sozinho, sem enquadres sociais claros. Portanto, cremos que a estratégia do eu irônico funciona quando o indivíduo foi primeiramente socializado em estruturas sociais mínimas; ele não conseguirá se desvencilhar de seus próprios vocabulários finais se não conseguir vislumbrar melhores alternativas – mas, para isso, ele precisa de recursos: emocionais, cognitivos e sociais.

Desse modo, concordamos com Sennett (1999) quando este diz que o eu irônico pode se revelar uma estratégia autodestrutiva na atualidade, pois se passa da crença de que nada é fixo para a de que tudo pode, isto é, passa-se à pura indiferença. Em termos de caráter, esta segunda situação leva a uma descrença quanto ao próprio valor do indivíduo, à sua própria realidade e de suas necessidades. Nesse sentido, o eu irônico pode levar a um agravamento da insegurança ontológica, fazendo da deriva e da incerteza um modo de vida. Nossa dúvida é sobre se os indivíduos podem suportar a "insustentável leveza" de seus eus irônicos.

O EU REFLEXIVO

A estratégia do "eu reflexivo" envolve um tipo de indivíduo capaz de apreender as bases conceituais sobre as quais age, os impactos que suas próprias ações geram no ambiente e de fazer isso repercutir na consciência de uma nova ação. A reflexividade do eu refere-se a um processo pelo qual este se torna auto-consciente de si mesmo, monitorando-se, controlando-se e estipulando filtros capazes de o proteger dos processos de fragmentação presentes no que Giddens chama de "alta modernidade" (Giddens, 1991; 1997; 2002). Nesta, lembra-nos o sociólogo, sistemas abstratos peritos, como a ciência por exemplo, e a mídia em geral põem em convívio diferentes roteiros para a construção do eu, situação que gera uma espécie de desencaixe entre experiência vivida e experiência massificada. Dissemos algo muito semelhante ao analisar os cinco *ethos* do trabalho: estes últimos são sistemas que oferecem narrativas, significados, crenças sobre o valor do trabalho na vida humana.

Para Giddens (2002), no contexto da alta modernidade, em que a tradição e os sistemas de "encaixe" da identidade não têm mais força, o eu se torna um projeto reflexivo. Como tal, ele está diretamente confrontado com dilemas e questões existenciais, tais como: o que fazer? Como agir? Quem ser? As respostas a essas perguntas têm de ser encontradas pelo próprio indivíduo. O autor menciona que "Somos não o que somos, mas o que fazemos de nós mesmos", e que "o que o indivíduo se torna depende das tarefas de reconstrução nas quais se envolve" (p. 74). A identidade, nesse sentido, é uma construção na qual o indivíduo se engendra para alcançar coerência e satisfação. A questão da coerência na construção da identidade nos leva ao problema da narratividade. A passagem abaixo sintetiza magistralmente a concepção de identidade para Giddens.

> "A auto-identidade é produto da reflexão. A *narrativa da auto-identidade* tem de ser modelada, alterada e racionalmente sustentada em relação às circunstâncias da vida social, que mudam com rapidez, em escala local e global. Só quando a pessoa consegue desenvolver uma autenticidade interior – um esquema de confiança básica por meio do qual a existência possa ser entendida como uma unidade em contraposição ao pano de fundo dos eventos sociais mutáveis – isso pode ser obtido. *Uma narrativa racionalmente ordenada da auto-identidade fornece os meios para se dar coerência ao tempo de vida finito, consideradas as circunstâncias externas variáveis*." (*apud* Pahl, 1997, p. 147 – grifos meus).

A passagem acima sugere que a identidade é um fenômeno que se constrói com coerência, supondo uma narrativa do eu permanentemente explicitada, apropriada, refletida. A melhor maneira de fazer isso é por meio da construção de uma autobiografia. No projeto reflexivo do eu, a auto-biografia consiste de uma série de episódios concatenados pelos quais o indivíduo encontra sentido e singulariza suas experiências em relação à massa de outros indivíduos. Como a narrativa autobiográfica precisa ser permanentemente explicitada e formalizada sem recorrência a instituições, o processo envolve trabalho sobre si, esforço criativo e, principalmente, reflexividade.

Esse ponto é importante em nossa discussão, pois Giddens toca no problema que chamamos aqui de rareamento institucional, no qual as experiências pessoais não encontram acolhida em amplas narrativas formalizadas institucionalmente. A conseqüência é o convívio com o risco e com a perda, fazendo da vida uma série de "passagens" e não de lugares fixos. Giddens pensa que tal problema possa ser equacionado pela construção de rituais particulares, por meio dos quais o indivíduo consiga interpretar as passagens da vida na perspectiva de trajetórias reflexivamente construídas do eu. Quer dizer, as experiências da vida, apresentadas em termos de perdas e ganhos, oportunidades e fracasso, são encaixadas dentro de uma narrativa pessoal na qual elas fazem sentido e pelas quais o indivíduo aprende e se desenvolve.

Para encerrar esta seção, gostaríamos de acrescentar dois aspectos adicionais à passagem literal de Giddens transcrita acima. Em primeiro lugar, a auto-identidade para Giddens pressupõe escolhas racionais. Por meio da razão o indivíduo conseguiria selecionar, "filtrar", da realidade os aspectos mais coerentes com seu projeto existencial. Em segundo lugar, é preciso atribuir ao indivíduo grande parcela de autonomia e independência na condução desse projeto. Talvez ambas as prerrogativas sejam por demais abstratas, admitindo forte capacidade de ação dos indivíduos em contexto desorganizado, caótico, fragmentado e inseguro. Na prática, a ação individual, seja ou não com assistência de outros, não depende apenas de "confiança básica" do indivíduo em si mesmo, descrita em termos psicológicos. Depende também do quanto uma sociedade prepara seus indivíduos para lidar com aquele contexto ou das oportunidades concretas que ela lhes oferece.

O eu reflexivo e o trabalho

A demanda de um eu reflexivo parece ocorrer em várias situações envolvendo o trabalho e a relação do indivíduo com a empresa na atualidade. Vamos considerar, em particular, três dessas situações. A primeira é a escolha e condução da carreira; a segunda, o desenvolvimento do que, a partir da década de 1990 principalmente, se chama de empregabilidade; e a terceira, as novas formas de contrato psicológico entre profissionais e suas organizações.

Carreira. Fora da literatura gerencial (*ethos* gerencial) podemos encontrar alguns autores acadêmicos, como Arthur e Rousseau (1996), dedicados à compreensão do que é carreira na atualidade. Esses autores em específico parecem aplicar a estratégia do eu reflexivo para definir o que é uma carreira e sobre o modo mais apropriado de desenvolvê-la. Para eles, carreira é definida como sendo a seqüência das experiências profissionais de um indivíduo e não como uma progressão formal e linear na hierarquia da organização. Chamam-na de "carreira sem fronteiras" pois ela não depende de um vínculo estreito e contínuo com uma instituição. Nesse tipo de carreira o indivíduo é parcialmente autônomo em relação às empresas, no que depende de forte capacidade reflexiva para agir sem roteiros institucionais pré-estabelecidos e num contexto em que ninguém lhe dá as coordenadas exatas e seguras sobre como ser bem-sucedido e como conduzir melhor a carreira.

Contudo, para que uma carreira sem fronteiras funcione é necessário o desenvolvimento de uma competência que Arthur e Rousseau chamam de *know why*. Por meio desta, o indivíduo toma consciência de suas opções e prioridades existenciais e, a partir disto, consegue direcionar suas escolhas em um ambiente em que as organizações não agem mais como instituições "fechadas", mas sim como espaços "sem fronteiras". A competência está amarrada à necessidade de um relativo grau de autoconhecimento por parte do indivíduo, bem como a um monitoramento constante das escolhas assumidas e do quanto elas estão refletindo as preferências e desejos do projeto pessoal.

Do ponto de vista de sua relação com o trabalho, este será interpretado à luz da narrativa ou do enredo pessoal assumido. A reflexividade da carreira inclui uma ponderação pessoal sobre o que esperar do trabalho, sobre seu papel, sua inserção num contexto existencial composto por família, relacionamentos, preocupações com qualidade de vida, entre outros.

Arthur e Rousseau (1996) acrescentam duas outras competências ao esquema que denominam de carreira sem fronteiras: a competência *know how* e *know whom*. A primeira envolve a reunião de conhecimentos, habilidades e competências conceituais, técnicas e relacionais. São elas que garantem um desempenho elevado ao profissional dentro de sua área de especialidade ou negócio. Já a segunda competência, *know whom*, relaciona-se à formação e desenvolvimento de redes sociais. Trata-se aqui do conceito de "capital social", o repertório de relações relativamente estáveis mantido pelo indivíduo em seu contato com outras pessoas. A carreira depende, pois, de uma rede social baseada em confiança e em padrões de reconhecimento do valor e do desempenho do indivíduo. Num contexto de rareamento institucional, essa rede substitui ou exerce o papel outrora exercido pelas empresas em termos de reconhecimento do profissional, oferta de oportunidades e senso de pertencimento a um grupo.

Empregabilidade. Empregabilidade tornou-se um termo popular no ambiente de negócios nas últimas duas décadas e refere-se à capacidade do indivíduo tornar-se empregável, a seu valor de mercado. O termo aparece quando o emprego sofre profundas alterações por conta de novos arranjos produtivos e de pressões conjunturais das mais diversas ordens, como redução de custos, aumento de competitividade, uso maciço de novas tecnologias e sofisticação nos padrões de desempenho profissional.

Se não há mais emprego, costuma-se dizer na literatura gerencial, então cabe ao indivíduo ser empregável, ou seja, mostrar a seus possíveis empregadores que ele tem aquilo de que estes precisam. Quem tem empregabilidade é, portanto, o indivíduo e toda a responsabilidade pelo aumento de seu "valor" depende exclusivamente dele. Daí, novamente, a necessidade de reflexividade para identificar quais os fatores que geram empregabilidade e sobre o modo de adquiri-los e desenvolvê-los.

Contrato psicológico. A terceira situação do trabalho na atualidade envolve a relação indivíduo-organização, especificamente a natureza do vínculo formado por ocasião da relação de emprego. Contrato psicológico refere-se à percepção do indivíduo quanto aos direitos, deveres e obrigações constituídas por ocasião de sua relação de trabalho. Não os direitos, deveres e obrigações formais, estipulados no contrato explícito firmado, mas sim informais, implícitos.

O que importa nesse tipo de contrato são as crenças dos indivíduos acerca do que é uma empresa, do que significa trabalhar, de como ele acha que deve ser o relacionamento com seus superiores e de quais devem ser os termos do relacionamento mútuo entre ele e a empresa (Rousseau, 1989; Schein, 1965). O contrato psicológico envolve, portanto, expectativas, desejos, percepção quanto a promessas feitas pela outra parte, experiências passadas do indivíduo que não necessariamente são compartilhadas por todos os membros da organização. Quer dizer, um contrato psicológico é idiossincrático e reflete o modo singular como a relação de trabalho é estabelecida.

Na literatura sobre o tema podemos encontrar diversas classificações de tipos de contrato psicológico. Em uma delas, por exemplo, tais contratos são divididos em transacionais e relacionais (Robinson, Kraatz e Rousseau, 1994). Contratos transacionais são caracterizados pela percepção de um vínculo pecuniário entre o indivíduo e a organização. São contratos instrumentais, em que as trocas são específicas e quantificáveis. Já os contratos com termos de desempenho menos específicos que geram uma perspectiva de relacionamento de longo termo com a empresa, acompanhados de aspectos que vão além da mera relação instrumental, como lealdade à organização e relações de apoio, são denominados de relacionais.

Na atualidade, as novas formas de trabalho vêm transformando os tipos e a natureza dos contratos psicológicos. Hoje, as empresas explicitamente informam a seus funcionários que o contrato entre eles deve basear-se exclusivamente em *performance* e que o relacionamento termina quando uma das partes não estiver satisfeita com o tipo de resultado produzido ou com outros aspectos do ambiente de trabalho, como clima de relacionamentos, perspectivas de crescimento e desafios. Esse tipo de contrato com as organizações exige que os profissionais tenham maior consciência do que desejam em termos de relação de trabalho, em quais empresas desejam trabalhar, quais suas expectativas e preferências, pois quanto maior for o grau de conhecimento desses aspectos, maiores serão as chances de o relacionamento ser proveitoso para ambas as partes.

De que modo então o "eu reflexivo" se relaciona com o contrato psicológico? Na medida em que os contratos estão deixando de ser propriedade das organizações, ou então um *script* que o indivíduo segue sem saber exatamente por que, torna-se necessário um alto grau de autoconhecimento capaz de explicitar as premissas do contrato psicológico que se deseja ter. Quanto maior for esse autoconhecimento, mais o indivíduo consegue saber o que o frustra e como orientar suas escolhas de modo a refletirem seus valores, desejos e expectativas.

Adicionalmente, se o indivíduo tem consciência do que o motiva e do tipo de relacionamento de trabalho que mais lhe agrada, ele também pode se tornar menos dependente das empresas, não esperando que estas lhe digam o que fazer, como e quando romper seu contrato. Em termos das novas relações entre indivíduo-organização, a reflexividade contribui no sentido de garantir ao indivíduo a condução de sua própria vida profissional, sobretudo considerando-se o ambiente fragmentado, incerto e ilegível dos vários *ethos* do trabalho.

O FALSO-SELF

A terceira resposta à insegurança ontológica ligada à experiência presente com o trabalho refere-se à criação de *falso-selves*. Winnicott (1982) usou o termo para referir-se a pessoas que têm uma incapacidade de ser elas mesmas, verdadeiramente. Podem, no entanto, ser altamente adaptadas às situações externas e responder às exigências da realidade com notável desenvoltura. A origem desse fenômeno é encontrada na infância. A criança, para adaptar-se a uma mãe que não a reconhece em sua genuína espontaneidade, desenvolve uma submissão aos desejos do *self* daquela, substituindo seu verdadeiro *self* pelos gestos da mãe.

Com o passar do tempo, a criança aprende a imitar outras pessoas para ser aceita, com o que acaba se submetendo às exigências do meio. Winnicott comenta que, em um tal caso, a imitação torna-se uma capacidade e quando a distância (ou a dissociação, no vocabulário do psicanalista) entre o falso e o verdadeiro *self* não é comprometedora, o indivíduo pode dar mostras de uma vida normal e quase pessoal. Mas quando essa distância se torna grande demais passa a ser difícil a representação de um papel, agir como ator, pois nesse caso os sentimentos de vazio ou incongruência são difíceis de suportar. É interessante observar que no indivíduo *falso-self* tais sentimentos lembram aqueles que Laing (1963) identifica em indivíduos com insegurança ontológica: sensação de vazio, falsidade, futilidade e de irrealidade. Quanto mais bem-sucedido é o indivíduo, mais ele se sente falso e vazio.

O psicanalista José de Mello Filho (Mello Filho, 2003) usa o conceito de *falso-self* de Winnicott de maneira a estendê-lo à compreensão de fenômenos que vão além da mera sintomatologia individual. Para ele, podemos encontrar o fenômeno do *falso-self* em qualquer pessoa, ambiente e profissão. Seu trabalho é uma investigação de como tal fenômeno, que tem raízes individuais (na relação mãe-bebê), pode estar conectado a contextos grupais e sociais. É nesse mesmo sentido amplo que utilizamos o conceito para explicar formas de resposta à insegurança ontológica na experiência contemporânea com o trabalho. Confrontado com os dilemas inerentes à sobreposição dos vários *ethos*, o indivíduo pode desenvolver um *falso-self* com o qual pretende ser reconhecido nas relações sociais no trabalho. Vejamos alguns exemplos.

Suponhamos um indivíduo socializado no *ethos* romântico-expressivo do trabalho. Ele acredita que o trabalho deve refletir seus talentos mais genuínos, que deve encontrar um sentido nas atividades que realiza e que esse sentido envolve fazer bem feito, com autonomia e espontaneidade, aquilo que mais gosta e sabe fazer. Digamos que seu "verdadeiro *self*" se expresse nesse tipo de relacionamento com o trabalho. Mas, confrontado com o *ethos* instrumental, que enfatiza o tempo da eficiência e critérios racionais ligados à *performance* e resultado no trabalho, ele pode encontrar dificuldade para se sustentar. Nesse caso, desenvolve um *falso-self* por meio do qual esconde sua real concepção de trabalho para adaptar-se a um ambiente altamente competitivo e racional. Essa pode ser a estratégia que Pahl (1997) identificou entre as pessoas que entrevistou para sua pesquisa sobre o que é sucesso: elas dissociam emprego (*ethos* instrumental) de trabalho (*ethos* romântico-expressivo), conseguindo manter alguma integridade psíquica com esse tipo de "acordo" com a realidade.

Outro exemplo de construção de *falso-self* na relação com o trabalho pode ocorrer com as mulheres. Historicamente, mulheres não tinham carreira, mas sim empregos. E por uma razão importante: carreira pressupõe uma orientação individualista em relação à vida. Ao longo da história as pessoas precisavam escolher entre permanecer integradas a seu grupo de pertencimento, aceitando suas narrativas públicas restritivas, ou então construir uma carreira no sentido de ascensão social – e o que seria ascensão social senão a saída de um grupo e a entrada em outro? Na história ocidental recente, tal ascensão ocorre por meio da construção de uma carreira.

As mulheres enfrentam um problema intrínseco com esse tipo de carreira: a maternidade. A vida profissional é intercalada com ciclos de maternagem, o que dificulta o foco em objetivos individualistas. O homem não gera a vida; por mais que se tenha falado nas últimas décadas de "direitos iguais para ambos os sexos", o fato é que só a mulher pode arcar com uma gravidez. Esta faz com que a mulher pense coletivamente, e não individualmente. Quando, porém, entram no mercado de trabalho aceitando as exigências individualistas da carreira elas têm de protelar a maternidade. E o fazem com muito mais perdas do que os homens.

A mulher pode construir um *falso-self* para competir de igual para igual com o homem. As regras ilegíveis sobre ascensão profissional hoje são difíceis para ambos os sexos, não há dúvida, mas para a mulher a insegurança ontológica no trabalho pode ser um pouco pior, tendo em vista os resquícios da sociedade paternalista que ainda vigoram. Como estratégia, precisam "provar" que são competentes, capazes e até melhores do que os homens.

No passado, para alcançar a riqueza e a auto-realização os homens lançavam-se em uma carreira e o faziam usando seus próprios talentos e habilidades. Aplacavam a insegurança do sucesso lutando na esfera pública, ao passo que as mulheres permaneciam na esfera privada. Hoje, quando entram para a esfera pública, a insegurança das mulheres pode ser grande. Como os homens no passado, que também desenvolviam um *falso-self* pelo qual se mostravam racionais, fortes e controlados, o mesmo pode ocorrer com as mulheres como estratégia para se lidar com a incerteza do trabalho.

Outra oportunidade de criação de um *falso-self* pode ser encontrada em ambientes organizacionais em geral. De um lado, o indivíduo é confrontado com a cultura da organização e com a cultura geral de negócios, hoje uma cultura quase homogênea em todas as partes do mundo capitalista desenvolvido. De outro, ele traz seus valores, mapas cognitivos e sua descrição de si mesmo, vale dizer, sua identidade. Nem sempre, se é que alguma vez isso ocorre, as duas dimensões coincidem, embora certamente o desejo das empresas é de que isso ocorra, pois assim se acredita gerar maior comprometimento e motivação. Quando não coincidem, e para se adaptar, o indivíduo cria um *falso-self*, uma máscara com a qual se apresenta e pela qual se mostra envolvido com o que é pedido.

Mas talvez seja no campo do sucesso profissional que mais haja recorrência à estratégia adaptativa do *falso-self*. Nesse caso o *ethos* gerencialista tem grande influência, pois ele reproduz os ideais burgueses de ascensão, felicidade e *status*, todos ligados à conquista de uma carreira. Em nome do sucesso, pressupondo que aceite os ideais estabelecidos do que é ser bem-sucedido, o indivíduo pode ter de abrir mão de aspectos verdadeiramente pessoais, desenvolvendo, em contrapartida, uma forte competência de imitação e aderência a modelos de sucesso que variam de acordo com as modas e modismos gerenciais e cultura de negócios.

Chama a atenção, por exemplo, a contínua preocupação dos profissionais com a "atualização permanente", recorrendo a cursos de pós-graduação e especialização ou então aos chamados MBAs. O quanto a busca por esses cursos baseia-se em desejos pessoais, na consciência sobre valores e prioridades pessoais, isto é, na consciência da própria identidade (reflexividade) ou se baseia numa resposta a demandas externas? Neste ponto gostaríamos de discutir uma diferença importante que julgamos existir entre identidade e papéis sociais, diferença que o conceito de *falso-self* parece pressupor.

Papel, identidade e trabalho

Conforme nos lembra Pahl (1997) o debate sobre identidade na década de 1960 girava em torno do modo como as pessoas manipulavam seus papéis sociais a fim de atender as expectativas alheias. Na visão de autores que se tornaram reconhecidos no campo, como Peter Berger (Berger, 1966), o indivíduo reconhece sua identidade em termos socialmente definidos. Mediante um processo de socialização ele adquire as estruturas cognitivas e emotivas presentes em seu grupo e cultura que, uma vez internalizadas, servem como roteiros implícitos de comportamento. Um indivíduo que "sabe quem é", na concepção de Berger, é o que passou por um processo adequado de socialização.

O processo que Berger (Berger, 1966) descreve como de "construção social da realidade" envolvia a crença de que toda sociedade encerrava um repertório de identidades que compunham o repertório de conhecimentos objetivos de seus membros. Pahl (1997) faz uma observação fundamental em relação a essa concepção de identidade: talvez Berger estivesse se referindo antes aos papéis sociais que às identidades pessoais. Para este último autor, a criança absorve, no processo de socialização, o mundo em que vive, do mesmo modo como absorve a identidade correspondente a esse mundo. Quer dizer, a criança absorve um papel social e faz dele sua própria identidade. O problema com esse raciocínio é que podem haver tantos pais, e pais diferentes, dependendo de quantos indivíduos pais existam.

Um papel social consiste de uma série de expectativas objetivas que uma determinada sociedade coloca sobre seus membros. Diz respeito, por exemplo, ao modo como ela organiza suas atividades denominadas de trabalho: o conceito clássico de Adam Smith de divisão do trabalho ilustra muito bem essa afirmação. Quando cada trabalhador é segmentado de acordo com tarefas específicas a realizar em uma determinada estrutura de produção, então é plausível esperar que ele realize o que tem de realizar para que o sistema todo funcione. Durkheim também deixa sua contribuição nesse sentido ao dizer que a sociedade organiza-se de acordo com diferentes especializações de seus membros, as quais geram o que o sociólogo denomina de solidariedade mecânica: a complementaridade resulta da especialidade. Pahl (1997) nos lembra que, ao longo das décadas de 1960 e 1970 o debate esteve focado no estudo dos papéis sociais, seus graus de ajustamento ou de desajustamento e no modo como melhor desempenhá-los.

Atribui-se a Paul Ricoeur o salto do conceito de indivíduo (como um papel social) para o de identidade. Para o filósofo francês, "a identidade é um processo consensual de construção ao longo de várias etapas, durante as quais redefinimos a distinção entre o 'eu' e o 'não-eu'" (Le Rider, 1993) (*apud* Pahl, 1997, p. 173). Mais à frente no tempo, Giddens (2002) (ver frase literal de Giddens citada na seção anterior) estende a elaboração desse conceito e enuncia que a auto-identidade é a consciência que o indivíduo tem de si próprio, incluindo a consciência de como se posiciona nas narrativas públicas e conceituais dadas em sua época ou grupo social.

É certo de que esse conceito de identidade nas ciências sociais recebeu também a influência da psicanálise (Pahl, 1997). Simplificando ao máximo, a identidade na psicanálise é constituída mediante uma série de identificações realizadas pelo indivíduo ao longo de sua vida e nos seus mais variados vínculos interpessoais. Por meio de introjeções e projeções vão sendo absorvidos e apropriados modelos (ou "objetos") por meio dos quais os indivíduos desenvolvem uma perspectiva sobre si mesmos. Mais importante, parece ser consistente afirmar que a identidade é a consciência (mesmo que pequena, ínfima diria Freud) que o "eu" tem de si próprio como diferente do "não-eu".

Agora podemos voltar à discussão do *falso-self*. Como distinguir se se trata de um processo corriqueiro de "apresentação do eu na vida cotidiana", como diria Goffman (2001), de uma representação de papel, necessária à vida em sociedade e ao cumprimento das expectativas dos outros, ou de uma defesa pela qual o indivíduo se sente vazio, irreal e frustrado? Como determinar se o desempenho de um papel no contexto do trabalho, por exemplo, significa a adequação às regras socializatórias em questão ou então a submissão do eu a esquemas despersonalizantes, massificados ou autômatos? Essas perguntas são abrangentes e decerto permitem diversas formas de resposta. Para os propósitos deste livro, porém, vamos nos deter em uma mais estreitamente associada ao tema da insegurança ontológica no trabalho.

A identidade, para retomar a distinção de Somers e Gibson (1994) discutida no capítulo precedente, é uma narrativa ontológica construída em primeira pessoa. Ao mesmo tempo, no entanto, essa narrativa baseia-se em outras narrativas: num primeiro nível, nas narrativas públicas; num segundo, nas narrativas conceituais; e, em terceiro, nas metanarrativas. A questão relevante ocorre no relacionamento do indivíduo com as narrativas pública e conceitual.

Quando é chamado a justificar o porquê de trabalhar ou então o sentido do trabalho na sua vida o indivíduo recorre às narrativas públicas do trabalho, em suma, aos *ethos* do trabalho aqui discutidos. Evidentemente, esses *ethos* são eles próprios influenciados pelas narrativas conceituais construídas pelos "especialistas", por exemplo, gestores, administradores, "gurus" e professores de administração etc. e pelas novas *metanarrativas*, como a do "pós-modernismo", "sociedade pós-industrial", "capitalismo social" e outras do gênero.

A insegurança ontológica ocorre quando o indivíduo não consegue encontrar um vocabulário com o qual possa descrever a si mesmo de modo a harmonizar-se consigo e o ambiente. Ele não confia em nenhum vocabulário pessoal e, ao contrário do "eu irônico", ele não consegue não se levar a sério. Dessa forma, o *falso-self* consistirá em uma defesa quando o indivíduo ontologicamente inseguro não conseguir *descrever em primeira pessoa, se apropriar e confiar em sua narrativa ontológica*. Quanto maior for a distância entre a narrativa ontológica – o "verdadeiro *self*" no sentido winnicottiano – e as demais formas de narrativa, maior a dissonância e, como defesa, maior a chance da criação de *falsos-selfs*. Isto é, mais o indivíduo será forçado a dar uma descrição de si mesmo que não reconhece como *sua* e sim como de outros.

Nesse caso, é o *papel social* que se sobrepõe à identidade e o indivíduo limita-se então a desempenhá-lo como um membro meramente adaptado do contexto – por mais competente que de fato ele possa ser. As sensações de vazio e de falsidade que podem daí resultar provavelmente terão a ver com a imitação que o papel social passa a exigir do indivíduo. Ao mesmo tempo, porém, a insegurança pode ser momentaneamente diluída.

COMENTÁRIOS FINAIS

Com a desmontagem do trabalho em sua versão moderna e essencialista, o papel social ligado a este se estilhaça nos diversos *ethos* aqui identificados. A conseqüência prática disto é que se torna um esforço árduo tentar descobrir o que se espera de alguém em matéria de trabalho. Como essa certeza não ocorre, pelas razões que já demos, os indivíduos acossados pela insegurança ontológica recorrem a todas as fórmulas de plantão – gurus de administração, livros de auto-ajuda corporativa, escolas de negócio, consultorias etc. Nesse sentido, buscam cursos de aperfeiçoamento; não param de estudar; se incomodam por não falar três ou quatro línguas; enveredam-se em qualquer forma de sucesso fácil e garantido; e, principalmente, amoldam-se quase inteiramente às empresas, às suas culturas organizacionais como estratégia de sobrevivência e adaptação. No limite, para escapar da insegurança ontológica, despersonalizam-se.

Há contudo um pressuposto importante nessas abordagens. Podemos resumi-lo da seguinte maneira: ou a identidade e o indivíduo são vistos a partir de uma ação individual sem assistência, quer dizer, do ângulo da autonomia, ou são vistos pelo ângulo do "grande outro", ou seja, de sua dependência do "sujeito" (no sentido filosófico que descrevemos no capítulo anterior). Defender a ação individual sem assistência significa priorizar menos as instituições e seus *scripts*. Significa que o indivíduo é de fato livre, social, econômica e, principalmente, "metafisicamente". Um indivíduo que não precisa, ou precisa muito pouco, de um "sujeito". Defender a visão contrária significa que a identidade, tal como fomos levados a concebê-la na história moderna do ocidente, não se faz sem garantias, sem lastros. Na ausência radical desses lastros é a impotência que pode reinar. Rorty e Giddens são dois arautos da teoria da ação individual, pós-moderna, Rorty mais; Winnicott, e seu conceito de *falso-self* apresentado acima, como psicanalista, acredita de algum modo na importância do "Outro" (no "sujeito").

Em nosso modo de ver, as três abordagens acima oferecem um excelente panorama da situação atual, pós-moderna (entendendo por "pós-moderno" o período que se inicia com a "desmontagem" do sujeito filosófico e seus arranjos institucionais e epistemológicos). Quem estaria com a razão? Rorty parece pressupor autonomia em excesso aos indivíduos, além de um enquadre político-institucional claramente liberal, democrático – um que defenda, até a morte, a individualidade. Giddens talvez seja menos radical, mas também acredita num excesso de autonomia, flexibilidade e racionalidade para o indivíduo. A teoria de Winnicott sobre o *falso-self* recoloca o problema de distinguir entre o que é "falso" ou "verdadeiro", pressupondo, talvez, algum grau de metafísica do sujeito (ou seja, de certeza).

Vistos em conjunto e descontadas suas possíveis incompatibilidades do ponto de vista da perspectiva teórica geral que adotamos neste livro, esses três autores têm muito a nos dizer. Em primeiro lugar, pois, acertam no diagnóstico: o sujeito filosófico foi desarranjado ou, na descrição de Vattimo (2006), enfraquecido; os sistemas de certeza estão "novamente" (talvez tenham sido em toda a história da humanidade!) abalados. Em segundo lugar, acertam também quando vão direto à raiz do problema da identidade: suas bases modernas e as conseqüências de seu abalo.

Na conclusão deste livro, logo a seguir, discutimos os dilemas envolvidos em torno dos limites mesmos da pós-modernidade (enquanto crítica filosófica-sociológica dos fundamentos) no tocante à construção da identidade no campo do trabalho.

Conclusão

UM MUNDO FELIZMENTE PERDIDO?

Richard Rorty deu como título a um capítulo de uma de suas obras (Rorty, 1982) a pergunta com a qual iniciamos esta seção de conclusão. O "mundo felizmente perdido" refere-se à perda de um mundo fundado na metáfora platônica da caverna, no qual seus habitantes buscam fugir das sombras e mirarem-se pela Verdade, pela certeza e pela confiança epistemológica na representação exata da realidade. Trata-se do mundo moderno tal como nós o conhecemos.

A busca pelo sentido do ser ou de um fundamento sólido e seguro para ele faz igualmente parte do projeto moderno. Deus, a Nação, o Homem e o Trabalho fizeram parte dos principais referentes nos quais se baseava a descrição do sujeito ao longo de nossa tradição. Uma vez instalado e demarcado o sujeito, daí se seguiam roteiros sobre como os indivíduos empíricos poderiam organizar suas vidas, experiências e identidade.

A metafísica da modernidade oferece um tipo especial de certeza: a certeza de que o indivíduo está se construindo em relação a um fundamento sólido, de que sua vida tem um sentido e um *telos*, quer dizer, um encaminhamento. Com esse tipo de certeza na alma, o indivíduo consegue justificar os fatos mais díspares e aparentemente isolados de sua biografia. Metafísica é ainda uma qualidade de narrativa pela qual episódios da vida são conectados uns aos outros numa cadeia causal e ao longo do tempo, transmitindo uma sensação de integridade, consistência e inteligibilidade ao eu assim percebido. Mesmo que a metafísica e sua tradição venham sendo combatidas na pós-modernidade, ainda assim parece não ser possível apagar sua influência nos processos de construção das subjetividades.

Ocorre que a narratividade baseada na referência a fundamentos e certezas tem ainda uma outra particularidade. Trata-se de uma narratividade pública. Com isso queremos dizer que uma cultura metafísica organiza socialmente grandes pedaços da experiência. Neste livro, tratamos da experiência associada ao trabalho. O termo freqüentemente utilizado para referir-se a esse tipo de narratividade é o de metanarrativa: grandes sistemas discursivos que explicam as particularidades das experiências, absorvendo-as em tramas partilhadas coletivamente.

Com a desmontagem do trabalho é sua característica de metanarrativa pública a que mais sofre. Com isso, a experiência com o trabalho é privatizada, ficando a cargo de diversos *ethos* ou pequenas narrativas que procuram oferecer-lhe, embora em versão mais fraca, o mesmo que a metanarrativa pública oferecia. A fragmentação desta metanarrativa nos vários *ethos* aqui descritos tem ainda uma outra característica. Ela abre a experiência com o trabalho a outros vocabulários, vale dizer, a outras pequenas narrativas. Por exemplo, por que hoje, ao falar de trabalho ou emprego, usa-se o vocabulário da medicina, da física ou da biologia? Isto é, o indivíduo tem, além de dominar as competências de seu ramo, também de ser magro, saudável e resistente!

Outro vocabulário ou narrativa que intervém nas narrativas do trabalho é da estética ou aparência: além de competente e saudável o indivíduo deve também saber se vestir e se comportar em público. O efeito é que, quando se abre uma revista destinada a "executivos" – personagens dos mais afetados pela sobreposição dos vários *ethos* do trabalho aqui descritos –, é comum encontrarmos seções focadas em currículo, desempenho, negócio, estética, relacionamento, saúde e orçamento familiar. O que é o trabalho nesse caso, senão uma parte de um conjunto maior que compõe a "vida total" do indivíduo? Parece não fazer mais sentido pensar na existência de um "sujeito do trabalho", tal como discutimos neste livro.

Contudo, e aqui reside o importante, isso não significa que o trabalho tenha "morrido" ou chegado ao fim. Mesmo que esse tipo de afirmação convença a muitos, sobretudo no veio pós-moderno, ao trabalho é ainda reservada grande parcela de importância na vida da grande maioria dos indivíduos em sociedades com enquadre burguês e meritocrático. Prova disso, como discutimos em vários capítulos, é o fato de as principais fontes de renda e *status* ainda estarem vinculadas ao trabalho.

Em cidades grandes, em culturas altamente diferenciadas e individualizadas, são as rotinas em torno do trabalho que permitem o estabelecimento de vínculos sociais, ainda que frágeis. Em contexto altamente individualizado, poucas são as áreas comuns nas quais relacionamentos são possíveis. Além do trabalho, restam as áreas da família e do amor. Essa evidência sobre a importância do trabalho como fonte de vínculo social, contudo, não esgota a questão. Ao mesmo tempo o trabalho é tratado como uma *commodity* submetida a lógicas incontroláveis pela maioria dos indivíduos atuando no mercado de trabalho.

Como tentamos demonstrar, a coexistência de vários *ethos* do trabalho gera ambigüidades e dilemas inéditos em sua relação com a identidade. Essa ambigüidade é ainda mais nociva quando combinada à "desmontagem" do aparato moderno-platônico, no plano filosófico, e do aparato industrial, no plano econômico e social. A própria noção de individualidade está na berlinda. O problema no caso do trabalho é que fomos levados a esperar mais dele do que de fato ele pode nos dar hoje. Séculos de pensamento metafísico, socialização e atuação institucional focadas na metanarrativa do trabalho nos deixaram com o esqueleto no armário. O que defendemos neste livro é que a referida desmontagem tem efeitos a que uma simples descrição pragmática não parece dar conta de eliminar.

Daí nossa reserva com a resposta do "homem irônico" pragmático. Rorty parece pressupor com isso um tipo de desenvoltura do indivíduo que talvez não se observe com facilidade, ao menos não ainda, na prática. Desvencilhar-se de descrições de si antigas só ocorre com esforço e envolve um custo psíquico que talvez Rorty não tenha captado em sua descrição demasiado cognitiva e liberal do indivíduo e da identidade. Mesmo assim, ele parece estar certo quanto à necessidade de tirar o esqueleto do armário – isto é, de parar de descrever platonicamente o sujeito e a individualidade na busca constante de certezas e metanarrativas sólidas, ainda mais considerando a dimensão objetiva-institucional do trabalho nesta época de capitalismo pós-industrial.

Mas Rorty não percebe, obviamente não era esse seu foco, que as narrativas sobre o trabalho ainda são fortes, perpassando construções modernas importantes, como o edifício do *status*, da renda, do mérito, do valor que o indivíduo atribui a si mesmo pelo fato de desempenhar um trabalho com grande visibilidade social, da carreira e do consumo. É difícil dizer a um desempregado, ou a alguém que perdeu seu emprego, que agora ele terá de encontrar narrativas "pragmaticamente" mais ricas de si mesmo.

A contrapartida de uma interrupção na narrativa ontológica da identidade pode ser a impotência, e não a liberdade – pelo menos em um primeiro momento. Ou então é difícil convencer alguém a reduzir seus padrões de consumo no caso de a ele ter-se habituado; tal redução, que seria a contrapartida de diminuir a freqüência ao trabalho, esbarra de frente com um mesmo processo socializador que transformou nossas sociedades em sociedades de consumo, nas quais quanto maior o desejo de posse maior a *necessidade* de trabalhar, gostando ou não, sendo ele central ou não.

Rorty insiste, em diversos de seus trabalhos, que temos de encontrar outras formas de nos descrever e de "conversar" uns com os outros. Ele acredita que, na ausência do projeto platônico baseado na certeza e na Verdade, poderemos nos engajar em diálogos livres e pautados pelo que ele chama de ideal de auto-enriquecimento. Seus critérios são a felicidade e a liberdade fundadas na base de um liberalismo esclarecido. Aplicando esta idéia ao campo da identidade e sua relação com o trabalho, temos um outro quadro: a desmontagem do trabalho dificulta a possibilidade de um diálogo baseado nas mesmas premissas discursivas. Talvez essa afirmação lembre a conhecida tese de Habermas de que a comunicação genuína é possível quando hajam condições idênticas sobre as quais construir o discurso. Mas como falar de trabalho quando ele está fragmentado em vários *ethos*, cada um deles com seus discursos, perspectivas e redes de crenças?

A resposta de Rorty talvez fosse a democracia. Viver em um sistema não-metafísico implica em que podemos chegar a acordos que beneficiem ao maior número desde que consigamos respeitar as diferenças. Mas não o respeito em sentido político apenas, mas num sentido amplo – as diferenças nas formas de vida, nas formas de ver e habitar o mundo.

Todavia, a convivência e sobreposição de vários *ethos* pode gerar mais perplexidade do que pluralidade de sentidos sobre uma mesma área da vida humana. De fato, o "homem irônico" rortyano encararia tal pluralidade como uma conseqüência do caráter contingente de nossas redes de crenças sobre nós mesmos e nosso contato com o mundo. Mas algumas evidências da vida cotidiana mostram situação um pouco diferente. Nesse sentido, a existência de "falsos-*selves*" pode ser reveladora.

Entre outras manifestações, tal fenômeno pode ser observado no número crescente de indivíduos sobrecarregados com o trabalho e culpados pelo tempo correspondente que não é dedicado à família ou à vida pessoal. Vivem uma vida que percebem ser de outra pessoa ou como uma resposta automática, mecânica, a forças e pressões de que nem se dão conta por completo. Talvez sintam no íntimo o malogro do projeto moderno do "sujeito", hoje corporificado no ideal do *sucesso* e da *auto-realização* a todo custo. Transformado em sujeito, ou seja, em instância ideal a que *todos têm* de se espelhar, o sucesso se transforma numa difícil missão para o indivíduo pequeno-burguês.

Em um estudo sobre a classe média *whyte collar* norte-americana o jornalista Jill A. Fraser (Fraser, 2001) mostra até que ponto a deteriorização da antiga ética protestante do trabalho é expressa em mais horas de trabalho, menos benefícios e numa situação de instabilidade ameaçadora quando comparada à antiga classe dos *whyte collar* estudada por Mills (1956). E a pergunta que muitos dos entrevistados de Fraser se fazem é: por que tudo isso? A dificuldade de encontrar um porquê, ou a sobreposição de várias respostas *igualmente possíveis* à questão, geram muito mais ansiedade do que desenvoltura.

Os contornos do problema são os seguintes: em contexto de desmontagem de arranjos modernos no plano filosófico, econômico e social, quando coexistem vários "pequenos sujeitos", ou seja, várias descrições e ideais possíveis sobre o sentido e o valor do trabalho, e quando as instituições não definem claramente em qual *ethos* "acreditam", resta, de um lado, a *ação individual sem assistência*; e, de outro, a *impotência*. São dois extremos para ilustrar o raciocínio: não necessariamente existem assim na vida real.

A ação individual sem assistência realça a dimensão ativa, independente e "solitária" do indivíduo que tem sua vida nas próprias mãos, seu trabalho nas próprias mãos e o destino que lhe serve melhor. Aqui a idéia de "eu reflexivo", de Giddens, cabe bem: é um eu que encontra seu próprio caminho em um regime de dúvida, incerteza e risco, mas, ao mesmo tempo, de libertação e individualização. Porém, a impotência é uma possibilidade: na ausência de garantias, é a si mesmo a quem pode recorrer o indivíduo, mesmo que *à sua própria rede pessoal*. É uma rede *sua*, que pode lhe ajudar mas não garantir nada – ou garantir "tudo".

A impotência é condição propícia e ideal para oportunistas. Auto-ajuda, gurus, escolas de administração, teorias psicológicas de plantão. Por outro lado, a ação individual é fundamental em um enquadre de des-institucionalização. Colocada numa discussão política, esse tipo de ação transforma-se em um grave problema: acesso. Não vivemos, ao menos não no Brasil, em um sistema republicano: não ganhamos visibilidade como cidadãos, mas como consumidores. E como se constroem consumidores? Pela distribuição de renda. Porém, o acesso à renda é restrito ao trabalho.

Voltamos quase três séculos atrás, quando John Locke dizia que a origem da propriedade é o trabalho. Com a associação entre talento, mérito e capital humano, temos uma situação curiosa: o valor do indivíduo, mais do que apenas sua propriedade (econômica, sua posse sobre "bens"), depende do que ele faz. Valor moral é associado a valor econômico. E, por sua vez, valor econômico nos remete ao indivíduo, a seu "capital" pessoal. Não vamos romantizar um fato: trabalho, capital social e humano e ação individual autônoma dependem de um enquadre institucional. Por essa razão, e considerando a situação brasileira, é mais a impotência que avista do que a ação individual empreendedora.

Concluímos este livro com Rorty. Se, de um lado, ele talvez exagere na hipervalorização do indivíduo livre, de outro ele nos deixa uma promissora mensagem. Sem pretensões de resolver o problema da ambigüidade do trabalho, pelo menos podemos recomendar que os discursos das ciências humanas, particularmente o da psicologia, tornem-se mais conscientes das contradições aqui apontadas. Especificamente, a contradição entre o fato de termos sido levados a esperar tanto do trabalho e sua incapacidade contemporânea de nos permitir isso. Enquanto insistirmos sobre a centralidade do trabalho na definição da identidade, ou, pelo contrário, sobre sua "morte" pura e simples, deixaremos uma ampla parcela de fenômenos de fora. Em contexto de "pane das certezas", talvez não valha a pena radicalizar em apenas um desses extremos.

REFERÊNCIAS BIBLIOGRÁFICAS

AGOSTINHO, Santo (1990). *A cidade de Deus* (O. P. Leme, Trad.). Petrópolis: Vozes.

ANTHONY, P. D. (1977). *The ideology of work*. Londres: Tavistock.

ANTHONY, P. D. (1980). Work and the loss of meaning. *International Social Science Journal, 32* (3), 416-426.

APPLEBAUM, H. (1992). *The concept of work*. New York: State University of New York Press.

ARENDT, H. (2000). *A condição humana* (R. Raposo, Trad.). Rio de Janeiro: Forense Universitária.

ARISTÓTELES (1966). *A política* (T. Guimarães, Trad.). São Paulo: Hemus.

ARISTÓTELES (1973). *Ética a Nicômano* (E. de Souza, Trad.). Coleção os Pensadores. São Paulo: Abril.

ARTHUR, M. B. & Rousseau, D. M. (Eds.). (1996). *The boundaryless career*. Oxford: Oxford University Press.

BAUMAN, Z. (1998). *Work, consumerism and the new poor*. Buckingham: Open University Press.

BECK, U. (1992). *Risk society*. London: Sage.

BECK, U. (2000). *The brave new world of work*. Cambridge: Polity.

BECK, U. (2002). *Individualization*. Londres: Sage.

BELL, D. (1976). *The cultural contradictions of capitalism*. Londres: Heinemann.

BENDIX, R. (1966). *Work and authority in industry*. Berkeley: University of California Press.

BERGER, P. (1964). Some general observation on the problem of work. Em: Berger, P. (Ed.), *The human shape of work* (p. 211-241). New York: Mcmillan.

BOTTON, A. de (2005). *Desejo de status* (R. Vinagre, Trad.). Rio de Janeiro: Rocco.

BRAVERMAN, H. (1974). *Labour and monopoly capital.* New York: Monthly Review Press.

BRIEF, A. P. & Nord, W. R. (Eds.). (1990). *Meanings of occupational work.* Toronto: Lexington Books.

BUSCH, H.-C. S. am (2005). Exteriorização e economia: a teoria hegeliana do trabalho e da sociedade civil. Em: D. M. Spurk (Org.) (P. C. R. Reuillard e S. G. Taborda, Trads.), *O trabalho na história do pensamento ocidental* (p. 88-112). Rio de Janeiro: Vozes.

CALVINO, J. (2000). Institutes of the Christian religion. Em: G. C. Meilaender (Ed.), *Working: its meaning and its limits* (p. 107). Notre Dame, Indiana: University of Notre Dame Press.

CAMPBELL, C. (2001). *A ética romântica e o espírito do consumismo moderno* (M. Gama, Trad.). Rio de Janeiro: Rocco.

CASEY, C. (1995). *Work, self and society.* Londres: Routledge.

CASTEL, R. (1995). *Les metamorphoses de la question sociale.* Paris: Fayard.

COSTA, J. F. (1994). Pragmática e processo analítico: Freud, Wittgenstein, Davidson, Rorty. Em: J. F. Costa (Org.), *Redescrições da psicanálise* (p. 9-60). Rio de Janeiro: Relume Dumará.

COSTA, J. F. (1995). *A face e o verso.* São Paulo: Escuta.

COSTA, J. F. (1999). *Razões públicas, emoções privadas.* Rio de Janeiro: Rocco.

COSTA, J. F. (2006). *Richard Rorty e a construção da subjetividade.* Recuperado em 16 de junho de 2006: http://www.jfreirecosta.com

DAVIDSON, D. (2001a). *Essays on actions and events.* Oxford: Oxford University Press.

DAVIDSON, D. (2001b). *Inquiries into truth and interpretation.* Oxford University Press.

DAVIDSON, D. (2001c). *Subjective, intersubjective, objective.* Oxford University Press.

DEBORD, G. (2003). *A sociedade do espetáculo* (E. dos S. Abreu, Trad.). Rio de Janeiro: Contraponto.

DECI, E.L., & Ryan, R.M. (1985). *Intrinsic Motivation and Self-determination in Human Behavior.* New York: Plenum Press.

DEEKS, J. (1993). *Business and the culture of enterprise society.* Westpost: Quorum Books.

DRENTH, P. J. D. (1991). Work meanings: a conceptual, semantic and developmental approach. *European Work and Organizational Psychologist, 1* (2/3), p. 125-133.

DUFOUR, D.-R. (2005). *A arte de reduzir as cabeças* (S. R. Felgueiras, Trad.). Rio de Janeiro: Companhia de Freud.

DURKHEIM, E. (1960). *The division of labour in society.* New York: Free Press.

EHRENBERG, A. (1991). *Le culte de la performance.* Paris: Calmann-Lévy.

EHRENBERG, A. (1995). *L'individu incertain.* Paris: Calmann-Lévy.

EHRENBERG, A. (1998). *La fatigue d'être soi.* Paris: Odile Jacob.

ELIAS, N. (1993). *O processo civilizador* (R. Jungmann, Trad.). Rio de Janeiro: Zahar.

ENGLAND, G. W. & Whiteley, W. T. (1990). Cross-national meanings of working. Em: A. P. Brief & W. R. Nord (Eds.), *Meanings of occupational work* (p. 65-106). Toronto: Lexington Books.

ENGLAND, G. W. (1991). The meaning of working in the USA: recent changes. *European Work and Organizational Psychologist, 1* (2/3), p. 111-124.

EPSTEIN, J. (2001). *Book business: publishing past present and future.* New York: W. W. Norton.

FEATHER, N. T. (1989). *The psychological impact of unemployment.* Londres: Springer-Verlag.

FOUCAULT, M. (1969). *L'archéologie du savoir.* Paris: Gallimard.

FOUCAULT, M. (1971). *L'ordre du discourse.* Paris: Gallimard.

FOUCAULT, M. (1982). The subject and power. Em: H. L. Dreyfus & P. Rabinow (Eds.), *Michael Foucault: beyond structruralism and hermeneutcs* (p. 208-226). Brighton: Harvester Wheatsheaf.

FRASER, J. (2001). *White collar sweatshop: the deterioration of work and its rewards in corporate america.* New York: W.W. Norton.

FRIEDMAN, G. (1961). *The anatomy of work.* London: Heinemann.

FROMM, E. (1956). *The sane society.* London : Routledge and Kegan Paul.

FURUSTEN, S. (1999). *Popular management books: how they are mande and what they mean for organizations.* Londres: Routledge.

GAY, P. & BONNER, F. (1992). Representing the enterprising self: thirtysomething and contemporary consumer culture. *Theory, Culture and Society, 9,* 67-92.

GAY, P. (1996). *Consumption and identity at work.* Londres: Sage.

GAY, P. (1997). Organizing identity: making up people at work. Em: P. du Gay (Ed.), *Production of culture / cultures of production* (p. 285-344). Londres: Sage.

GERGEN, K. & DAVIS, K. E. (1985). *The social construction of the person.* New York: Springer-Verlag.

GERGEN, K. (1999). *An invitation to social construction.* Londres: Sage.

GHIRALDELLI Jr. P. (2006). *Fim do sujeito, mas manutenção da identidade*. Recuperado em 17 de junho de 2006: http://www.filosofia.pro.br/modules.php?name=News&file=article&sid=37

GHIRALDELLI JR., P. (1997). Para ler Richard Rorty e sua filosofia da educação. *Filosofia, Sociedade e Educação 1* (1), p. 9-30.

GHIRALDELLI JR., P. (1998). Materialismo e nova subjetividade no projeto filosófico-pedagógico de Richard Rorty. Em P. R. M. Pinto; C. Magro; E. P. F. Santos & L. Guimarães (Orgs.), *Filosofia analítica, pragmatismo e ciência* (p. 323-331). Belo Horizonte: Humanitas.

GHIRALDELLI JR., P. (2000). O que é filosofia da educação – uma discussão metafilosófica. Em: P. Ghiraldelli Jr, *O que é filosofia da educação?* (p.7-88). Rio de Janeiro: DPA.

GIDDENS, A. & BECK, U. (Orgs.). (1997). *Modernização reflexiva* (M. Lopes, Trad.). São Paulo: Unesp.

GIDDENS, A. (1991). *As conseqüências da modernidade* (R. Fiker, Trad.). São Paulo: Unesp.

GIDDENS, A. (2002). *Modernidade e identidade* (P. Dentzien, Trad.). Rio de Janeiro: Zahar.

GILL, F. (1999). The meaning of work: lessons from sociology, psychology, and political theory. *Journal of Socio-Economics, 28*, p. 725-743.

GINI, A. R. & Sullivan, T. (1987). Work: The Process and the Person. *Journal of Business Ethics, 6(8)*, 649-655.

GOFFMAN, E. (2001). *A representação do eu na vida cotidiana* (M. C. S. Raposo, Trad.). Petrópolis: Vozes.

GOLDTHORPE, J. H.; LOCKWOOD, D.; BECHOFER, F. & PLATT, J. (1968). *The affluent worker: industrial attitudes and behavior*. London: Cambridge University Press.

GOLDTHORPE, J. H.; LOCKWOOD, D.; BECHOFER, F. & PLATT, J. (1969). *The affluent worker in the class structure*. London: Cambridge University Press.

GORZ, A. (1988). *Métamorphoses du travail*. Paris: Galilée.

GORZ, A. (2005). *O imaterial* (C. Azzan Jr., Trad.). São Paulo: Annablume.

GUYADER, A. Le. (2005). Claude-Henri de Saint-Simon: nascimento do intelectual orgânico da sociedade industrial. Em: D. M. Spurk (Org.) (P. C. R. Reuillard e S. G. Taborda, Trads.), *O trabalho na história do pensamento ocidental* (p. 137-166). Rio de Janeiro: Vozes.

HEIDEGGER, M. (2002). *Caminhos de floresta* (I. B.- Duarte; A. F. de Sá; B. Sylla, Trads.). Portugal: Fundação Calouste Gulbenkian.

HELLER, F. (1991). Reassessing the work ethic: a new look at work and other activities. *European Work and Organizational Psychologist, 1* (2/3), p. 147-160.

INGLEHART, R. (1990). *Culture shift in advanced industrial society*. Princeton: Princeton University Press.

JAHODA, M. (1979). The impact of unemployment in the '30 and the '70s. *Bull Br Psych Soc 32*, 309-314.

JAHODA, M. (1982). *Employment and unemployment: A social-psychological analysis*. Cambridge, MA: University of Cambridge Press.

LAING, R. D. (1963). *O eu dividido* (C. Ribeiro, Trad.). Rio de Janeiro: Zahar Editores.

LASCH, C. (1983). *A cultura do narcisismo* (E. Pavaneli, Trad.). Rio de Janeiro: Imago.

LASCH, C. (1985). *The minimal self*. New York: W.W. Norton.

LE GOFF, J. (1980). *Time, work, and culture in the middle ages*. Chigado: University of Chicago Press.

LE GOFF, J.-P. (1995). *Le mythe de l'entreprise*. Paris: Édition la Découverte.

LOCKE, J. (1963). *Segundo tratado sobre o governo* (J. Monteiro, Trad.). São Paulo: Ibrasa.

LÓPEZ-RUIZ, O. J. (2004). O ethos dos executivos das transnacionais e o espírito do capitalismo. Tese de doutorado. Instituto de Filosofia e Ciências Humanas, Unicamp, Campinas.

Lyotard, J.-F. (1979). *La condition postmoderne*. Paris: Minuit.

Macpherson, B. C. (1971). *La théorie politique de l'individualisme possessif. De Hobbes à Locke*. Paris : Gallimard.

Mair, J. (2005). *Chega de oba-oba* (M. Holzhausen, Trad.). São Paulo: Martins Fontes.

Manuel, F. E. (1956). *The new world of Henri Saint-Simon*. Cambridge: Harvard University Press.

Marx, K. & Engels, F. (1965). *The German ideology*. Londres: Lawrence and Wishart.

Marx, K. (1844). The economic and philosophical manuscripts. Em: F. L. Bender (Ed.), *Karl Marx: the essential writing*. Boulder: Westview Press.

Marx, K. (1906). *Capital*. New York: Random House.

Marx, K. (1971). *The Grundrisse* (D. M., Trad.). New York: Harper & Row (Original publicado em 1857).

Marx, K. (1999). *Stranged labor*. Em: M. Waters (Ed.), *Modernity: critical concepts* (p. 40-51). Londres: Sage, V. III (Original publicado em 1844).

Mazza, C. & Alvarez, J. (2000). Haute couture and prêt-à-porter : the popular press and the diffusion of management practices. *Organization Studies, 21* (3), p. 567-588.

Meilaender, G. C. (Org.). (2000). *Working: its meaning and its limits*. Notre Dame, Indiana: University of Notre Dame Press.

Mello Filho, J. de (2003). *Vivendo num país de falsos-selves*. São Paulo: Casa do Psicólogo.

Mercure, D. (2005). Adam Smith: as bases da modernidade. Em: D. M. Spurk (Org.) (P. C. R. Reuillard e S. G. Taborda, Trads.), *O trabalho na história do pensamento ocidental* (p. 115-136). Rio de Janeiro: Vozes.

Migeotte, L. (2005). Os filósofos gregos e o trabalho na Antiguidade. Em: D. M. Spurk (Org.) (P. C. R. Reuillard e S. G. Taborda, Trads.), *O trabalho na história do pensamento ocidental* (p. 17-36). Rio de Janeiro: Vozes.

MILLS, C. W. (1956). *White collar: the american middle classes.* New York: A Galaxy Book.

MIRANDOLA, G. della (1989). *Discurso sobre a dignidade do homem* (M. de L. D. Ganho, Trad.). Lisboa: Edições 70.

MORIN, E. M. (1995). Organizational effectiveness and the meaning of work. Em: T. Pauchant (Ed.), *In search of meaning* (p. 29-64). Sao Francisco: Jossey-Bass.

MORIN, E. M. (2006). *Donner un sens au travail.* (mimeo).

MOSCOVICI, S. (2003). *Representações sociais.* Petrópolis: Vozes.

MOSSÉ, C. (1969). *The ancient world at work.* London: Chatto and Windus.

MOW International Research Team. (1987). *The meaning of working.* San Diego, CA: Academic Press.

MÜLLER, H.-P. (2005). Trabalho, profissão e 'vocação': o conceito de trabalho em Max Weber Em: D. M. Spurk (Org.) (P. C. R. Reuillard e S. G. Taborda, Trads.), *O trabalho na história do pensamento ocidental* (p. 234-258). Rio de Janeiro: Vozes.

NEGRI, A. & LAZZARATO, A. (2001). *O trabalho imaterial.* Rio de Janeiro: DPA.

OFFE, C. (1985). *Capitalismo desorganizado* (W. C. Brant e L. T. Motta, Trads.). São Paulo: Brasiliense.

ORWELL, G. (1958). *The road to wigan pier.* New York: Harcourt Brace.

PAHL, R. (1997). *Depois do sucesso* (G. C. C. de Sousa, Trad.). São Paulo: Unesp.

PERKINS, W. (2000). A treatise of the vocations or callings of men, with sorts and kinds of them, and the right use thereof. Em: G. C. Meilaender (Ed.), *Working: its meaning and its limits* (p. 108-114). Notre Dame, Indiana: University of Notre Dame Press.

QUINTANILLA, S. A. R. & WILPERT, B. (1991). Are work meanings changing? *European Work and Organizational Psychologist, 1* (2/3), p. 91-109.

RIBEIRO, R. J. (2004). A economia como mistério. *Revista Cult*, fevereiro de 2004.

ROBINSON, S. L; KRAATZ, M. S. & ROUSSEAU, D. M. (1994). Changing obligations and the psychological contract: a longitudinal study. *Academy of Management Journal*, 37(1), p. 137-152.

RORTY, R. (1967). *The linguistic turn*. Chicago: University of Chicago Press.

RORTY, R. (1979). *Philosophy and the mirror of nature*. Princeton: Princeton University Press.

RORTY, R. (1982). *Consequences of pragmatism*. Minneapolis: University of Minnesota Press.

RORTY, R. (1989). *Contingency, irony, and solidaity*. Cambridge: Cambridge University Press.

RORTY, R. (1991a). *Objectivity, relativism, and truth*. Cambridge: Cambridge University Press.

RORTY, R. (1991b). *Essays on Heidegger and others*. Cambridge: Cambridge University Press.

RORTY, R. (1993). O que é o pragmatismo? Em: J. Murphy, *Pragmatismo: de Peirce a Davidson* (J. Costa, Trad.). (p. 7-13). Porto: Edições Asa.

RORTY, R. (1998). *Truth and progress*. Cambridge: Cambridge University Press.

RORTY, R. (1999). *Philosophy and social hope*. Londres: Penguin.

RORTY, R. (2001). Response to Simon Thompson. Em: M. Festenstein & S. Thompson (Eds.), *Richard Rorty: critical dialogues* (p. 51-54). Cambridge: Polity Press.

ROSE, N. (1990). *Governing the soul: the shaping of the private self*. Londres: Routledge.

ROUSSEAU, D. M. (1989). Psychological and implied contracts in organizations. *Employee Responsibilities and Rights Journal*, 2, p. 121-139.

RUSKIN, J. (1906). *The crown of wild olive*. New York: F. M. Lupton.

SABINE, G. H. (1951). *A history of political theory.* Londres: Harrap.

SAINT SIMON, Conde de. (1965). *La physiologie sociale.* Paris: Presses Universitaires de France.

SALAMAN, G. (1997). Culturing production. Em: P. du Gay (Ed.), *Production of culture / cultures of production* (236-285). Londres: Sage.

SALAMITO, J.-F. (2005). Trabalho e trabalhadores na obra de Santo Agostinho. Em: D. M. Spurk (Org.) (P. C. R. Reuillard e S. G. Taborda, Trads.), *O trabalho na história do pensamento ocidental* (p. 37-62). Rio de Janeiro: Vozes.

SAYERS, D. (2000). Why work? Em: Em: G. C. Meilaender (Ed.), *Working: its meaning and its limits* (p. 43-46). Notre Dame, Indiana: University of Notre Dame Press.

SCASE, R. & GOFFEE, R. (1989). *Reluctant managers.* Londres: Unwin Hyman.

SCHEIN, E. H. (1965). *Organizational psychology.* Englewood Cliffs: Prentice Hall.

SEIGEL, J. (1999). Problematizing the self. Em: V. E. Bonnell, & L. Hunt (1999). *Beyond the cultural turn* (p. 281-314). Berkeley: University of California Press.

SENNETT, R. (1999). *A corrosão do caráter* (M. Santarrita, Trad.). Rio de Janeiro: Record.

SENNETT, R. (2006). *A cultura do novo capitalismo* (C. Marques, Trad.). Rio de Janeiro: Record.

SMILES, S. (1908). *Self-help.* Londres: John Murray.

SMITH, A. (1984). *Investigação sobre a natureza e as causas da riqueza das nações* (C. J. M. do Carmo e E. L. Nogueira, Trads.). Coleção Os Pensadores. São Paulo: Abril.

SOMERS, M. R. & GIBSON, G. D. (1994). Reclaiming the epistemological 'other': narrative and the social constitution of identity. Em: C. Calhoun (Ed.). *Social theory and the politics of identity* (p. 37-99).

SOMERS, M. R. (1994). The narrative constitution of

identity: a relational and network approach. *Theory and society*, 23, p. 605-649.

SPURK, J. (2005). A noção de trabalho em Karl Marx. Em: D. M. Spurk (Org.) (P. C. R. Reuillard e S. G. Taborda, Trads.), *O trabalho na história do pensamento ocidental* (p. 189-212). Rio de Janeiro: Vozes.

TAJFEL, H. AND TURNER, J. C. (1986). The social identity theory of inter-group behavior. In S. Worchel and L. W. Austin (eds.), *Psychology of Intergroup Relations*. Chigago: Nelson-Hall.

TILGHER, A. (1931). *Travail dans les moeurs et dans les doctrines: histoire de l'idee de travail dans la civilisation occidentale*. Paris: Felix Alcan.

TILGHER, A. (2000). Homo faber. Em: G. C. Meilaender (Ed.), *Working: its meaning and its limits* (p.152-154). Notre Dame, Indiana: University of Notre Dame Press.

TIRYAKIAN, E. A. (2005). O trabalho em Émile Durkheim. Em: D. M. Spurk (Org.) (P. C. R. Reuillard e S. G. Taborda, Trads.), *O trabalho na história do pensamento ocidental* (p. 215-233). Rio de Janeiro: Vozes.

TOLSTOY, L. (1939). *Anna Karenina*. Oxford: Oxford University Press.

VATTIMO, G. & ROVATTI, P. A. (Eds.). (2006). *El pensamiento débil* (L. de Santiago, Trad.). Madri: Cátedra.

VERNANT, J.-P. & VIDAL-NAQUET, P. (1988). *Travail et esclavage en Grèce ancienne*. Paris: Complexe.

VERNANT, J.-P. (1956). Aspects psychologiques du travail dans la Grèce ancienne. *La Pensée*, 66, p. 80-84.

WALZER, M. (1987). *La revolution des saints. Etique protestante et radicallité politique*. Paris : Belin.

WARR, P. (1987). *Work, Unemployment and Mental Health*, Oxford, Clarendon Press.

WEBER, M. (1999). *The protestant ethic and the spirit of capitalism*. Em: M. Waters (Ed.), *Modernity: critical concepts* (p. 255-308), Volume I. Londres: Sage.

WEIL, S. (1998). *L'Attente de dieu*. Paris : Fayard.

WHYTE JR., W. H. (1956). *The organization man*. New York: Doubleday Anchor.

WILLAIME, J.-P. (2005). As reformas protestantes e a valorização religiosa do trabalho. Em: D. M. Spurk (Org.) (P. C. R. Reuillard e S. G. Taborda, Trads.), *O trabalho na história do pensamento ocidental* (p. 63-87). Rio de Janeiro: Vozes.

WINNICOTT, D. W. (1982). *O ambiente e os processos de maturação* (I. C. S. Ortiz, Trad.). Porto Alegre: Artmed.

WITTGENSTEIN, L. (1996). *Investigações filosóficas* (J.C. Bruni, Trad.). São Paulo: Nova cultural.

WOOD JR., T. & PAES DE PAULA, A. P. (2002). *Pop-management: a literatura popular de gestão no Brasil*. Relatório de pesquisa do Núcleo de Pesquisas e Publicações, FGV-EAESP, São Paulo.

WRZESNIEWSKI, A., MCCAULEY, C., ROZIN, P. & SCHWARTZ, B. (1997). Jobs, careers, and callings: people's relations to their work. *Journal of Research in Personality*, 31, 21-33.

XENOFONTES (1994). *Oeconomicus* (S. B. Pomeroy, Trad.). Oxford: Clarendon Press.

Impressão e acabamento
GRÁFICA E EDITORA SANTUÁRIO
Em Sistema CTcP
Rua Pe. Claro Monteiro, 342
Fone 012 3104-2000 / Fax 012 3104-2036
12570-000 Aparecida-SP